Demeure des Divinités

Demeure des Divinités

Compréhension de Dieu et des dieux pour une Philosophie, une Science, et une Spiritualité Universelles

Frank Ignace Babatoundé ALAPINI

Les trois choses les plus étranges sur cette terre consistent en trois observa-
tions:

1- *En général, les humains n'ont pas de preuves absolues qu'un Dieu*
   Créateur, ou des dieux existent; certains croient seulement, d'autres
   doutent, d'autres encore nient
2- *Quelque chose ne va vraiment pas avec la condition de l'humain et*
   du monde
3- *L' humanité n'a pas encore trouvé une philosophie pour que tous*
   soient véritablement heureux

Cependant,

Quiconque comprend le besoin pour une avancée philosophique et spiritu-
elle peut utliser le contenu de ce livre et de celui qui le suit pour sa propre
personne et les sociétés du monde qui veulent vraiment la justice et l'égalité
mieux qu' avec l'astrologie traversant une période de transition globale vers
l'harmonie et le bonheur cosmiques

TABLE DES MATIERES

Préface

Les Aventures de Chercheur: Episode 1

Dans une période où l'obscurité régnait sur la terre, naquit dans le pays de Houédjè un garçon du nom de Chercheur qui s'engagera dans une quête légendaire pour le bien de l'humanité. Très tôt autour de l'âge de 10ans, il devint conscient de la présence lourde de l'obscurité et ne put s'empêcher de ne pas l'aimer.

Ensuite, il découvrit que plusieurs parmi les sages, voyants, guérisseurs, rois, et autres gens du pays n'aimaient pas l'obscurité non plus. Chercheur vit que ces personnes de bonnes volonté luttaient pour amener la Lumière dans le territoire.

Certains parmi eux répandaient une forme de lumière reçue des temps anciens, mais d'autres ayant été en contact pendant long-temps avec le large et renommé pays de Houéfon montrèrent une lumière différente. D'autres encore, bien au courant des habitudes du peuple de Sinkun situé loin dans le nord proposèrent une autre lumière encore.

Dans le village de Chercheur, toutes les trois lumières étaient en usage et permettaient aux gens de voir. Mais plusieurs fois il y eut des histoires racontant comment de nombreux hommes et femmes du village ne purent distinguer leur chemin dans l'obscurité et comment des accidents leur arrivèrent.

La communauté était triste parceque Zinflougan, le roi de l'obscurité et ses malveillants serviteurs, les lègbas, pouvaient toujours nuire rendant familles, amis, et toutes les personnes de compassion malheureuses. Quelques accidents se produisirent aussi dans la famille de Chercheur ainsi qu'á lui-même personnellement.

Chercheur remarqua tout d'abord que chacune des trois lumières était utile pour dissiper certains aspects de l'obscurité et qu'elles avaient des élements communs. Il remarqua tout de même que d'autres aspects de l'obscurité avaient toujours besoin d'être éclaircis.

Ainsi, il pensa, assurément comme beaucoup d'autres qui étaient inquiets dans leurs coeurs qu'il serait bon s'il pouvait rentrer en contact avec une lumière si brillante qu'il ne resterait aucune zone d'ombre où Zinflougan pourrait se cacher et commettre ses crimes.

Il avait entendu des gens de tous les pays que Mahu est le "Propriétaire des Lumières et des Plaisirs." Chercheur reconnut que plus la lumière était de bonne qualité, plus le plaisir était grand. Il addressa donc cette supplique á Mahu du fond de son coeur. Il demanda á Mahu de l'aider á trouver où la Lumière Ultime était.

Mahu l'entendit, sourrit et dit: "Voici un autre qui veut quelque chose qu'il ne peut pas gérer." S'addressant á Chercheur qui était maintenant un adolescent, Mahu demanda: "Ne sait tu pas que ceux á qui j'ai donné ces lumières que tu ne trouve pas entièrement satisfaisant ont eu á traverser de terribles épreuves pour démontrer leur capacité á les utiliser? Ne sait tu pas que quiconque s'engage dans cette quête doit subir la penible épreuve de purification par le feu et que beaucoup sont morts ou devenus fous parce qu'ils étaient suffisament têtus pour ne pas abandoner á temps? Sait tu ce qui t'attend si tu continue d'entretenir ce genre de désir?"

Chercheur cependant n'entendit pas ces questions remplies d'inquiétudes. Mahu usa de ses extraordinaires pouvoirs pour enregistrer le message dans le coeur de l'adolescent sachant qu'avec le temps il allait le déchiffrer. Il prit un peut de "L'Huile-Sacrée-des-Cieux" et parla dessu tout en la fixant du regard. D'étranges rayons de lumières sortirent de ses yeux et entrèrent dans la précieuse huile au moment même où les mots prenouncés y étaient enregistés. Il versa ensuite une goute de la potion sur le coeur de Chercheur qui commença á battre plus lentement. Le caractère revigorant de l'opération est bien connu des populations des cieux.

Ensuite, Mahu dit á Bubba, le veilleur en charge de Chercheur: "Ton travail va être plus difficile á partir de maintenant. Prend bien soin de lui et fait attention á Zinflougan et ceux qui le suivent!" Ils essayent toujours de gêner ceux qui marchent sur la voix que Chercheur prend. Ne l'aide pas trop et si tu as vraiment besoin de renfort tu sais que tu peux compter sur le reste de la population des cieux qui travaille pour le bien.

"Merci á toi oh INCOMPARABLE-SEIGNEUR-DES-MONDES. J'ai été toujours très désireux d'avoir une mission comme celui ci" répliqua Bubba á Mahu.

Sans être au courant de ces événements se déroulant dans les hauts lieux, Chercheur commença sa quête.

Il était convaincu de pouvoir trouver quelque part sur terre un groupe de porteurs de lumière qui possède ce qu'il recherchait. Chaque fois qu'il rencontrait un groupe de porteurs de lumière, il leur posait des questions sur la nature de leur lumière et jusqu'á quel point elle pouvait dissiper l'obscurité. Chaque groupe proclama que sa lumière était la meilleure possible avec de grande propriétés. Mais Chercheur n'était pas aussi sûr qu'eux.

Après des contacts avec plusieurs de ces groupes, il rencontra un groupe particulier qui déclara que sa lumière n'est pas agée mais résulte de la combinaison des forces des autres lumières plus de nouvelles propriétés intéressantes. Cette lumière apparue en effet brillante aux yeux de Chercheur et il pensa qu'elle pourrait avoir le résultat qu'il recherchait. Durant 44 grands cycles de Houénoukon, il fit usage de cette lumière.

Pendant sa pratique de l'art de dissiper l'obscurité, Chercheur vit beaucoup de qualités á cette lumière. Cependant il sentit que quelque chose manquait toujours. Puisqu'il ne savait plus où aller chercher, il décida non seulement de jeter un regard plus proche sur toutes les lumières existantes mais aussi de devenir un ingenieur de lumière avec l'aide de Mahu. Il savait que Mahu était la personne centrale avec qui il devrait avoir affaire plus directement pour avoir le bon plan de travail.

Chercheur qui était maintenant un homme addressa une nouvelle prière de détermination á Mahu: 'S'il te plait Seigneur-des-Lumières-et-des-Plaisirs, assiste moi directement, coeur á coeur et âme á âme pour que je puisse réussir dans mon entreprise. Il est bon que j'ai connaissance les bons aspects des lumières existantes. Ce dont j'ai besoin maintenant est que tu m'aide á trouver ce quelque chose que je sens manque toujours. Je ne veux plus continuer d'être le témoin de tant de souffrances inutiles dans le monde que tu a fait de tes propres mains et qui devrait manifester ta gloire. Je sais aussi que tu peux utiliser d'autres personnes pour m'aider. S'il arrivait que je commette une erreure dans le processus d'élaboration, s'il te plait utilise quelqu'un pour que je puisse mettre le doigt dessu ou bien informe moi directement.'

Mahu était au courant de toutes les difficultés auxquelles Chercheur avait fait face jusque lá. Il était maintenant plus excité et concerné que le jeune homme lui-même. Il était de l'intéret du Seigneur-des-Lumières-et-des-Plaisirs que Chercheur réussisse. Chercheur ne savait pas combien de temps le processus de fabrication allait durer.

Dans un des anciens livres de la sagesse, il est écrit que Mahu était curieux de la façon dont le premier marcheur qu'il avait fait allait nommer les autres êtres créés. Dans un autre livre de la sagesse, il est ajouté que Mahu avait en réalité enseigné les noms des choses au premier marcheur.

Chercheur savait que dans toutes les traditions importantes, les noms des choses ne sont pas des noms simples mais des éléments de la Parole de Mahu qui donnent de précieuses informations sur leurs natures, fonctions, et places au sein de l'univers.

Il était certain que la première étape de son travail était de faire toutes les clarifications nécessaires concernant la nature de Mahu lui-même ainsi que celles de Zinflougan et de leur cours respectifs; de façon á ce que lorsque les gens du monde entendent leur noms, toutes les idées correctes viennent dans leurs âmes accompagnées des sentiments appropriés.

Quand il pensa être au bout de cette première phase, il amena le résultat devant tous les marcheurs exprimant sa volonté de connaître si d'autres avaient abouti á des conclusions similaires et si son oeuvre était vraiment utile.

Cher lecteur, que tu sois convaincu de l'existence de Mahu ou pas, lit ce livre avec tout le sens critique de ton âme et tout l'amour de ton coeur. Certainement il y aura un second épisode des "Aventures de Chercheur."

Rév. Dr. Frank Ignace Babatoundé ALAPINI: D.M., M.Div
New York, Décembre 2012

Introduction

Pensée et conscience

LE philosophe René Descartes considéré comme le 'Père de la philosophie moderne' est très célèbre pour sa déclaration *'Je penses, donc je suis'* qu'il fit dans son livre *'Discours sur la Méthode; et, Méditations.'* Suivant sa trace, plusieurs penseurs modernes et post modernes ont déclaré comme une recherche rapide sur Google peut le montrer: *'Je penses, donc je ne suis pas'* ou *'Je penses, donc je suis athé'* ou *'Je penses, donc je suis conservateur'* et aussi *'Je penses, donc je suis explication.'*

Cette capacité de penser est selon Blaise Pascal, aussi un philosophe et jeune contemporain de Descartes, la faculté dans laquelle deumeure toute la dignité des êtres humains. Quand les gens pensent, la plupart du temps, ils recherchent le sens de la vie; ils ne manquent pas de se poser, au moins une fois dans la vie, les questions philosophiques ultimes telles: *'Quel est le sens de l' existence?'*, *'Quelle est l' origine du monde?'*, *'Il y a t'il un au-delà?'*, *'Il y a t'il un Dieu?'*, *'Qu'est ce que le réel?'*, et ainsi de suite. Ils recherchent des réponses á ces questions dans leurs consciences personnelles et aussi dans la conscience collective. Certains essayent même l'inconscient.

Qu'est ce que la conscience?

Selon l'encyclopédie *Britannica*, le philosophe anglais John Locke considéra la conscience comme une condition psychologique, la perception de ce qui passe dans l'esprit humain. Ce qui passe dans l'esprit humain concerne l'esprit lui-même, le corps ou les corps, et leur environment(s). Etre conscient, c'est être au courant; c'est percevoir ce qui est réel.

L'état de conscience a plusieurs niveaux qui varient d'un individu á un autre. Dans la sphère humaine, la conscience est inséparable de la vie. En effet, *quelqu'un qui n'est au courant de rien ne vit pas vraiment.*

Pendant leur processus de croissance, les humains sont conscients avant d'être conscients de leurs consciences. Quand ils le sont, ils remarquent que la conscience change en fonction du temps et de l'espace. La période et le lieu de naissance sont parmi les facteurs les plus déterminants qui façonnent la conscience ou la perception de la réalité. Ceci inclu les perceptions correctes et celles qui sont incorrectes. L'idéal auquel tout le monde aspire est un état de vrai perception á 100% et de fausse perception á 0%.

Les composantes majeures de la culture qui ont contribué et continuent de contribuer á la détermination de l'état de perception sont la philosophie, la spiritualité, la religion, et la science. *Une personne née en Arabie Saoudite en 1996 devient presque certainement un musulman et perçoit le réel á travers ce prisme tandis qu'une autre personne qui naquit au Bénin en 1807 était vraissemblablement un adepte du Vodun.*

La culture d'une personne peut lui permettre de mieux percevoir la réalité et par conséquent d'avoir une conscience plus développée par rapport á une autre. Parce qu'il est difficile de rencontrer une culture complètement mauvaise, même les individus favorisés par le temps et le lieu de naissance se doivent de rester ouverts aux éléments positifs que d'autres cultures ont á offrir.

En matière d'idéologie ou de croyance religieuse ou encoe de spiritualité, le phénomène appelé cristallisation existe comme il existe sur le plan physique. L'eau prend diverses formes selon son contenant et se fige dans cette forme après congelation. Pour changer la forme du solide ainsi obtenu en une plus désirable, de la chaleur doit être appliquée pour ramener la glace à l'état liquide. Ensuite l'eau est mise dans le récipient qui convient et congelée á nouveau avec en général une perte de chaleur. De nombreuses années de spiritualité, de pratique religieuse, ou de compréhension philosophique et scientifique façonnent le psychisme, déterminent comment il fonctionne, et influence d'autres humains et la nature.

Quand une personne recherche de meilleures résultats ou souhaite être plus heureuse, elle revise ses idées philosophiques, spirituelles, religieuses, et scientifiques et les améliore. Les éléments d'amélioration peuvent provenir du dedans [l'âme et l'esprit] ou être exterieurs comme des livres, des amis, des enseignants, ainsi de suite. Ceux qui ont une grande humilité et un grand sens pratique mettent á jour leurs idées et croyances sans aucun sentiment d'humiliation.

L'humilité est l' absence de l' arrogance et n'est pas l'humiliation qui est synonyme de perte de dignité. Recevoir un enseignement n'a rien á voir avec la perte de dignité; plutôt, cela a tout á voir avec la croissance et le bien être. L'enseignement authentique est la transmission empathique d'information. Entres autres qualités, le parfait enseignement requiert que le transmetteur d' information ne développe jamais de complexe de supériorité par rapport au receveur. Dans ce cas la gratitude et la joie de recevoir des vérités merveilleuses et une sagesse fantastique durant la vie terrestre émergent comme résultats de l'enseignement.

Au fur et á mesure que le temps passe, des ajustements peuvent s'avérer nécessaires á cause de changements dans la condition et l'environnement humains. Dans la relation patient-médecin, ce que l'on doit souhaiter est que le premier valorise les services du second. Bien sûr le patient doit d'abord avoir suffisamment confiance dans le médecin pour autoriser un examen et ensuite percevoir une différence entre sa situation avant et après soin.

Le médecin peut aider le patient en l'éclairant avec des explications sur son examen clinique, les tests sanguins, les radiologies etc...Ainsi, il évitera d'apparaître comme un marchant d'illusion. Le but de cet exemple est de mettre l'accent sur la nécessité de l'efficacité ou du pouvoir de transformation positive de l'enseignement.

Aide moi Dieu!

Qui est vraiment le Dieu dont l'aide est demandé par la plupart des présidents et vice-présidents des Etats Unis d'Amériques ainsi que par de nombreux autres dirigeants dans le monde quand ils prettent serment? Du Président George Washington au Président Barack Obama, 43 présidents américains sur 44 [97.72 %] ont utilisé la formule 'Donc aide moi Dieu.' Qurante et un parmi eux ont été identifiés par Daniel White[1]plus les présidents George W. Bush et Barack Obama.

---

[1] Daniel Ernest White, "... so help me, God": the US presidents in perspective (New York, NY: Nova Science Publ, 1996), 1.

Pourquoi donc ces personnalités bénéficiant de la confiance de la majorité de leurs peuples en appellent á l'aide de Dieu quand elles sont sur le point d'assumer les plus hautes fonctions de leurs pays?

Pourquoi la plupart des êtres humains consciemment ou inconsciemment éprouvent le besoin de recourir á cette "puissance" á un moment ou un autre de leurs vies. Bien sur, le scepticisme et l'athéisme peuvent facilement se développer quand il n'y a pas de réponse [au moins selon les attentes de celui ou celle qui fait face á des difficultés].

'Aide moi Dieu' est ausi utilisé par le système légale et par les judges américains telque prescritdans l'acte judiciaire dans des serments différents de celui du président depuis 1789.

Science et philosophie séculière: complémentaires á la spiritualité et á la religion

Les cultures des peuples qui ont vécu et qui ont cristallisé leur conscience dans le passé peuvent être connues en étudiant l'histoire qui s'appuie becaucoup sur l'archéologie. L'archéologie á son tour repose sur les techniques de datations. Celles-ci ne sont pas parfaites mais sont suffisamment fiables pour que le chercheur utilise sans trop de soucis les coordonnées temporelles et géographiques fournies par l'histoire. Archéologie et histoire sont complémentaires.

L'histoire officielle informe que la civilisation ancienne la plus avancée est celle de Sumer dans le Sud de l'Iraque d'aujourd'hui. Spiritualité, religion, philosophie, et science depuis la période sumérienne ont subit des transformations dans d'autres civilisations et cultures jusqu'a la civilisation mondiale du temps présent.

A Sumer, la spiritualité et la religion étaient plus importantes que la philosophie et la science et les incluaient. Les prêtres et leurs dieux étaient les organisateurs de la société. Aujourdhui, malgré la fréquente séparation de ces branches de la perception ou de la connaissance de la réalité, 84 % de l' humanité est considéré comme religieux et 16 % non-religieux comme montré par adherent.com.

Les textes sacrés des diverses civilisations et religions sont utiles comme sources primaires dans la détermination de la vraie connaissance sur la nature de Dieu et des dieux. Comme mentionné dans la première section de cette introduction, des informations utiles peuvent être trouvées dans les écrits de toutes les civilisations et religions.

Dans sa quête, Chercheur a rencontré des personnes religieuses si attachées á un texte particulier qu'elles ne cherchent pas vraiment des informations additionelles dans d'autres textes. Quelques uns parmi eux pensent même que la raison n'est pas importante en matière de spiritualité ou de religion. Chercheur ne peut pas être d'accord avec ce point de vue parce qu'il pense qu' il y a toujours une ou plusieurs raisons, fondées ou non, conscientes ou non, derrière chaque position religieuse qu'un individu décide d'adopter. Par conséquent, la philosophie ne doit pas être considérée comme en opposition á la religion ou á la spiritualité.

Pythagore est reconnu comme celui qui a forgé le mot 'philosophie' le définissant comme 'une discipline qui essaye de trouver.' Quand l'érudit en ésotérisme et franc-maçon Manly P. Hall [1901-1990] rapporta ceci, il ajouta que Pythagore était plus humble que ses prédecesseurs qui se considéraient comme 'sages' autrement dit 'ceux qui connaissent.'[2]

Quand l'on considère la Bible, il semble se dégager une ligne centrale de patriarches, prophètes, et autres suiveurs de Dieu. Cet

---

[2]Manly Palmer Hall, *The Secret Teachings of All Ages: An Encyclopedic Outline of Masonic, Hermetic, Qabbalistic, and Rosicrucian Symbolical Philosophy* (New York: Jeremy P. Tarcher/Penguin, 2003), 192-93.

axe inclue Adam, Abel, Seth, Enoch, Noé, Abraham, Isaac, Jacob, Moïse, les prophètes majeurs et mineurs, et Jésus.

Abraham est souvent considéré comme la personne principale de son temps qui établit une nouvelle alliance avec Dieu et devint le père des trois grandes religions monothéistes que sont le judaïsme, le christianisme, et l'islam. Cependant, durant les jours d'Abraham, selon l'écriture, il y avait une personne très vénérée pour sa spiritualité du nom de Melchisédek; Grand Prêtre de Dieu et roi de Salem [plutard Jérusalem] á qui Abraham donna un dixième du trésor qu'il récupéra après une guerre. Il était un contemporain d'Abraham, pas un de ses descendants élus.

Quelle était la source de la spiritualité de ce Melchisédek si bien apprecié dans la Bible? Pourquoi l'auteur du livre des Hébereux [5: 6] appelle Jésus un grand prêtre selon l'ordre de Melchisédek? En plus de cela, ceux qui croient en la Bible devraient sérieusement se poser des questions sur la source de la spiritualité de Balaam [Nombres 22-24], un non-Israelite, voyant et devin, capable d'échanger les idées avec Dieu, de recevoir son Esprit, de prononcer des oracles, et qui refusa de désobéir á ce Dieu même pour une maison remplie d'or et d'argent?

A partir de tout ceci, encore une fois, il apparaît qu'une compréhension vraiment globale et significative de Dieu et des dieux doit se baser sur les textes religieux de toutes les civilisations. Ne devrait-elle pas? La littérature séculière, depuis les temps anciens juqu' au présent, qu'elle traite fondamentalement de science, de technologie, d'histoire, de philosophie, ou de la critique même négative de la religion et de la spiritualité doit être complètement intégrée dans la collection de textes sur les divinités.

Considérant la confusion, le fanatisme, les doutes, le scepticisme, le rejet, et les peurs qui caractérisent les sociétés de différentes époques incluant la présente, il est de la plus grande priorité de revisiter les vies spirituelles et séculières des civilisations du passé et du présent afin d'obtenir une image aussi complète que possible des divinités.

Ce volume aurait été beaucoup plus difficile á écrire si les philosophes, historiens, hommes religieux, scientifiques, et érudits de diverses époques n'avaient pas passé beaucoup de temps á mettre leurs découvertes, inspirations, aperçus, et idées sous forme écrite. Pour ceci, et malgré les contradictions qui peuvent apparaître parfois dans leurs travaux ils méritent tous grand respect et hommage.

Dans l'écriture d'un livre comme celui-ci, l' auteur doit faire attention au language parce que les mots utilisés pour décrire les expériences ou idées n'ont pas toujours les mêmes sens pour les lecteurs. Pour éviter des polémiques inutiles, les mots ici seront utilisés comme définis dans les dictionnaires avec la reconnaissance des sens figurés quand cela s'avère nécessaire.

Théologie, comparaison religieuse, dialogue inter-confessionnel, et paix

La théologie est l'étude systématique de l' existence, de la nature, et des relations du divin. Cette définition est très proche de celle de la philosophie donnée par Cicero et rapportée par Manly Hall dans son 'Secret Teachings of All Ages' ['Enseignements Secrets de tous les Ages']. C'est aussi une discipline intellectuelle qui vise á ordonner le contenu d' une foi religieuse et de n'importe quelle organisation spirituelle ainsi que les idées d'un individu qui ne se réclame pas d' une organisation mais traite néammoins des questions concernant les divinités et de Dieu en particulier. La théologie est un dialogue rigoureux avec les écritures sacrées et les données historiques, une investigation intellectuelle associée au désire mystique d'une connaissance intérieure de Dieu.

Quand *Pythagore chercha á rationnellement comprendre* Dieu, l'être humain, et la nature, il faisait plus que de la philosophie comme définie de nos jours. Les divinités avaient une place importante dans ses idées comme dans celles de Platon, Socrate, et Aristote. Même Emmanuel Kant ne pût complètement se débarasser de la spiritualité et de la religion.

Ainsi, la théologie ne se concentre pas seulement sur la spiritualité et la religion mais aussi sur la philosophie et la science. La théologie est un boulevard d'accès á la révélation générale de Dieu cachée dans la nature et ses phénomènes. C'est une discipline qui aide á placer dans un vrai contexte toute révélation spéciale venant de Dieu dans les rêves et visions impliquant des êtres surnaturelles.

La révélation générale qui est la connaissance du divin obtenue de la nature est très proche de la science et la théologie basée sur cette révélation est très proche de la philosophie séculière. Toute la difficulté á laquelle fait face la théologie vient de la révélation spéciale que des individus particuliers disent avoir reçu. En général, les êtres humains tendent á ne pas accepter comme crédibles les expériences spirituelles dans lesquelles ils/elles ne sont pas impliqués. Par conséquent la théologie basée sur la révélation spéciale a toujours besoin de défendre sa crédibilité devant la philosophie séculière et la science.

Puisque la théologie est fondamentalement basée sur l'étude de Dieu, la moindre chose qu'un théologien peut offrir au monde est une clarification sur ce Dieu avec l'objectif final de contribuer á l'harmonie et la joie cosmiques éliminant le fanatisme, le scepticisme, les doutes, et la confusion mentionnés plus haut. Ce faisant, il/elle ne devrait pas éviter la discussion sur la frontière entre le connaissable et l'inconnaissable.

Le théologien a particulièrement besoin de considérer les points de vue et les critiques du monde séculier [séparé de la religion] aussi bien que les arguments venant de tous les domaines de la connaissance. Il/elle doit même se préparer á devenir athé si telle est la conclusion á laquelle abouti son étude rigoureuse.

Si au contraire, il arrivait que la conclusion est une confirmation de l'existence de Dieu et/ou des dieux, le théologien devra alors aller plus loin et présenter ses idées d'une manière qui peut réconcilier les diverses confessions, fournissant un bon outil non seulement pour la science de la comparaison religieuse mais aussi pour le dialogue interconfessionnel et la paix globale.

En théologie, l' art de l' exégèse est crucial pour une bonne compréhension. Quand la Bible est utilisée comme matière première par exemple, différents commentaires bibliques doivent être lus ainsi que les versions variées de la Bible elle-même. Parfois, les différences entre les diverses traductions sont très importantes. Le théologien doit alors mettre sa relation avec Dieu en jeu afin que la vérité jaillisse de son âme et de son coeur.

La plupart du temps, le théologien doit traiter avec la réalité pratique et la "vérité" découverte ne dois pas être en contradiction avec cette réalité. Par conséquent, les expériences du théologien aussi bien que la qualité de sa connection avec Dieu [quel Dieu?] sont capitales. Un fameux guide spirituel, Jésus nommément, avait une fois dit que l' attitude d' enfant est requise pour que le succès couronne les efforts spirituelles. Ceci suppose une grande curiosité, la disponibilité, l' humilité, l' honnêteté, l'enthousiasme, et l'amour. Mais le sens des responsabilités, le courage, la raison, la force, et l'endurance de l'adulte sont aussi nécessaires.

Quelques publications récentes et significatives sur le sujet de Dieu et des dieux

Dans son livre *'From angels to aliens' ['Des anges aux extraterrestres']*, publié en 2003, Lynn Clark explore les croyances des adolescents qui reçoivent des médias beaucoup d'idées sur le paranormal, les démons, l'enfer, et l'au-delá. Des films comme *Harry Potter* et *Buffy the Vampire Slayer [Buffy la Tueuse de Vampire]* transmettent ces idées, dit elle. Les conséquences pour elle sont le déclin de l'adhérence aux religions formelles, un intérêt pour les spiritualités alternatives, et une tendence á la superstition. Un espoir derrière le présent travail est l'évaluation de ces idées.

En 2006, Jeremy Campbell rendit publique l'ouvrage *'The many faces of God' ['Les visages de Dieu']* qui traite de l'histoire religieuse, de la philosophie, et de la science de la période d' Isaac Newton [un hommes des années 1600]jusqu'au temps présent. Pour lui, le travail des scientifiques du 17ème siècle a permis d'élucider plusieurs mystères de la nature et de remplacer dans la conscience publique, la volonté de Dieu par les lois physiques.

Campbell mentionne que dans les mains de gens comme Galiléé et Newton, la science devint soudainement la médiatrice entre Dieu et l'être humain balayant du coup les divins messagers tels que anges, saints, démons, et idoles. Pour lui, les philosophes étaient forcés de suggérer une image plus rationnelle de Dieu en partant de la force inconnaissable á l'autocrate vengeur, passant par le gentil viellard et le sauveur personnel. Campbell décrivit aussi un monde actuel dans lequel les professions de foi et les doctrines sont négligeables et la théologie démodée.

Affirmant que les religions ont une peur secrète que la science finisse par trouver des explications remplaçant la notion de Dieu, Campbell amène ses lecteurs á noter qu'il existe aussi une attente populaire que les théologiens rétablissent leur indépendance pour réinventer le monde selon leurs propres termes juste comme il y a eu une attente que les scientifiques publient des explications excitantes sur l'univers.

Les éléments dignent de considération dans le livre de Campbell sont nombreux. Cependant, le présent travail théologique n'essayera pas de réinventer le cosmos mais de le découvrir. Ainsi, l'accent sera mis sur la connaissance, la raison, et l'expérience plutôt que sur les croyances et la foi. La philosophie par conséquent y jouera, comme dans la science, un rôle important. Le but est d'inviter le lecteur á ne pas accepter des propositions irraisonnées et des affirmations sans preuves ou improuvables. Le chapitre sur les divinités et l'épistémologie offrira des details sur la place á accorder á la foi et aux croyances dans le processus d'acquisition de la connaissance.

Il n'y a pas et ne devrait pas y avoir une sépration entre science, religion, philosophie, et théologie. Des différences apparurent particulièrement autour de la période historique á partir de laquelle Campbell a choisi de commencer son étude. Il est bien connu que plusieurs grands hommes de l'antiquité comme Platon étaient á la fois hommes de science, philosophes, religieux, et théologiens. Newton que Campbell étudia était aussi un homme de cette envergure.

Ainsi donc, la religion ou la spiritualité ne devraient pas avoir peur que la science apporte des éclaircissements sur des questions se rapportant á Dieu, aux anges, et á l'univers parce que *le physique et le spirituel ne sont pas opposés. Quand ces deux disciplines se développeront plus, la distance entre elles se réduira et la vraie dimension de la science comme embrassant á la fois le physique et le spirituel sera claire dans beaucoup plus d'âmes.*

Paralcese était un grand homme de science [médecin et botaniste] qui décrivit aussi des esprits. Il vécut avant la période sur laquelle Campbell se pencha. Campbell ne put trouver d'évidence pour l'existence des anges dans aucune des ouvrages qu'il étudia. Le présent livre espère apporter des preuves que les êtres surnaturels existent réellement ou au moins mettre en exergue des indicateurs puissants qui vont dans ce sens.

Au cours de la même année 2006, Michael Martin, professeur émérite de philosophie et Dr. Ricki Monnier, docteur en logique mathématique ont compilé un ensemble de documents écrits par plusieurs distingués érudits présentant une variété d'arguments sur comment l'existence de Dieu est improbable. Une partie du chapitre 15 analysera ces arguments et y proposera des réponses du point de vue théiste.

Un autre livre intérressant sur le sujet des divinités ces dernières années est 'The Anonymous God ' ['Le Dieu Anonyme'] publié en 2005. Dans ses pages, Rév. Dr. David Adams affirme que dans un passé récent, quand le terme 'dieu' est utilisé dans le discours public aux U.S.A., la vaste majorité de la population pense au Dieu qui se révéla dans l'Ancien Testament pour les juifs et les chrétiens et additionnellement le Nouveau Testament pour les chrétiens. Pour lui, il y a toujours eu des gens qui ne partargent pas ce concept de dieu.

Le dieu de la religion civile américiane n'a pas de nom selon Adams; c'est un dieu anonyme. Dans l'ancien temps, ajoute-t- il, les dieux avaient des noms correspondant á des aspects particuliers de la création sous leurs influences. Pour Adams, la mythologie commune de l'ancien monde se répandit vers l'Ouest á partir de ses racines sumériennes rencontrant d'autres divinités. D'après lui, *le système religieux sumérien, donc mésopotamien, était véritablement polythéiste*. Un autre élément important pour lui est que les dieux n'ont aucune place dans le cadre d'un concept monothéiste de dieu.

Adams affirme que la promotion de la diversité religieuse a cependant créé un nouveau panthéon américain dans lequel tous les noms par lesquels les êtres humains appellent les dieux sont identifiés avec un seul être spirituel suffisamment malléable pour accomoder une ou toutes les conceptions religieuses. Ceci selon lui est ce qui crée le dieu anonyme ou pour Rév. Dr. Joel P. Okamoto, le dieu générique.

Okamoto déclara que le dieu qui est invoqué dans les serments d'allégence et appelé á bénir l'Amérique n'est aucun dieu en particulier. Il a été pris pour le "Père" des chrétiens, mais cette identification a toujours été supposée. Le dieu de la religion civile dans la bouche d' Okamoto est un dieu unitarien qui ressemble á celui du Déisme. Ce n'est pas un Dieu spectateur mais un Dieu activement intéressé et impliqué dans l'histoire.

Rév. Dr. Alvin Schmidt, un autre co-auteur de 'Le Dieu Anonyme' poursuivit disant que "Dieu le Père des chrétiens" devint déiste á peu près de 1750 jusqu' aux années 1980. Le mouvement déiste se développa en Engleterre durant les années 1600 et début 1700 en tant que produit de l'Age des Lumières et de l'Age de la Raison. D'après Schmidt, la conviction déiste a été répandue aux Etats Unis d'Amériques par la Franc-Maçonnerie qui s'était organisée autour de cette idéologie.

Toujours selon Schmidt, l'attention se déplaça de la Trinité et de Jésus vers un seule être divin anonyme. Au début des années 1980, il y eu un nouveau changement du déisme vers un paysage de plus en plus polythéiste comme résultat du multiculturalisme favorisé par le Virginia's Act [l'Acte de Virginie] pour la liberté religieuse de 1786. Dans le présent volume, le Dieu du déisme sera aussi analysé et le polythéisme évalué.

Onze années avant la publication de 'Le Dieu Anonyme', Karen Armstrong dans 'A history of God' ['Une Histoire de Dieu'] avait montré comment depuis le début de l'histoire humaine il y a eu une alternance entre le monothéisme et le polythéisme. Le monothéisme était dominant au début et le redevint avec la monté du judaïsme, du christianisme, et de l'islam. Cependant *même dans le monothéisme continue Armstrong, l'idée de Dieu n'a pas toujours été uniforme á travers les âges et varia d'Abraham á Mahomet.*

Un autre objectif de ce travail-ci est de proposer une présentation des écritures religieuses capable d'aider le lecteur dans sa réflection personnelle pour obtenir une meilleure idée de Dieu et des dieux. Cette présentation ira au-delá du judaïsme, du christianisme, et de l'islam pour aborder des systèmes religieux complexes et sophistiqués tels ceux des hindous, gnostiques, théosophes, zoroastriens, sikhs, les écoles ésotériques, le New Age, etc...

Comprenant comme Armstrong que *la religion a été plus une affaire de rituel que d'idées ou de théologie, qu'elle a abondé dans le sens du respect de la tradition et d'une certaine sécurité plutôt que de l'acceptation des défis théologiques et du changement; cet ouvrage propose de mettre fin á la compétition entre les diverses idées sur Dieu et de laisser Dieu être Dieu comme beaucoup le souhaitent.* Comme plusieurs savants l'ont desiré, une place de choix doit être accordée á la raison et aux expériences mystiques.

La présente oeuvre ambitionne aussi d'être une étape déterminante dans le processus de reconstruction de la philosophie et de la science spirituelle qui rendra accessible á plus d'âmes le Dieu Intelligent qui se manifeste. Ainsi donc, des efforts seront faits pour éliminer les idées illogiques et non fondées sur l'expérience. Raison et expérience ont été á la base du développement de la science physique et ne doivent pas être négligées dans la reconstruction de la philosophie et de la science spirituelle.

Beaucoup dans la sphère religieuse pensent que la raison est bonne á utiliser seulement pour les affaires physiques. Mais, si le Dieu en qui ils/elles croient a réellement tout créer, Il doit donc être le Maître Suprême de la raison avec une Raison qui aide la raison humaine á croître et mieux comprendre les phénomènes incluant ceux qui sont d'ordre spirituel. Un lecteur attentif de Paul ne manquera pas de noter qu'il a enseigné sur ce point dans ses lettres.

Il y a une raison bien assez évidente derrière l'expression 'découvertes scientifiques.' Les physiciens, chimistes, mathématiciens, biologistes etc...ne créent pas les résultats de leurs recherches, ils/elles les *découvrent* á proprement parler. De la même manière, la science spirituelle reformulée doit chercher á *découvrir* les réalités spirituelles et les divinités. C'est pourquoi une enquête neutre, non biaisée, logique, scripturaire, et expérientielle doit être conduite pour aboutir á la vérité lá où elle apparaît et pas nécessairement lá où certaines personnes voudraient la voir.

Dans la recherche scientifique sur les phénomènes physiques, il y a des découvertes et des redécouvertes. Les rayons X existèrent pendant des millénaires avant que Wilhelm Conrad Röntgen les découvrit. Mêmement, dans l'enquête spirituelle, l'on peut tomber sur des vérités déjà découvertes par d'autres, dépoussièrer certaines idées, et en proposer de nouvelles.

Il est bien possible que Dieu [quel Dieu?] ait toujours été présent mais d'accès difficile et varié en fonction des périodes historiques. La notion de Dieu est beaucoup plus mystérieuse et plus complexe que les rayons X restés indetectés pendant des milliers d'années.

Dans son avancée théologique, ce travail cherchera á savoir ce qui est acceptable entre déisme et monothéisme trinitaire;en bref, analyser tous les ismes religieux. Il déterminera également si Dieu est anonyme ou pas et réexaminera les dieux dans l'actuel contexte du monothéisme dominant.

Cette revue de litérature ne peut prendre fin sans une référenceá Dan Brown et son 'The Lost Symbol' ['Le Symbole Perdu'], publié en 2009. Malgré qu'il soit une oeuvre fictionnelle, ce roman doit être pris au sérieux parce que son auteur est très lu et y aborde directement deux concepts théologiques importants: les divinités et l'écriture religieuse et spirituelle. 'Le Symbole Perdu' addresse non seulement des questions théologiques majeures mais aussi des sujets anthropologiques [le vécut humain] et propose des réponses. A travers ce roman, Dan Brown prouve qu'il se tient avec plusieurs autres au pic du débat contemporain en matière de théologie et de philosophie.

Comme il l'a lui-même admit, plusieurs idées dans son livre sont anciennes et entrain d'être confirmées par la recherche scientifique avancée par des organizations telles 'The Institute of Noetic Sciences' [Institut des Sciences Noétiques]. Certaines de ces idées seront analysées théologiquement et philosophiquement. Il est crucial de dévoiler la vraie nature de toutes chose comme Brown lui-même l'a exprimé á travers son personnage *Katherine Solomon.*

D'une façon ou d'une autre, tout le monde devrait être bien informé en ce qui concerne le sujet de Dieu et des dieux qui est central non seulement aux personnes religieuses, spirituelles, et celles qui sont confuses mais aussi aux sceptiques et athés bien enracinés qui ont souvent á traiter avec les autres dans leurs activités quotidiennes.

Première partie

IDEE MAJEURES SUR DIEU ET LES DIEUX

Chapitre 1

Introduction aux anciennes civilisations

L'HISTOIRE comme récit des événements passés aide á mieux comprendre le présent et forger le futur. C'est l'explication de base que reçoivent les élèves souvent au dédut du cours secondaire. Les plus anciens récits parlant des divinités varient selon les sources considérées. Par exemple la Bible amène ses lecteurs á la période avant le déluge et montre comment les premiers ancêtres humains d'Adam á Noé étaient en relation avec un seul Dieu. Cependant, la Bible introduit aussi formellement le polythéisme á partir du patriarche Térach, le père d'Abraham, quelques neuf générations après le déluge. Abraham est considéré comme ayant vécut environs 2000 ans avant Jésus.

La Bible ne dit pas exactement quand le polythéisme commença. Ce qui est certain est qu'elle décrit desancêtres du peuple d'Isaël comme adorateurs de plusieurs dieux [Josué 24: 2].

En dehors de la Bible; les mythologies sumérienne et égyptienne, de même que le texte ancien du Rig-Veda de l'hindouisme fournissent des évidences de l'existence du polythéisme respetivement longtemps avant 2900, 3100 et 1700 avant notre ère. Pour comprendre l'existence et la nature de Dieu et des dieux, il est très utile de jeter un regard sur ces civilisations aussi bien que d'autres.

Définition des civilisations anciennes et passées

Deux définitions du mot 'civilisation' sont intéressantes pour la discussion sur Dieu et les dieux. La première est 'civilisation' comme une étape avancée de développement et d'organization de la société humaine. Le second sens se rapporte á la culture ou la mannière de vivre d'un peuple en un temps et un lieu particuliers.

Une civilisation est dite ancienne lorsqu' elle a vécut et disparu dans le passé ou lorsque la culture du peuple qui la constitue a fondamentalement changé.

En matière de divinités, les deux sens du mot 'civilisation' donnés plus haut sont utiles et doivent être combinés pour autoriser une étude exhaustive. Les peuples n'ont pas besoin de développer une civilisation avancée avant d'avoir un sytème religieux ou spirituel. Mais d'un autre côté, les civilisations avancées laissent souvent d'abondants écrits qui renseignent mieux sur leurs croyances et pratiques.

Certaines anciennes civilisations avancées comme celles de Babylone et d'Egypte avaient un niveau élevé de développement technologique. Par exemple la Mésopotamie dont fit partie Babylone est considérée comme le lieu de naissance de la science et de la technologie et il est bien connu que les mathématiques et l'astronomie étaient très développées en Ancienne Egypte.

Plusieurs personnages remarquables de la civilisation grècque incluant le grand mathématicien et philosophe Pythagore voyagèrent en Egypte pour acquérir de la connaissance. Ceci montre l'importance de cette civilisation. Mais pour en croire Manly Hall, Pythagore était aussi un initié des mystères babyloniens et chaldéens et avait reçu la tradition secrète de Moïse de la part des rabins. *Le fait que les deux civilisations de Babylone et d' Egypte étaient á la fois très religieues et spirituelles ainsi que scientifiquement avancées doit inciter á leur étude minutieuse.*

Dieu et dieu: définitions

Avec le 'D' capital, 'Dieu' désigne communément la source ultime de l'univers, objet de dévotion religieuse, Etre Suprême, Créateur, source de toute autorité morale et dirigeant de l'univers.

Avec le petit 'd', 'dieu' désigne un être surnaturel et immortel ou l'idole le représentant. Un dieu peut être aussi un humain ou une chose á qui la valeur de dieu a été attribuée en raison de son influence positive ou négative, spirituelle ou pas.

Le mot 'divinité' est aussi utilisé pour désigner Dieu ou un dieu avec le 'D' capital   pour l'Etre Suprême. Parfois, dans les textes sacrés comme les *Textes des Pyramides*, le 'D' capital est utilisé pour honorer un dieu.

Mythe, mythologie, parabole, et réalité

Un mythe est une histoire impliquant des personnes, des actions, et de événements surnaturels. Il contient des idées populaires sur des phénomènes naturels ou historiques. Les mythes sont le vestige d'un passé ancien.

Une mythologie est une collection de mythes en rapport avec une culture ou une personne particulière. Le mot désigne aussi l'étude des mythes.

Une parabole est une comparaison, une analogie, une similitude, une métaphore, ou une allégorie. C'est une courte histoire qui utilise des situations familières pour illustrer un enseignement religieux, spirituel, ou moral. Une parabole peut donc être un mythe ou partie d'un mythe.

Parfois, certaines histoires écrites dans les textes religieux sont qualifiées de mythes. Ainsi une personne comme Rudolph Bultmann sentit le besoin d'éliminer les mythes de la Bible. Cependant, il n'est pas prudent de traiter comme non authentiques ou irréels des récits où des personnes témoignent d'événements spirituels.

La plus sage attitude est d'écouter ou de lire attentivement ce qui est narré et de l'analyser pour identifier ce qui est vraissemblable se basant sur l'ensemble de la connaissance humaine. Les informations non vérifiables ne devraient être considérées ni comme des vérités, ni comme des mensonges. Avec le progrès de la connaissance, il est possible que ces déclarations trouvent des confirmations ou infirmations logiques, expérentielles, ou expérimentales.

Artéfacts, ordre d'apparition, et textes religieux des anciennes civilisations

Les croyances et pratiques identifiées comme caractérisant les anciennes civilisations reposent sur des preuves matérielles. Les êtres humains de tous temps et tous lieux ont vraiment eu affaire aux divinités qu'elles soient réelles ou imaginées. Les évidences archéo-logiques sont les artéfacts trouvés par hazard par des gens ordi-naires dans la vie de tous les jours en différents endroits ou détectés par les archéologues sur la base de fouilles méthodiques orientées par des indices historiques et aussi archéologiques. L'appendice 1 en fin de livre contient une liste d'artéfacts importants.

En histoire, les découvertes archéologiques sont interpretées; un sens est donné aux artéfacts, et les textes anciens sont traduits. Par exemple la statue du roi Hammurabi de Mésopotamie en prière est considérée comme un objet religieux et Jean-François Champollion est connu pour avoir traduit les hiéroglyphes de l'Egypte Ancienne.

L' appendice 2 présente l'ordre d'apparition des anciennes civilisations selon quatres sources. Une analyse brève de cette chronologie montre que les historiens sont d'accord sur les éléments centraux dans l'histoire des civilisations. Les variations entre certaines dates avancées sont dues par exemple aux perspectives différentes des historiens. Certains parmi eux préfèrent parler d'une civilisation á son apogé tandis que d'autres la considèrent á ses débuts, loin dans le passé. Malgré cela, l'idée générale que l'on peut avoir de l'ordre de développement des civilisations n'est pas affectée.

Les informations sur Dieu et les dieux sont parvenues á l'époque actuelle grâce aux écrits sacrés des civilisations anciennes. L'appendice 3 ne contient pas les titres de certains de ces textes parcequ' ils ont disparu á cause de guerres et de conflits responsables parfois de la destruction de librairies entières. D'autres textes ne sont pas mentionés tout simplement parce que la recherche derrière le présent livre ne les a pas rencontré. Enfin d'importants textes magiques comme le Picatrix, les Clavicules de Salomon, et le Manuscript de Voynich ne figurent pas dans cet appendice parce que les sources utilisées ne les ont pas repertorié.

L'objectif des trois appendices avec leurs chronologies est d'orienter toutes les personnes désireuses, surtout les moins informées, vers des pistes intéressantes de lectures et de recherche.

Chapitre 2

Introduction aux panthéons et mythes de la création des anciennes civilisations

P LUSIEURS livres, dictionnaires, et encyclopédies sur la my-

thologie ainsi que de nombreux sites web contiennent des descriptions détaillées des dieux et déesses des anciennes civilisations. Ici, juste leurs noms et titres sont presentés pour donner une idée d'eux. Cette idée sera renforcée par la présentations des mythes de la création de ces anciennes civilisations.

Parfois, la même fonction est assurée par un dieu dans une certaine civilisation et par une déesse dans une autre. Par exemple, la déesse Ishtar et le dieu Mars étaient tous deux protecteurs des guerriers respectivement en Mésopotamie et dans l'Empire Romain.

Parfois deux dieux différents ont le même titre comme Apollon et Hélios de l'ancienne Grèce. Tous deux étaient des dieux du soleil; cependant Apollon á d'autres fonctions et Hélios est souvent décrit comme d'origine asiatique.

Dans d'autres cas, les attributs d'un même dieu varient dans le temps devenant plus importants ou moins valorisés comme dans le cas de plusieurs dieux hindoues et mésopotamiens. Cette variation peut être attribuée aux changements politiques ainsi qu'á l'émergence de nouveux penseurs.

Dans la description détaillée des dieux et déesses, nombreux parmi eux apparaissent comme un mélange de bien et de mal; ni exclusivement bon, ni exclusivement mauvais. D'autres comme Set ont des rôles très négatifs. Les divinités dans les anciennes civilisations mais aussi dans les anciennes religions étaient des deux sexes.

Il existe plusieurs versions pour le mythe de la création de chaque civilisation du fait des traductions; comme dans le cas de la Bible. Les plus compréhensibles de ces versions figurent dans ce volume. Les divers mythes de la création sont présentés afin de permettre au lecteur de les comparer avec l'histoire biblique de la Genèse. Une autre comparaison pourrait être faite entre les points communs et les différences que le lecteur aurait identifié et ceux que Chercheur expose ici et lá dans cet ouvrage.

L' ancienne Mésopotamie

La Mésopotamie est l'ancienne région du sud-ouest asiatique qui couvrit l'Iraque et aussi une partie de la Turkie et de la Syrie d'aujourd' hui. Etymologiquement, 'Mésopotamie' signifie les territoires entre les deux fleuves du Tigre et de l'Euphrate. Cette région du monde a abrité les peuples de Sumer, d'Akkad, de Babylone, et d'Assyrie entre 4500 et 606 avant notre ère.

La mythologie de la Mésopotamie, fondamentalement, a toujours été celle de Sumer avec de légères modifications á travers les siècles successifs. Cette mythologie a été bien préservée á cause de l'existence d' une écriture: le cunéiforme. Les écrits laissés sont des épopées, des hymnes, des incantations, des lamentations, et des proverbes.

L' *Enuma Elish* ou le mythe babylonien de la création est la plus importante des épopées mésopotamiennes. Le texte fut découvert par Henry Layard en 1849 [en fragments] dans les ruines de la librairie d' Ashurbanipal á Ninive [Mosul, Iraque]. Il fut publié par George Smith en 1876. Plusieurs copies de l'*Enuma Elish* furent trouvées en Babylonie et en Assyrie. La version de la librairie d' Ashurbanipal date du 7ème siècle avant notre ère. Ecrit sur 7 tablettes de pierre, le texte était, disent les historiens, probablement composé á Babylone en 1450 avant l'ère actuelle pour célébrer une victoire.

Le nom de l'auteur originel n'est pas connu et le texte lui-même ne dit pas si l'épopée de la création a été écrite sur ordre ou conseil d'un dieu quelconque. L'information disponible est que ce mythe de la création était très répandue et que le peuple mésopotamien y croyait presque unanimement. Ce mythe était au centre de la religion de la première civilisation avancée.

Les divinités:

Apsu/Abzu: dieu primordial de l'eau fraîche

Marduk: le plus puissant des dieux

Enki/Ea: dieu de la sagesse, de l' art, et de la civilisation

Enlil: dieu du vent

Inanna/Ishtar/Ereshkigal/Astarte: déesse de l'amour sexuel, de la fertilité, de la guerre, et du jugement

Utu- Shamash-Sama – Ahamash: dieu du soleil

Ninhursag- Ki: déesse de la terre

Nergal: dieu solaire de l'heure de midi et du solstice d'été et dieu du monde des ténèbres

Sin – Nanna: dieu de la lune

Tiamat: déesse monstre primordial

Anshar: un dieu du ciel

Anu: un autre dieu ciel

Nammu – Namma:déesse de la mer primordiale

Le mythe mésopotamien de la création [l'Enuma Elish] comme raconté par le CRI/Voice institute

Au commencement, le dieu Apsu, dieu de l'eau fraîche et ainsi de la fertilité mâle engendra le ciel et la terre de même que la déesse de la mer. Tiamat, le chaos, était leur mère. *Les eaux du ciel et celles de la terre étaient mélangées.Ensuite les dieux furent créés dans le ciel*: Lahmu, Lahamu, Anshar, et Kishar qui représentèrent la frontière entre le ciel et la terre [l' horizon]. A Anshar et Kishar naquit Anu, dieu du ciel qui á son tour donna naissance á Enki [ou Ea], le dieu de la sagesse.

Les dieux étaient trop bruyants et rendirent Apsu et Tiamat in-comfortables. Conseillés par Mummu, le ministre d'Apsu, Apsu et Tiamat decidèrent de détruire les dieux. Mais Enki parvint á être au courrant de leur plan. Il tua Apsu et établit avec sa femme Damkina sa demeure sur son corps. Marduk, le plus capable et le plus sage des dieux fut ainsi engendré, créé dans le sacré coeur d'Apsu. Il fut appelé le Soleil des Cieux. Il était le dieu du printemps symbolisé par la lumière solaire et l'éclaire dans la tempête et la pluie. Il était aussi le dieu protecteur de la ville de Babylone.

Pendant ce temps, Tiamat enragée par le meurtre de son mari Apsu jura de se venger. Elle créa onze monstres pour l'aider. Tiamat prit un nouveau mari, Kingu, un de ses fils, á la place d'Apsu qui avait été occis. Elle le mit en charge de son armée nouvellement assemblée. Tiamat représentait les forces du désorde et du chaos dans le monde. Dans le cycle des saisons, elle était hiver et stérilité.

Pour venger le meurtre de son mari, Tiamat se prépara á lâcher sur les autres dieux les forces destructrices qu'elle avait rassemblé. Enki apprit son plan et l'affronta; mais il ne parvint pas á l'arrêter. Anu la défia ensuite et échoua aussi. Les dieux furent effrayés qu'il n'y ait personne pour mettre fin au saccage vengeur de Tiamat.

A ce point Marduk entra dans le conflit. Il proposa de vaincre Tiamat et de devenir en échange le dirigeant des dieux. Sa proposition fut acceptée. Avec l'autorité et le pouvoir de l'assemblée, Marduk prépara ses armes, les quatres vents ainsi que les sept vents de la destruction. Il conduisit son chariot de nuages avec les armes de la tempête vers Tiamat. Après l'avoir prise dans un fillet, Marduk relâcha le vent malfaisant pour l'enfler.

Quand elle fut handicapée par le vent, Marduk la tua perçant son coeur avec une flèche. Il emprisonna les autres dieux et monstres qui étaient les alliés de Tiamat. Il captura aussi son mari Kingu. Après avoir fracassé la tête de Tiamat avec un club, Marduk divisa son corps utilisant la moitié pour créer la terre et l'autre moitié pour achever le ciel avec des barres pour empêcher les *eaux chaotiques* de s'échapper. Il construisit des stations pour les grands dieux, établissant leur correspondants astraux comme étoiles du zodiaque. Il détermina l'année et la divisa. Il établit trois constellations pour chacun des douze mois. Après avoir défini les jours de l'année au moyen de figures célestes, il fonda la station de l'étoile polaire [Nebiru] pour déterminer leur limites afin que nul ne fasse d'erreur et se perde. A côté de cette station, il établit des stations pour Enlil et Enki. Dans le ventre de Tiamat, il établit le zénith. Il fit briller la lune et lui confia la nuit. Il nomma la lune comme créature de la nuit pour signifier les jours et délimiter chaque mois, sans cesse, par le biais de sa couronne: 'Au tout début du mois, te levant au-dessus du territoire, tu auras des cornes lumineux pendant six jours et atteindra une demie-couronne le septième jour. Ainsi deux périodes de quinze jours constitueront les deux moitiés de chaque mois. Quand le soleil te dépasse á la base du ciel, diminue ta couronne et rétrograde en lumière. Au moment de dispraître, approche toi du trajet du soleil et au trentième jour tu te tiendra á nouveau á l'opposé du soleil. J'ai établit un signe. Suis son chemin.'Après avoir confié les jours á Shamash, il forma les nuages et les remplit d'eau. Il causa le soulèvement des vents ainsi que l' arrivée de la pluie et du froid. Mettant la tête de Tiamat en position, il format dessus les montagnes. Ouvrant l'océan qui était en crue, il causa des yeux de Tiamat le flot des deux fleuves que sont le Tigre et l'Euphrate. Avec ses seins, il forma de hautes montagnes d'où il tira des sources pour approvisionner les puits en eaux.

Quand il mit en place ses lois et ses ordonnances, il fonda des sanctuaires et les confia á Enki. Il donna á Anu la Tablette des Destinées qu'il avait prise á Kingu. Il fabriqua des statues et les mit á la Porte du Ciel disant: 'Que ceci serve comme témoignage.'

Quand les dieux virent cela, ils furent extrêmement contents. Lahmu, Lahamu, et tous ses pères le visitèrent et Anshar, le roi, vint le saluer. Anu, Enlil, et Enki lui amenèrent des cadeaux. Sa mère, Damkina lui offrit un présent qui le rendit joyeux. A Usmi qui lui amena un cadeau dans un endroit secret il confia la chancellerie du Ciel et l'intendance des sanctuaires.

S' étant rassemblés, tous les Igigi se prosternèrent tandis que chacun des Anunnaki embrassèrent ses pieds. Ils se tinrent devant lui, se prosternèrent, et dirent: 'Il est le roi!' Après que les dieux ses pères furent repus de ses charmes, Enki et Damkina ouvrirent leur bouches pour parler aux grands dieux, les Igigi: 'Avant, Marduk était simplement notre fils bien aimé, maintenant il est votre roi, proclamez son titre!'

Ils tinrent un deuxième discours disant: 'Son nom sera Lugal-dimmerankia, ayez confiance en lui!' Quand ils donnèrent la souveraineté á Marduk, ils firent pour lui une prière de bonne fortune et de succès: 'Désormais tu seras le proctecteur de nos sanctuaries, nous feront tout ce que tu ordonneras.'

Marduk ouvrit sa bouche pour parler: 'Dessous, j'ai affermi le sol pour une zone de construction, je construirai une maison. Ce sera ma demeure de luxe. J'y établirai un temple ainsi que des chambers intérieures. J'établirai ma souveraineté. Quand vous descendez de l'Apsu pour l'assemblée, vous y passerai la nuit. Elle est lá pour tous vous recevoir. Je l'appellerai *Babylone qui signifie la maison des grands dieux*. Je la construirai avec l'habileté des artisans.'

Quand les dieux, ses pères, entendirent son discours, ils posèrent la question suivante á Marduk leur **premier-né**: 'Qui aura autorité sur tout ce que tes mains ont créé? Qui aura pouvoir sur le sol que tes mains ont créé? Babylone, á laquelle tu as donné un beau nom y établissant ta demeure pour toujours.'

Quand Marduk entendit les mots venant des dieux, son coeur le poussa á façonner des oeuvres d'art. Ouvrant la bouche, il demanda á Enki de rendre publique le plan qu'il a conçu dans son coeur: 'Je prendrai du sang et façonnerai l'os. J'établirai un sauvage; *'homme' sera son nom, vraiment, je créerai l'homme-sauvage. Il sera chargé du service des dieux afin qu'ils soient á l'aise.* Je vais artistiquement changer la culture des dieux. Malgré qu'ils soient révérés de façon égale, ils seront divisés en deux groupes.'

Enki lui répondit. Il lui donna un autre plan pour le soulagement des dieux: 'Laisse á ce qu'un de leurs frères nous soit seulement remis; lui seule périra afin que l'humanité soit façonnée. Invite les grands dieux ici en Assemblée.' Marduk convoqua les grands dieux en Assemblée. Présidant gracieusement, il donna ses instructions. Ils prêtèrent attention á sa parole.

Le roi dit aux Anunnaki: 'Si votre déclaration précédante était vraie, maintenant dites la vérité en jurant par moi! Qui a fomenté le soulèvement, rendit Tiamat rebelle, et joignit la bataille? Que celui là me soit livré. Je lui ferai porter sa culpabilité. Soyez en paix!' Les Igigi, les grands dieux lui répliquèrent; á Lugaldimmerankia, conseiller des dieux, leur seigneur: 'C'était Kingu qui avait organisé le soulèvement, avait rendu Tiamat rebelle, et avait joint la bataille.'

Ils le lièrent le tenant devant Enki. Il lui administrèrent sa punition lui coupant les vaisseaux sanguins. De son sang ils façonnèrent l'humanité. Après qu'Enki, le sage créa l'humanité, il lui imposa le service des dieux. Ce travail dépassa l'entendement; artistiquement plannifié par Marduk et excécuté par Nudimmud.

Marduk, le roi des dieux les divisa tous en deux groupes: ceux d'en-haut et ceux d'en-bas. Il en stationna trois cents dans les cieux comme gardes. Il procéda de la même manière sur la terre. Les Anunnaki ouvrirent leurs bouches et dirent á Marduk, leur seigneur: 'Maintenant O seigneur, toi qui est la source de notre délivrance, comment pouvons nous t'honnorer? Bâtissons un sanctuaire et appelons le 'Lo', une chambre pour notre repos nocturne; reposons-y. Elevons un trône, une niche pour sa demeure! Le jour de notre arrivée, nous y reposerons."

Quand Marduk entendit ceci, il devint resplendissant comme le jour: 'Construisez Babylone que vous appelez de vos voeux. Que son briquetage soit façonné. Vous l'apppellerez Le Sanctuaire.' Les Anunnaki s' attelèrent á l'ouvrage; pendant une année entière ils modelèrent des briques. Quand la seconde année arriva, ils élevèrent haut jusqu'á Apsu [ciel] la tête d'Esagila. *Ayant bâtit une tour aussi haute qu'Apsu [ciel], ils y établirent une demeure pour Marduk, Enlil, et Enki.* Il s'assit en grandeur en leur présence.

Après avoir achevé la construction d'Esagila, tous les Annunaki érigèrent leurs autels. Les dieux, ses pères au banquet déclarèrent: 'Voici Babylone, l'endroit qui est ta maison! fait la noce dans ses quartiers, occupe ses vastes espaces.' Les grands dieux s'assirent. Il organisèrent un banquet où le boisson coula.

Après qu'ils y firent noce, en Esagila, le splendide, après des rituels, après que les normes aient été fixées avec tous leurs présages, tous les dieux se partagèrents les postes du ciel et de la terre. Les cinquantes grand dieux prirent leur places. Les sept dieux de la destiné mirent en place les trois cents dans le ciel.

Enlil souleva l'arc, son arme et le posa devant eux. Les dieux, ses pères, virent le fillet qu'il avait fabriqué. Quand ils virent que l'arc était habillement formé, ses pères louèrent son travail soigneux. Soulevant l'arc, Anu l'embrassa et dit á l'assmblée des dieux:

'Ceci est ma fille!' Il donna plusieurs noms á l'arc: 'Long-bois est le premier, le second est Précis, son troisième nom est Arc-Etoile. Dans le ciel je l'ai fait briller.' Il fixa sa position avec les dieux, les frères de l'arc, après qu' Anu ait décrété le sort de l'arc et ait placé le noble trône royal devant les dieux. Quand les grands dieux se rassemblèrent, ils chantèrent les louanges du destin de Marduk. Ils se prosternèrent et jurèrent par l'eau et l' huile de mettre la vie en péril; quand ils lui accordèrent l'exercise de la royauté des dieux; quand ils lui donnèrent la domination sur les dieux du ciel et des enfers.

Anshar déclara suprême son nom, Asarluhi, disant: 'Obéissons lorsque son nom est mentioné. Que les dieux tiennent compte de sa parole. Que son commandement soit suprême en haut et en bas! Très élevé soit le Fils, notre vengeur. Que sa souveraineté surpasse tout, n'ayant aucun rival. Qu'il guide ceux-á-la-tête noire, ses créatures. Jusqu'á la fin des temps, sans oubli, qu'ils applaudissent ses voies. Qu'il établisse pour ses pères les grandes offrandes de nourriture.

Ils apporteront leur support et prendrons soin de leurs sanctuaires. Qu'il amène de l'encens á être senti...leurs incantations, faire sur terre l' image de ce qu'il a accompli dans le ciel. Qu'il ordonne á ceux-á-la-tête noire de le vénérer. Que les sujets gardent toujours dans l'âme de parler de leur dieu et que grâce á sa parole, ils tiennent compte de la déesse. Qu'ils fassent l'offrande de nouriture á leurs dieux et déesses. Qu'ils supportent leur dieu sans faillir! Qu'ils améliorent leurs terres et bâtissent des autels. Que ceux-á-la-tête noire servent leurs dieux.

Quant á nous, quelque soient les nombreux noms que nous prononçons, il est notre dieu! Proclamons ses cinquantes noms: celui dont les voies comme les accomplissements sont glorieuses, Marduk comme son père Anu le nomma dès sa naissance; celui qui procure des endroits pour boire, qui enrichie leurs stalles, qui vainquit ses détracteurs avec son arme le déluge-tempête, et que les dieux ses pères sauvèrent de la détresse. Il est véritablement le Fils du Soleil; le plus rayonnant des dieux. Qu'ils marchent dans sa lumière brillante pour toujours!

Il imposa le service des dieux afin que ceux-ci se reposent. Création, destruction, délivrance, et grâce seront á sa commande. Elles le chercheront! Marukka est véritablement le dieu créateur de tout, celui qui rend le coeur des Anunnaki content, celui qui appaise les Igigi. Marutukku est véritablement le refuge de sa terre, sa ville, et son peuple. Le peuple le louera pour toujours. Barashakushu se leva et tint ses rênes; large est son coeur, chaude sa sympathie. Lugaldimmerankia est le nom que nous proclamâmes dans notre Assemblée.

Nous avons exalté ses commandements au-dessus des dieux, ses pères. Il est véritablement le seigneur de tous les dieux du ciel et des enfers, le roi devant qui les dieux d'en-haut et d'en bas se lamentent.Nari-Lugaldimmerankia est le nom de celui que nous avons appelé le surveillant des dieux, celui qui dans le ciel et sur la terre nous trouve des lieux de retraite en cas de trouble et qui alloue des postes aux Igigi et aux Anunnaki.

A la mention de son nom, les dieux doivent trembler et battre en retraite. Asaruludu est son nom qu' Anu, son père, proclama pour lui. Il est véritablement la lumière des dieux, le puissant dirigeant qui en un seul combat sauva nos maisons en détresse. Ils nommèrent Asaruludu deuxièmement Namtillaku, le dieu qui maintient la vie, qui restaure les dieux perdus comme s'ils étaient sa propre création; le seigneur qui ramène les dieux morts á la vie par son incantation pure; celui qui détruit les ennemis incontrôlables.

Louons sa prouesse! Asaruludu dont le nom fut trosièmement appelé Namru, le dieu rayonnant qui illumine nos voies.'

Anshar, Lahmu, et Lahamu proclamèrent chacun de ses trois noms; aux dieux leurs enfants ils les prononcèrent: 'Nous avons proclamé chacun de ses trois noms. Faites vous comme nous?' Les dieux tinrent compte joyeusement de leur commandement. Comme á Ubshukinna, ils échangèrent des avis: 'Nous exalterons le nom de notre fils héroïque, notre vengeur, notre support!' Ils s'assirent dans leur Assemblée pour façonner les destins, tous prononçant son nom dans le sanctuaire.[3]

Egypte ancienne

Il existe au moins deux explications sur l'origine de la spiritualité, de la religion, et de la mythologie de l'Egypte ancienne.

Pour Christopher Ehret, professeur d' histoire africaine, diverses divinités locales de la religion afro-asiatique de l'ère prédynastique furent cooptées dans une nouvelle synthèse religieuse après 3500

---

[3]CRI/Voice. Institute. http://www.crivoice.org/enumaelish.html (accès le 1er Avril 2010).

ans avant notre ère[4]. Les divinités afro-asiatiques devinrent les dieux dans une nouvelle religion polythéiste affirme-t-il. L'unité religieuse qui s'opéra parallèlement á celle politique donna aux anciens régimes politiques d'Egypte un support idéologique dans le nouvel Etat. A cause de l'unité politique qui transforma l'hénothéisme en polythéisme, il devint possible á un roi au temps de la troisième dynastie de prétendre á une position au milieu des dieux.

Ehret soutient que bien avant 10 000 ans avant notre ère, les afro-asiatiques avaient introduit une nouvelle religion en Egypte prédynastique avec un language qui est l'ancêtre direct de l'ancient égyptien.

L'autre source est Helena P. Blavatsky selon qui l'origine des traditions de l'ancienne Egypte se trouve dans les descendants dégénérés de la civilisation perdue d'Atlantis, comme décrit par Platon, qui avaient construit les premiers pyramides.

Les divinités:

Ré ou Ra: dieu du soleil, dieu de toute la création
Shu: dieu de l' air
Tefnut: déesse de la rosée du matin
Geb: dieu de la terre
Nut: déesse du ciel
Isis: déesse de la maisonnée [épouse et mère idéale] et protectrice de la nature et de la magie
Osiris: dieu de l'au-delà, du monde des ténèbres, et des morts

---

[4] Christopher Ehret, *The Civilizations of Africa: A History to 1800* (Charlottesville: University Press of Virginia, 2002), 66 et 116.

Set: dieu du désert, des tempêtes, et des étrangers considéré plutard dans d'autres mythes comme le dieu de l'obscurité et du chaos

Nephthys: déesse de la lamentation

Horus: dieu du soleil, dieu de la vie

Anubis: dieu des morts

Hathor: déesse de l'amour

Nekhebet: déesse de la protection royale

Amun: âme de tous les phenomènes

Apophis: serpent démon

Aton: disque solaire, manifestation de Ré

Atum: dieu créateur, seigneur de tout, personification du chaos primordial

Maat: déesse de la loi, de la vérité, et de l'ordre mondial

Thoth:seigneur de la lune et du temps, langue de Ré, dieu du jugement, inventeur de l'écriture, de la science, et de la magie.

Le mythe de la création de l' Egypte ancienne comme raconté par Richard Wilkinson

Au commencement, il y avait les Eaux Primordiales; sans limite, sans surface, pas de haut, pas de bas, pas de cotés, sans fin, profondes, sombres, et invisibles personifiées par Nun. Il y a une représentation de Nun dans une copie du *Livre des Morts* datant de la période du Nouveau Royaume qui le montre comme un homme montant des eaux pour tenir au-dessus de sa tête le boa sacré du dieu-soleil. Dans la cosmogonie d'Hermopolis, *profondeur, infinité, obscurité, et invisibilité* étaient considérées comme ayant chacune une forme masculine et une feminine: Nau et Naunet, Huh et Hauhet, Kuk et Kakuet, et *Amun* et Amaunet.

Ils étaient adorés á Hermopolis comme les huits génies avec des têtes de grenouilles et de serpents. Le nom Knum [Ville Huit] fut donné á la ville où ils étaient adorés. La croyance populaire était que ces génies avaient nagé ensemble pour former un oeuf dans l'obscurité de Père Nun. De l'oeuf, emergea l'oiseau de lumière [ou l'air selon d'autres versions du mythe].

Dans une version venant de Thèbes, l'oeuf, origine du monde, fut pondue par une oie, le Grand Esprit Primordial appelé Ken-Ken Ur, Celui dont la voix brisa le silence alors que le monde était toujours inondé de silence [*Livre des Morts* Chapitre 54]. Les grècques appelèrent cet endroit Hermopolis parce qu'ils avaient identifé son dieu en chef, Thoth á la tête d'ibis avec leur dieu Hermès.

Thoth était considéré comme le chef des huits génies. Mais il est possible que dans les temps plus anciens, il fut un dieu créateur dans son propre droit. A la période dynastique, il était devenu l'inventeur du système hiéroglyphique d'écriture, le donneur de loi originelle, repositoire de toute connaissance sacrée ou profane, et maître de l'enchantement [hika].

Pendant la première période intermédiaire de l'histoire de l'ancienne Egypte, la cosmologie d'Hermopolis se mélangea avec celle d'Héliopolis avec la perte de plusieurs concepts originaux. Le dieu créateur qui était honoré dans la cosmologie héliopolitaine était Atum dont le nom signifie possiblement '*Celui qui est complet.*'

Les informations les plus anciennes concernant cette divinité apparaissent dans les *Textes des Pyramides*. Atum fut ensuite associé au dieu-soleil Ré [ou Ra]. Selon le récit héliopolitain, Atum émerga de Nun soit dans la forme d'un promontoire ou sur un promontoire. Il n'y avait pas de forme fixe pour le Promontoire Primordial mais il fut très tôt considéré comme une éminence avec des côtés couchés ou des marches ascendantes et ressemblant aux pyramides.

Lorsque la prêtrise héliopolitaine revendiqua que cet événement s' étaient déroulé á Héliopolis, d'autres centres religieux firent de même. Ainsi, á Hermopolis au sein d' un espace rectangulaire entouré par un haut mur, se trouve un bassin d'eau connue comme 'Le lac des couteaux' symbolisant Nun. Au milieu du lac était une île, 'L' Ile des Flammes' avec un petit promontoire sur lequel il est dit que la lumière apparue premièrement. Memphis et Thèbes fire également cette revendication.

L'émergeance d'Atum était de sa propre volonté. Dans la théologie héliopolitaine il est connu comme Khopri *'Celui qui devient.'* Dans le Chapitre 85 du *Livre des Morts*, Atum dit de lui-même: 'Je suis venu en existence de moi-même au sein des Eaux Primordiales d'où mon nom de Khopri.'

*Le sacarb*ée était considéré comme manifestation d'Atum parce que le son de son nom était semblable a celui de Khopri.

Au commencement, *Atum était seul dans l'univers mais contenait toutes les choses en lui-même.Malgré qu'il parla comme un mâle, il était en réalité bisexuel.* En effet, dans les *Textes du Cercueil*, Il est appelé le *'Grand Il-Elle.'* Afin d'amener les choses á exister, il devait les créer á partir de lui-même.[5]

Grèce ancienne

Peu de chose est connu sur les premiers colons grècques á part qu'ils amenèrent avec eux Zeus, leur dieu du ciel, père des hommes, seigneur du temps qu'il fait, et protecteur de la maisonnée. La religion grècque incorpora des éléments des croyances religieuses des habitants indigènes de la péninsule grècque aussi bien que de la civilisation minoenne.

---

[5] Richard H.Wilkinson, *The Complete Gods and Goddesses of Ancient Egypt* (New York: Thames & Hudson, 2003).

Les traits généraux de la religion et de la mythologie grècques remontent á la première période connue comme l'âge mycénéenne [1568-1100 avant notre ère].

La divinité principale dans la religion minoenne était une déesse associée aux animaux ou aux serpents ou á la fertilité de la terre et á l'enfentement. Il est possible que les minoens aient cru en l'au-delá. Ils enterraient leurs morts et offraient des libations.

Les divinités mycenéenes avaient des noms et fonctions distincts. Les dieux homériques nommés dans les textes mycénéens incluent Zeus, Artémis, Athéna, Déméter, Pan, Héra, Hermès, et Dionysos. Les mycénéens aussi enterraient leurs morts [les princes dans des tombes magnifiques] avec de la nourriture et des récipients; évidence au moins de la croyance dans la survie après la mort comme dans l'Egypte ancienne.

Comme dit dans l'introduction, tous les quatre plus fameux philosophes grècques [Pythagore, Socrate, Platon, et Aristote] crurent dans le divin. Parmi eux, *Pythagore développa une vue monothéiste qui reconnaît Une Ame Suprême dans toutes les parties de l'univers qui servent comme son corps.* Puisque Pythagore était initié dans plusieurs religions incluant les anciens mystères égyptiens, on peut conclure qu'il obtint son idée d'Hermès Trismégiste qui avança exactement cette idée de Dieu comme il sera montré dans les chapitres 4, 13, 14, et 15.

Les divinités:

Zeus: dieu du ciel et meneur des douze grands dieux

Apollon: dieu du soleil, des arts, des poètes, de la prophécie, du tir á l'arc, et de la musique

Hermès: dieu des frontières, des tombes, des bergers, des voleurs, de la bonne fortune, inventeur du feu, et méssager des dieux

Athéna: déesse de la bataille, déesse-serpent

Asclépios: dieu de la médecine et de la guérison

Cronos: dieu archétypique de la fertilité

Métis: déesse de la sagesse

Héra: femme de Zeus

Léto: déesse des tombes, de l'invisibilité, parent avec Zeus d'Apollon et d'Artémis.

Maïa: déesse de la terre, des plaines, concubine de Zeus

Déméter: déesse de la végétation et de la mort

Artémis: déesse de la nature et des rituels d'initiation des jeunes filles, déesse du sacrifice de sang et de la naissance

Aphrodite: déesse de l'amour, de la guerre, et de la victoire

Eros: dieu de l'amour, fils d' Aphrodite

Héphaïstos: dieu du feu

Ouranos/Uranus: dieu primordial du ciel

Gaïa: essence primordiale de la terre, déesse du marriage et de la prononciation des serments

Hélios: dieu du soleil

Arès: dieu de la guerre et de la destruction

Hadès: dieu des richesses et des enfers

Poséidon: dieu de la mer

Dionysos: dieu du vin et de la sexualité

Mythe de la création de la Grèce ancienne comme narré par Wilkinson Philip et Neil Philip

Au commencement il n'y avait que le vide tourbillonnant appelé chaos. Finalement, du néant, une force créatrice émergea. Certains disent que cette force était Gaïa, Terre Mère. D'autres disent que c'était une déesse appelée Eurynome, qui prit la forme d'une colombe. Gaïa ou Eurynome pondit un grand oeuf duquel sortit Uranus [ciel], Ouréa [montagne(s)], Pontos [la mer], et plusieurs autres parties du cosmos. Gaïa et Uranus firent l'amour et les toutes premières cultures á habiter la terre naquirent.

Les cyclopes, des créatures géantes qui ressemblaient á des gens mais avec un seul oeil au milieu du front, furent les premiers á venir. Uranus avait de l'aversion pour les cyclopes et pensa qu'ils pourraient usurper son pouvoir. Il les bannit donc aux enfers. Gaïa et Uranus produisirent plutard six enfants gigantesques et puissants qui grandirent pour diriger la terre et devinrent connus comme les Titans. Les descendants des Titans devinrent certains des dieux les plus importants et durables dans la culture classique: les dieux du Mont Olympe.

Parmi les titans se trouvait Cronos qui devint leur meneur. Les titans étaient des géants d'une force incroyable. Ils s'installèrent avec des femelles titans [les titanesses] et commencèrent á diriger la terre. Tôt, ils commencèrent á avoir des enfants destinés á devenir les plus puissants dieux et déesses. Eos, déesse de l'aurore et Hélios le dieu du soleil étaient les enfants d'Hyperion. Cronos, roi des titans eut plusieurs enfants avec sa femme Rhéa. Ces enfants devinrent les dieux du Mont Olympe et furent appelés Olympiens. Ils devinrent une race aussi puissante que les titans eux-mêmes.

Les dieux tentèrent maladroitement de créer des gens pour habiter la terre avant que la race humaine comme nous la connaissons fut créée par le titan Prométhée agissant sur une requête du dieu Zeus. Prométhée joua un rôle de protecteur aidant les humains en plusieurs occasions. Ceci enragea les dieux et le titan fut terriblement punit pendent de nombreuses années après avoir mis Zeus en colère.

Les deux premières tentatives pour créer les humains produisirent la race d'or pacifique qui n'eut pas d'enfants et disparut et la race d'argent qui fut banni aux enfers par Zeus parce qu'elle faisait le mal. Ensuite Prométhée façonna la race de bronze á partir de l'argile qui prospéra.

En une occasion, le peuple sacrifia un taureau á Zeus. Les humains pouvaient garder une partie du sacrifice et offrir une autre partie au dieu. Prométhée les aida á diviser la viande en deux: une portion était de la bonne viande envelopée dans la peau du taureau; l'autre portion était juste des os recouverts de graisse d'aspect appétissant.

Zeus choisit la seconde portion et était si fâché quand il découvrit la ruse qu'il refusa de donner le feu á l'humanité. Mais Prométhée vola le feu á Zeus et l'amena sur la terre montrant á tout le monde comment l'utiliser. Furieux, Zeus le punit en l'enchaînant á un rocher où un grand aigle picora son foie. Chaque jour, Zeus renouvela le foie causant une torture sans fin jusqu'á ce que Prométhée soit secouru par le héro Hercule.

Les premiers dirigeants de la terre étaient les titans, mais ils ne dirigèrent pas dans l'harmonie. Le vrai trouble commença quand Cronos, le chef des titans eut des enfants avec sa femme, la reine Rhéa. Leur progéniture, les dieux et déesses, firent une guerre longue et amère aux titans avant d'obtenir finalement la victoire sous leur meneur Zeus.

Quand Cronos commença á avoir des enfants, un oracle lui prédit qu'un de ses enfants le tuerait. Pour prévenir ceci, chaque fois qu'un bébé naissait, Cronos le prenait et l'avalait. Ceci arriva cinq fois. Donc, quand Rhéa enfanta pour la sixième fois, elle décida de duper son mari. Elle cacha son bébé Zeus et enveloppa une pierre dans des langes. Cronos prit la pierre et l'avala et Rhéa envoya Zeus secrètement en Crète où il fut élevé par une chèvre-nymphe appelée Amalthée. Amalthée le nourrit avec du miel provenant des abeilles de Crète.

Amalthée morrut alors que Zeus approchait l' âge adulte. Zeus fit faire avec sa peau un bouclier magiquement puissant. Il avait appris les choses concernant sa parenté et comment son père avait traité sa fratrie. Il décida donc de retourner en Grèce se venger.

De retour en Grèce, il rencontra Métis, une titanesse rusée qui lui dit que ce n'était pas trop tard pour sauver sa fratrie. Elle lui donna une substance qu'il admninistra á Cronos l'amenant á vomir ses cinq autres enfants: les dieux Poséidon et Hadès de même que les déesses Hestia, Déméter, et Héra. Ensuite Zeus libéra les cyclopes qui avaient été envoyés aux enfers par Uranus et maintenus lá par Cronos. Les cyclopes aussi voulurent prendre leur revanche sur les titans.

Sous la direction de Zeus, les dieux et déesses avec les cyclopes déclarèrent la guerre á Cronos et aux titans. La lutte dura dix ans et les titans, immensément puissants, semblaient invincibles. Mais les cyclopes étaient d'habiles artisans qui fabriquèrent pour les dieux des armes puissantes. Ils forgèrent pour Zeus la foudre, un grand trident pour Poséidon qui pouvait entraîner des tremblements de terre et des tempêtes, et un casque pour Hadès qui le rendait invisible quand il le portait. Utilisant ces armes puissantes, les jeunes dieux s'arrangèrent pour vaincre les titans.

Quand la lutte prit fin, les dieux dirigèrent le cosmos et décidèrent de se partager le pouvoir. Ne sachant quel autre moyen utiliser pour déterminer les parties de l'univers qui seront allouées aux différent dieux, ils choisirent de tirer au sort. Zeus devint le dirigeant du ciel, Poséidon fut établit dieu de la mer, et Hadès roi des enfers. Les titans vaincus furent emprisonnés dans les Tartares, une région profonde du cosmos, plus profonde même que les enfers et peuplée de monstres affreux. Un des titans, Atlas, fut punit avec la charge de porter les cieux sur ses épaules.

Gaïa la mère des titans était furieuse quand ses enfants furent emprisonnés dans les Tartares. Elle initia donc une autre guerre. Elle assembla un autre groupe de ses enfants, les géants, les amena á la guerre, et le combat commença de nouveau. Encore une fois, les dieux olympiens furent victorieux, mais Zeus fut forcé de livrer une dernière bataille contre le monstre Typhon. Cette bataille prit fin quand Zeus accula Typhon en Sicile et projeta le mont Etna sur sa tête. Le feu qui sortit de l'Etna est parfois considéré comme provenant de la foudre que Zeus utilisa dans cette dernière bataille. La lutte de Zeus pour le pouvoir était maintenant terminé et il régna suprême sur l'univers.[6]

Ancien Maya

Selon l'*Encyclopedia Americana* qui est une bonne source d'information sur les anciennes civilisations, l'Ancien Maya se développa dans ce qui est maintenant le Sud du Mexique, le Guatemala, le Bélize, le Salvador, et le Honduras. Cette civilisation dura environ 2000 ans depuis environ 400 ans avant notre ère jusqu'á la conquête espagnole du 16ème siècle.

Au sein de la société Maya, la religion était inséparable des activités séculières. L'adoration incluait des prières, la brûlure d'encens, des mutilations [telles le râpage de la langue avec une plante grimpante ou une corde], et occasionellement le sacrifice humain. Le calendrier Maya et la religion Maya étaient aussi inséparables: chaque unité de temps [jour, mois, ainsi de suite] était representée par un dieu.

---

[6] Philip Wilkinson and Neil Philip, *Mythology* (Eyewitness companions London: DK Pub, 2007), 36-39.

Les divinités:

Itzamna: dieu de tout
Kinich Ahau: dieu du soleil
Chac: dieu de la pluie
Yum Kaax: dieu du maïs
Kukulkan: dieu du vent
Ek Chuah: dieu de la guerre
Xaman Ek: dieu de l'Etoile du Nord
Ix Chel: déesse de l'enfantement
Ix Tab: déesse du suicide
Ah Puch: dieu de la mort
Manik: dieu du sacrifice humain
Bolontiku: dieu du bas-monde

Mythe de la création des anciens Maya comme conté par criscenzo.com

Voici l' histoire du commencement quand il n'y avait aucun oiseau, aucun poisson, aucune montagne. Voici le ciel, tout seul. Voici la mer, toute seule. Il n'y avait rien d'autre: pas de son, pas de mouvement. Seulement le ciel et la mer. Seuleument Coeur-du-Ciel. Ses noms sont les suivants: Faiseur, Modéliste, Kukulkan, et Ouragan. Mais il n' y a personne pour dire ses noms. Personne pour nourrir sa grandeur.

Ainsi, Coeur-du-Ciel *pense*: 'Qui est lá pour dire mon nom? Qui est lá pour me louer? Comment vais-je causer cela?' Coeur-du-ciel dit seulement le mot 'terre' et la terre s'éleva, comme une brume de la mer. Il y *pense* seulement et la voilá.

Il pense aux montagnes et de grande montagnes viennent. *Il pense* aux arbres et des arbres poussent sur le sol. Et Coeur-du-Ciel dit 'Notre travail avance bien.'

Maintenant Coeur-du-Ciel plannifie les créatures de la forêt: oiseaux, cerfs, jaguars, et serpents. Et chacun reçut sa maison. 'Toi le cerf, dort ici le long des rivières. Vous les oiseaux, vos nids sont dans les arbres. Multipliez vous et dispersez vous' leur dit-il.

Ensuite Coeur-du-Ciel dit aux animaux: 'Parler et priez nous.' Mais les créatures pouvaient seulement pousser des cris. Les créatures hurlent seulement. Elles ne parlent pas comme les humains. Elles ne louent pas Coeur-du-Ciel et ainsi les animaux sont rabaissés. Ils serviront ceux qui vont adorer Coeur-du-Ciel.

Et Coeur-du-Ciel á nouveau essaya de faire un donneur de respect et de louange.

Voici la nouvelle création, faite de boue et de terre. Elle ne semble pas très bonne. Elle ne cesse de s'amollir et de s'effondrer. Elle apparaît mal proportionnée et tordue. Elle dit seulement des absurdités. Elle ne peut se multiplier. Ainsi, Coeur-du-Ciel la laissa se dissoudre.

Coeur-du-Ciel plannifie á nouveau. Notre grand-père et notre grand-mère sont convoqués. Ils sont les êtres spirituels les plus sages. 'Déterminez si nous devons tailler les gens á partir du bois' commande Coeur-du-Ciel.

Ils passèrent les mains sur les grains de maïs et de corail. 'Que pouvons nous faire qui parlera et priera?' Demanda notre grand-père. 'Que pouvons nous faire qui nourrira et pourvoira?' Demanda notre grand-mère. Ils comptèrent les jours, les sorts de quatre, cherchant une réponse pour Coeur-du-Ciel.

Maintenant, ils donnent la réponse: 'Il est bon de faire ton peuple avec du bois. Ils diront ton nom. Ils déambuleront et se multiplieront.' 'Ainsi en est il' répliqua Coeur-du-Ciel.

Et comme la parole est dite, cela se fit. Les gens du peuple-poupée sont faits avec des visages taillés du bois. Mais ils n'ont ni sang, ni sueur. Ils déambulent seulement sans rien accomplir.

'Ceci n'est pas ce que j'avais dans l'âme' dit Coeur-du-Ciel. Et ainsi, il est décidé de détruire ces gens en bois.

Ouragan fait tomber une grande pluie. Il pleut tout le jour et toute la nuit. Il y a un terrible déluge et la terre est assombrie. Les créatures de la forêt vinrent dans les maisons des gens en bois.

'Vous nous aviez chassé de nos maisons donc maintenant nous prendrons les vôtres' grognèrent-ils. Et leurs chiens et dindons s'écrièrent: 'Vous avez abuser de nous donc maintenant nous vous mangeront!' Même leurs pots et meules parlent: 'Nous vous brûlerons et vous martèlerons juste comme vous nous avez brûlé et martelé!'

Les gens en bois se dispersèrent dans la forêt. Leurs visages furent écrasés et ils se transformèrent en singes. Et c'est pourquoi les singes ressemblent aux humains. Ils sont ce qui reste de ce qui vint avant, une expérimentation dans le processus de conception de l'être humain.[7]

---

[7] Popol Vuh. http://www.criscenzo.com/jaguarsun/popolvuh.html (accès le 3 Avril, 2010).

Chapitre 3

Introduction á la civilisation actuelle

Une civilisation globale

CE n'est un secret pour personne que le monde aujourd'hui est un village globale ou des gens habitant des pays distants peuvent communiquer comme s'ils vivaient dans le même voisinage et ceci grâce aux médias de télécommunications et aux moyens de transport rapides.

Cette époque est aussi caractérisée par une organisation politique mondiale sous la forme des Nations Unies même si cette organisation est moins puissante que les entités politiques nationales. De ces perspectives, les personnes du temps présent appartiennent á la même civilisation globale.

Diversité religieuse

Du point de vue religieux, le monde n'est pas uniforme. Il existe plusieurs religions avec leurs Dieu(x) et dieux. Certaines religions sont l' héritage de temps très anciens. Puisque ces religions ont survécu jusqu'á la présente époque marquée par une civilisation globale, il apparaît préférable de les inclure dans cette civilisation plutôt que comme éléments des anciennes civilisations.

Anciens et nouveaux mouvements religieux

C'est l'émergence des nouveaux mouvements religieux [NMRs] qui rend nécessaire la création d' une catégorie pour les anciens mouvements religieux [AMRs].

Comme David Bromley le confirma[8], les savants ont identifié les traits des NMRs comme: l'importance de la globalité, le rapport avec les anciennes traditions religieuses, l'absence de points communs en dehors de leur nouveauté, leur position marginale au sein de la société, la difficulté á garder la deuxième génération, et des changements dans le profile social pour continuer d'exister et attirer de nouveaux membres.

De son côté, John Saliba identifia quelques éléments séduisants mais aussi des traits négatifs des NMRs.[9] Les caractéristiques attirantes sont: grand enthousiasme, accent sur l'expérience, et une discipline spirituelle particulière qui aide á améliorer la santé physique et psychologique.

---

[8]David G. Bromley, *Teaching New Religious Movements* (Oxford: Oxford University Press, 2007), 30 et 32.
[9]John A. Saliba, *Understanding New Religious Movements* (Grand Rapids, Mich: W.B. Eerdmans, 1996), 11-20.

Les traits négatifs sont: le serment d'allégeance á un dirigeant tout-puissant et tyrannique considéré comme le Messie, le découragement de la pensée rationnelle, des techniques de recrutement souvent trompeuses, un affaiblissement de la structure psychologique des membres, la manipulation de la culpabilité, l'isolation du monde, un système éthique qui adopte le principe que la fin justifie les moyens, une atmosphère de secrets et de mystères, une fréquente atmosphère de violence réelle ou potentielle, ainsi de suite.

L'affaiblissement de la structure psychologique est cependant á relativiser. Ce qui est observable est que le mental des membres peut être revigoré pour un temps ou leurs vies entières même si les éléments utilisés ne sont pas encrés dans la réalité. Il est aussi clair que les membres qui arrivent á mettre la main sur des mensonges au centre de leurs religions passent inévitablement par une période dangereuse d'affaiblissement psychologique comme si la fin du monde était arrivée.

Deux résultats possibles de cette situation sont la perte de foi en toute chose religieuse ou la découverte d'une nouvelle voie spirituelle. Cependant, il doit être mentionné qu'une analyse patiente et sans biais trouve plusieurs des éléments négatifs des NMRs dans le anciens mouvements religieux aussi.

Les organisations souvent citées comme NMRs sont: le Brahma Kumaris, L'Eglise de Scientology, L'Eglise Universelle et Triomphante, La Fédération des Familles pour la Paix Mondiale et l'Unification anciennement connue comme l'Eglise de l'Unification, les Amis de l'Ordre Bouddhiste de l'Ouest, La Société Internationale pour la Conscience Krishna, l'Osho [anciennement Rajneesh], Le

Mouvement Raëlien, le Soka Gakkai International, et la Famille [anciennement Enfants de Dieu].[10]

David Bromely élabora une liste plus détaillée[11] ajoutant les Témoins de Jéhovah, la Société Théosophique, le Soufisme, les Sociétés de Védanta, Le Tao de la Guérison, Tenrikyo, Wicca, l'Eglise du Christianisme Céleste du village de Chercheur, le Radha Soami Beas, la Nation de l'Islam, Hare Krishna, La Mission de la Lumière Divine, Madarom, la magie cérémonielle, le Mouvement du Nouvel Age [New Age], la Science Chrétienne, le Rosicrucianisme, la Franc-Maçonnerie Spéculative, le Spiritualisme, etc....

Bien que les mouvements ésotériques traitent de questions spirituelles, ils ne sont sont pas des mouvements religieux exactement comme les nouvelles et anciennes religions. On peut réaliser cela en considérant le mot 'ésotérique' ['caché au publique']. C'est pourquoi ils sont mis dans une catégorie différente dans ce livre.

John Saliba a trouvé dans la classification religieuse de Gordon Melton, huit catégories qui regroupent de façon appropriée les NMRs. Ces catégories sont: la famille Pentecôtiste; la famille communale; la famille de la Science Chrétienne et Métaphysique; la famille spiritualiste, psychique et Nouvel Age; la famille de la Sagesse Ancienne; la famille Magique; les familles du Proche et Moyen Orient; et de nombreux groupes religieux nouveaux et inclassifiables dont certains sont Chrétiens.[12]

---

[10]Geoge D. Chryssides and Margaret Wilkins, *A Reader in New Religious Movements* (London: Continuum, 2006) v.
[11]Geoge D. Chryssides and Margaret Wilkins, *A Reader in New Religious Movements* (London: Continuum, 2006) v.
[12]Ibid., 20.

Esotérisme

L'ésotérisme est la croyance en une doctrine qui est celle d'un cercle intérieur de disciples avancés et privilégiés, communiquée ou compréhensible seulement aux initiés.

Il y a plusieurs mouvements ésotériques mais les conceptions sur les divinités de quatres seulement, choisis comme représentants, seront présentées au niveau du chapitre 6. Ces quatres mouvements sont: le Rosicrucianisme, la Franc-Maçonnerie, l'Ordre des Illuminati, et la Fraternité Blanche Universelle.

Philosophie religieuse

Originellement, la philosophie comme décrite par Pythagore signifiait l'amour et la recherche de la sagesse en générale sans séparation entre la sagesse séculière et celle religieuse. Cependant, la montée de l'agnosticisme et de l'athéisme rendirent nécessaire la distinction entre philosophie séculière et philosophie religieuse. Le caractère non-partisan de la constitution Américaine de 1787 en matière de religion et l'adoption du laïcisme comme loi en France en 1905 ont augmenté le fossé entre les deux sortes de philosophies.

Un autre événement majeur qui contribua á cette séparation est le discrédit de l'idée de la création basée sur la Bible face á la théorie de l'évolution durant le procès Scopes en 1925 aux U.S.A. Dès ce moment, les idées séculières ont progressivemt été acceptées comme la seule base de l'enseignement dans les écoles malgré les tentatives ces dernières années du mouvement de la Conception Intelligente [Intelligent Design] d'inverser la tendance. En conséquence, dans la civilisation globale d'aujourd'hui, la philosophie est en générale comprise comme philosophie séculière.

L' *Encyclopedia of Religion* fournie une des meilleures descriptions de la notion de philosophie religieuse dans la litératture d'aujourd'hui. Sa première édition dirigée par le Professeur Mircea Eliade en 1987, présente le philosophe de l'antiquité Platon et plusieurs philosophes modernes comme d'important philosophes religieux.

Parmi les philosophes religieux modernes se trouvent Emmanuel Kant [1724-1804], les existentialistes Gabriel Marcel [1889-1973] et Jacques Maritain [1882-1973], et les penseurs religieux Martin Heidegger [1889-1976] et Ludwig Wittgenstein [1889-1951]. L'encyclopédie attribue aussi une valeur importantes aux travaux d' Anselm de Canterbury [1033-1109] ainsi qu'á ceux de Thomas d' Aquin [1225-1274].

Les sujets qui sont chers aux philosophes religieux sont l' immortalité de l'âme, la transmigration et la possibilité de vie(s) future(s), l'existence des divinités, la bonté, etc...

Toujours selon la même encyclopédie, la philosophie religieuse est l'examen philosophique approfondie de la religion au cours duquel des arguments rationnels sont proposés et évalués en vue de justifier ou de reprocher quelque chose á des croyances religieuses. Parce que la philosophie de la religion vient de l'Ouest, les questions théistes ont dominé la discussion.

Agnosticisme et athéisme

L'Encyclopedia Americana définit le scepticisme en philosophie comme une attitude ou une méthode critique qui interroge les revendications faites par les penseurs. Cette encyclopédie présente l'agnosticisme comme une forme de scepticisme qui affirme que l'âme humaine n'a pas les informations ou la capacité de raison nécessaires pour établir des jugements sur la réalité ultime en particulier sur l'existence et la nature de Dieu.

Les agnostiques les plus célèbres sont: David Hume [1711-1776], Thomas H. Huxley [1825-1895], et William K. Clifford [1845-1879]. Clifford qui inventa le mot 'agnosticisme' déclara par exemple qu' *'il est erroné tout le temps, en tout lieu, et pour n'importe qui, de croire quoique ce soit sur des preuves insuffisantes,'* et qu' *'une telle croyance, même si elle s'avérait vraie est pécheresse.'*

L'athéisme est le rejet de l'existence de Dieu et des dieux. Diverses raisons peuvent expliquer le désire ou le choix de ne pas croire en Dieu. Parfois, les mauvaises actions des personnes religieuses sont la cause alors que d'autres athés fondent leur position uniquement sur des arguments philosophiques contraires á ceux présentés par les théistes.

Sur cette base, deux sortes d' athéismes sont distinguées: l'athéisme romantique et l'athéisme rationnel. Néammoins, dans une discussion, un athé avancera souvent les deux genres d'arguments.

Les plus fameux penseurs athés incluent Ludwig Feuerbach [1804-1872], Karl Marx [1818-1883], Friedrich Nietzsche [1844-1900], Sigmund Freud [1856-1939], et Jean Paul Sartre [1905-1980].

Chapitre 4

Introduction aux panthéons et mythes de la création des anciennes religions

Taoïsme

LES fondateurs de la religion chinoise du taoïsme étaient Lao

Tzu [575-485 ans environ avant notre ère] et Chuang Tzu [environ 369-286 ans avant notre ère], dit l'*Encyclopedia Americana*. Le *Tao Teching* et le *Chuang Tzu* sont considérés comme leurs textes respectifs. Leurs enseignements traitent de la notion centrale du Tao.

Tao littéralement signifie 'voie' ou 'chemin' et désigne le principe ou substance de base qui imprègne l'homme et l'univers. Le Tao est éternel et absolu, infini et immuable. C'est la non-existence, qui est, au-dessus de toute existence, et par conséquent au-dessus de toute description.

La femelle, l'enfant, et l'eau, sont les métaphores favories employées dans le *Tao Teching;* mettant ainsi l'accent sur la force dans la faiblesse et l' honneur dans l'humilité. Le Tao est le bloc originel non sculpté, et le Te ou l'essence est l' expression du Tao dans les personnes prises individuellement ainsi que dans chaque chose. Cette théorie ressemble á celle de l' Ame Universelle et du Corps Universelle proposée par Hermès Trismégiste et á sa suite par Pythagore.

Le Tao enseigne que les personnes qui sont bénies pourraient réussir á s'identifier au Tao dans une expérience de mysticisme naturelle. Pour Chuang Tzu, la vie de tous les jours est une sphère de relativité ou les différences et distinctions sont nombreuses; mais dans la sphère de l'absolu ou du Tao prévalent la liberté inconditionnelle, *l'égalité complète entre tous les hommes*, les choses, et même l'indifférence á la vie et á la mort.

Lorsque le taoïsme devint plutard une religion populaire, la conquête philosophique de la mort fut changée en un culte prêchant la conquête litérale de la mort, la recherche de la longévité á travers des actions et rituels, ainsi que l'acceptance de tout un assortiment de dieux.

Les divinités:

Yuanshi Tianzun: le Parfait, le Jade Pure, première divinité, créateur suprême, qui démissionna de sa position

Lingbao Tianzun: le Plus Haut Saint, le Haut et le Pure, domina la deuxième phase de la création, en charge de l'énergie et de l'activité, conçut l'interaction entre le yin et le yang

Shenbao Tianzun: le Plus Grand Saint, le Pure Suprême. Il représente l'humanité et domina la troisième phase de la création du cosmos.

Hongjun Laozu: le Grand Ancêtre, Maître des patriarches, Personification du principe vital dans la nature avant la création du monde

San Qing Daozu: les Trois Pures, divinités suprêmes du panthéon taoïste qui dirigent le cosmos entier depuis les plus hauts cieux, symboliques personifications des trois principes de la vie que sont le souffle, l'essence vitale, et l'esprit

Jiu Tian Xuannu: déesse du marriage et de la fertilité, protectrice des marrieurs, modeleur de l'humanité á partir de la boue primordiale

Pangu: mit de l'ordre dans le chaos, sépara la terre des cieux et devint le progéniteur de l'humanité

Jiang Ziya: général commandeur de toutes les forces ancestrales, puissant protecteur des maisons et des boutiques

L' Empereur du Jade: Dirigeant Suprême des Cieux et des Enfers, protecteur de l'humanité, et successeur de Yuanshi Tianzun dans la position de divinité suprême.

Yang Jian: chasse les démons et les influences démoniaques

Li Jing Tianwang: un des Vingt Quatre Généraux Célestes, ou Rois, un gardien de l' Empereur du Jade, destructeur de démons

Taiyin Xingjun: la Dame du Yin [déesse de la Lune]

Mythe de la création du taoïsme comme raconté par Tao Tao Liu Sanders

A l'aube du temps, l'univers était un chaos sombre, une masse noire de néant. Le ciel et la terre n'étaient pas séparés, il n'y avait ni nuit, ni jour. Le soleil, la lune, et les galaxies étaient tous entièrement informes. Certaines personnes pensèrent á cet état comme á un grand oeuf.

Dans cette sombre masse ressemblant á un oeuf naquit la première créature de l'univers. Son nom était Pangu. Pangu grandit dans une obscurité qui couvrait tout et dormit un sommeil qui dura des milliers d'années.

Quand il se réveilla enfin, il était devenu un géant. Réalisant qu'il vivait dans le chaos, il décida de créer l'ordre. Il prit une hache lourde dans sa main et d'un puissant coup divisa l'oeuf. Les éléments les plus légers dans l'oeuf montèrent et flottèrent pour devenir le ciel; les éléments les plus lourds tombèrentpour devenir la terre. Avec sa main, il poussa le ciel plus loin piétinant dure sur la terre parce qu'il avait peur qu'ils se rapprochent á nouveau. Pendant des éons, il resta en cette position jusqu'á ce que le ciel et la terre se solidifient chacun á sa manière et qu'il n'y ait plus aucun danger de leur rapprochement pour devenir le sombre chaos.

Pangu sentit qu'il pouvait maintenant se coucher et se reposer. Il était maintenant si vieux aussi bien dans le corps et dans l'âme que son sommeil s'approfondit encore et encore et il se laissa doucement entraîner dans la mort.

Mais Pangu ne retourna pas á l'obscurité d' où il était venu. Alors qu' il mourrait, son corps se changea pour créer le monde tel que nous le connaissons: son souffle devint les vents et les nuages; sa voix devint le tonnerre; son oeil gauche, le soleil; son oeil droit, la lune; son tronc et ses membres, les chaînes de montagnes; et son sang, les fleuves qui coulent.

Chaque partie de son anatomie devint une partie de la nature. Les cheuveux devinrent les arbres et les fleurs; les parasites vivants sur son corps devinrent les animaux et les poissons, et ses os formèrent les différentes sortes de pierres précieuses et les minéraux. Plutard, certains crurent que les montagnes venues du corps de Pangu jouèrent le rôle de pilliers pour supporter l'arc bleu des cieux. Mais il n'y avait pas encore de gens.

La terre était habitée dans ces temps anciens par les dieux, les géants, et d'autres créatures monstrueuses. Le plus important des dieux était la déesse-mère Nü Wa qui était une créatrice et une établisseuse d'ordre. Elle avait la forme d'un être humain dans la partie supérieure de son corps, avec un visage et des bras humains, mais les parties inférieures étaient comme celles d'un dragon. Elle était aussi capable de changer de forme.

Nü Wa voyagea autour du monde et le trouva riche et beau, mais désolé. Nü Wa souhaita la compagnie de gens qui pourraient aimer, sentir, et penser comme elle. Un jour, elle arriva au grand Fleuve Jaune. Du fleuve, elle retira des poignées de boue et façonna de petites poupées avec. Elle façonna leurs têtes et leurs bras comme les siennes mais au lieu de queues de dragons, elle donna aux poupées des jambes afin qu'elles puissent se promener droit.

Elle mit un grand soin á faire ces petites images et était satisfaite du résultat. Soufflant en eux, elle était ravie de les voir se lever d'un bond et danser autour d'elle criant joyeusement et l'appelant leur mère. Après avoir fait un grand nombre de cette manière lente et soigneuse, elle décida d'utiliser ses pouvoirs surnaturels pour aboutir á un résultat plus rapide.

Elle fit tourner la boue du fleuve avec un morceau de bambou et comme elle le laissa tomber sur la terre sèche, de petites gouttes de boue tombèrent et furent immédiatement transformées en des hommes et des femmes. Plutard, les gens dirent qu'elle façonna avec ses propres mains les personnes fortunées et généreuses du monde tandis que celles qui furent formées par la secousse du morceau de bambou étaient les pauvres et moins fortunées. Elle institua le marriage parmi les êtres humains pour qu'ils puissent perpétuer leur genre sans aide supplémentaire de sa part.

Nü Wa avait un compagnon qui avait la même forme qu'elle et qui portait le nom de Fushi. Fushi était aussi un grand bienfaiteur de l'humanité. Le plus grand cadeau qu'il offrit aux gens était le feu. Les humains avaient vu le feu frapper du ciel sous la forme de l'éclaire, mais ce fut Fushi qui leur apprit comment le contrôler pour leur usage propre et qui leur montra comment le faire apparaître en perçant un trou dans un morceau de bois sec avec un autre morceau. Ainsi, ils furent capables de chasser plus efficacement car tous les animaux sauvages avaient peur des flammes que l' homme pouvait contrôler. Certaines histoires disent que Fushi était ou le fils ou le frère du dieu du tonnerre lui-même et que ce fut ainsi qu'il put transmettre son cadeau á l' humanité.

Fushi enseigna aussi aux gens á faire des cordes, des fillets, et aussi s'occupa de leurs besoins spirituels leur apprenant la musique et l' art mystique de la divination. Il fut le premier á tracer les huit hexagrammes, des symboles écrits consistant en des lignes pleines et des lignes discontinues représentant les huit choses élémentaires de ce monde.

Chaque hexagramme consistait en trois lignes courtes. Des arrangements différents correspondaient au ciel, la terre, l'eau, le feu, la montagne, le tonnerre, le vent, et le fleuve. Les symboles utilisés en combinaison avaient valeur d'oracles interprétés plutard á travers un manuel de divination connu comme le *Livre des Changements* [*Yì Jīng* ou *I Ching*]. D'aucuns dirent que Fushi et Nü Wa étaient frère et soeur, d'autres qu'ils étaient mari et femme.

Selon certaines histoires, il y a longtemps, le monde fut inondé par un déluge puissant. Les seules personnes á échapper étaient un jeune garçon et une jeune fille appellés Fushi et Nü Wa qui flottèrent en sécurité dans une grande gourde. Après le déluge, ils se marièrent et le genre humain se répandit de nouveau.[13]

---

[13] Tao Tao Liu Sanders. *Dragons, Gods & Spirits from Chinese Mythology* (World mythologies series. New York: Schocken Books, 1983) 13-17.

Hindouisme

L'hindouisme est la plus ancienne religion de l'Inde. Ses premiers textes sacrés, le Rig Véda, furent écrits autour de 1500 ans avant notre ère selon les historiens.

Les divinités:

La Trinité [Shiva-Vishnu-Brahma]

Shiva: pouvoir universel de destruction, de désintégration, et d' anéantissement dans lequel l'existence prend fin et d'où elle émerge á nouveau; état suprême de la réalité puisqu' au delá de lui, il n'y a que non- existence

Vishnu: lumière et vérité, tendence centripète qui tient l'univers ensemble, imprègne toute existence; est connu ainsi comme l'omniprésent, la cause intérieure, le pouvoir par lequel les choses existent, l'intellect universel, qui s'incarne dans les Avatars: *'Dans le but de protéger la terre, les prêtres, les dieux, les saints, l'écriture, la droiture, et la prospérité; le seigneur prend un corps'*

Brahma: l' Etre Immense, source du monde manifeste, principe de l'espace-temps, Embryon-en-Or, duquel l' univers naquit avant tous les dieux. L'Etre Cosmique, comme l' illusionniste, est á la fois cause immanente, substance de l' univers, sa cause efficiente, et son constructeur. La partie de l'Etre Cosmique connectée avec l'univers n'est qu'un fragment de sa totalité.

Autres divinités de l'hindouisme

Prajapati: Seigneur des créatures, être Primordial, créateur du monde, être androgyne qui *s' imprégna lui-même* en fusionnant les éléments de l'âme et de la parole; divinité gardienne de l'organe sexuel dans une épopée plus récente. Prajapati est aussi le nom du dieu Brahma dans les formes plus récentes de l' hindouisme

Shakti: première apparance de l' énergie, Kundalini. Prit la place de Brahma, l' Embryon-Cosmique. Dans les mythologies récentes, le concept de Shakti en est venu á inclure á la fois la notion d'une force qui se concentre et illumine [Vishnu] ainsi que le principe actif de l'espace-temps [Brahma] pour former le complément de l'ultime savoir mâle et positif [Shiva]

Agni: feu terrestre ou commun, visible ou potentiel

Vayu: Seigneur-du-vent, bouche et souffle des dieux, le souffle cosmique de la vie

Dyaus: le Ciel, père de tous les dieux

Surya: le soleil, l'esprit solaire, la divinité qui demeure dans la sphère solaire

Ushas: déesse de l'aube

Nakshatra: les constellations

Soma: dieu de la lune

Indra: dirigeant du ciel, roi des dieux, ayant les qualités de tous les autres dieux, feu de l'espace, *l'énergie électrique omniprésente qui est la nature de toute vie cosmique et animal*. Dans la mythologie récente, Indra est considéré comme un aspect de Shiva et est une divinité mineure en comparaison avec les trois principaux dieux.

Mitra: dieu de l' amitié

Varuna: la loi mystérieuse des dieux; dirige les relations entre l'homme et les dieux, propriétaire du pouvoir magique. Il est le créateur et le soutien du monde, ayant hérité de la fonction historique du Ciel [Dyaus]. Il établit et maintient les lois naturelles et morales, expressions de l'ordre cosmique. Varuna est omniscient. Dans la mythologie récente, Varuna en est venu á être relégué á la position de dieu de la mort. Indra le dirigeant de la sphère de l'espace prit ascendence sur lui. Beaucoup considèrent qu'il est devenu Ahura Mazda en Iran

Daksha: dieu de l'habileté rituelle
Savitr: le vivifieur, le pouvoir magique des mots

Sarasvati: celle-qui-coule, divinité de la connaissance, source de la 'création par la parole.' Elle est la déesse de l'éloquence, de la sagesse, de l'apprentissage; protectrice des arts et de la musique. Elle révéla l'écriture et le langage á l'homme. Elle est la mère de la poésie

Vac: divinité de la parole, véhicule de la connaissance, mère des Védas [premiers textes sacrés hindous]
Lakshmi: déesse de la fortune
Maha-Lakshmi: déesse de la destiné ou fortune transcendente
Parvati, Shakti, et Kali: les pouvoirs de la procréation, du développment, et de la destruction, femmes de Shiva
Ahladini-Shakti: le pouvoir-de-jouissance
Kameshvari: déesse de la convoitise ou du désir

Mythe de la création de l'hindouisme comme présenté par Alain Daniélou

Les Upanishads donnent une image vive de la personnification de l'Etre Universel et du mythe de la création.

Au commencement, en vérité, rien n'existait. De la non-Existence, l'Existence fut produite. Cet Etre se changea en un Moi, un Atman. En vérité, ce moi était seul. Il n'y avait rien d'autre qui brille. Il pensa: *'je vais maintenant créer les mondes'*. Avec le moi ainsi apparu la *pensée* et la *volonté* avant toute substance. Il avait peur; par conséquent celui qui est seul a peur. Il pensa: *'puisqu'il n'y a rien d'autre que moi-même, de quoi ai-je peur?'* Par conséquent, sa peur disparue véritablement car de quoi devait-il avoir peur? C'est en la présence d'un autre que la peur monte.

En premier lieu, il y avait le moi, l' Atman dans la forme de l' homme-Cosmique [purusha]. Il regarda et ne vit rien d'autre que lui-même. Il dit premièrement *'Jesuis'*, son nom est *'Je'*; de sorte même qu'aujourd'hui un homme dit d'abord *'Je suis…'* et ensuite son nom.

Il désira: *'Je voudrais être plusieurs! Je vais me reproduire!'* Il s'échauffa. S'étant échauffer, il créa ce monde, tout ce qu'il y a ici. L'ayant créé, il y entra. Etant entré, il devint á la fois ce qui est perceptible et ce qui se trouve au-delá, á la fois ce qui est défini comme ce qui est indéfini, en même temps ce qui est prouvé et ce qui ne l'est pas, á la fois la connaissance et la non- connaissance, simultanément le vrai et le faux. En tant que le réel, il devint tout ce qu'il y a ici. C'est á dire ce qu'ils appellent 'Réel'. Cette existence désira, *'Que je procrée et devienne plusieurs'*; et il créa le Feu-qui-est-la-**Pensée** [tejas]. Ce Feu souhaita, *'Que je procrée et devienne plusieurs'*; et de lui apparurent les eaux-causales.

Cette eau souhaita: *'Que je procrée et devienne plusieurs'*; et elle donna naissance aux graines de nourriture. Donc quand il pleut, les graines se multiplient.

Le seigneur-de-la-progéniture [Praja-pati], voulait véritablement se multiplier. Il s'échauffa. S'étant échauffer, il produisit une paire: l'eau [sperme, féminine] et le souffle [prana, masculin], '*Ceux-ci procréerons pour moi plusieurs sortes d'êtres.*' Le soleil est véritablement ce souffle de la vie; la lune, ces eaux. A partir des eaux tout est fait, á la fois ce qui est manifeste comme ce qui n'est pas manifeste. Conséquemment toute manifestation est eau. En vérité il n'avait aucun plaisir. C'est pourquoi celui qui est seul n'a pas de plaisir.

Il désira un second. Il devint aussi large qu'une femme et un homme en étreinte rapprochée. Il se divisa en deux. De là émanèrent un mari et une femme. C'est pour cela que chaque personne n'est qu'une moitié d'être. L'espace vacant est rempli par la femme. Il copula avec elle. C'est ainsi que les hommes furent créés. A partir du moi, en vérité, l'espace [Akasha] survint; de l'espace, le vent; du vent, le feu; du feu, l'eau; de l'eau, la terre; de la terre, les herbes; des herbes, la nourriture; de la nourriture, l'homme.

Il créa ces mondes: les eaux causales, la lumière, la mort, les eaux-terrestres. *Les eaux causales sont au delá des cieux*, le ciel est leur support; le monde de la lumière est la sphère de l'espace; le monde de la mort est la terre, *les eaux terrestres sont en-dessous.*

Il pensa: '*Maintenant voici les mondes. Je vais créé les gardiens du monde*'. *Des eaux, il tira et forma un être.* Il le couva. Quand il fut couvé, sa bouche fut séparé, comme un oeuf. De la bouche vint la parole et de la parole le feu. Les narines furent séparées; des narines vint le souffle de vie; du souffle, le vent. Les yeux furent séparés; des yeux vint la vue; de la vue, le soleil. Les oreilles furent séparées; des oreilles vint l'audition; de l'audition, les quartiers du ciel.

La peau fut séparée; de la peau vinrent les poils; des poils, les plantes et les arbres. Le coeur fut séparé; du coeur vint l'âme; de l'âme, la lune. Le nombril fut séparé; du nombril vint le souffle extérieur [apana]; *du souffle extérieur vint la mort* [mrtyu]. Le membre virile fut séparé; du membre virile vint le sperme et du sperme les eaux-terrestres [ap].

Produits premièrement á partir de l'âme de Brahma anxieux de créer, étaient les quatres classes d'êtres qui vont des dieux aux choses insensibles.

De ses fesses vinrent les anti-dieux [asura]. Il se débarassa de ce corps qui devint la nuit.

Dans un autre corps, il fit l'expérience du plaisir, ainsi de sa bouche il créa les dieux. Il se débarassa ensuite de ce corps qui devint le jour.

Dans un autre corps*, Il créa les ancêtres [pitr]. Il abandonna ensuite ce corps qui devint le crépuscule.* Ensuite, dans un autre corps fait de passion et d'obscurité, il créa des monstres affamés, des démons, et des génies. Les cheuveux du créateur donnèrent naissance aux serpents. Quand il couva la terre, les Fragrances [les musiciens célestes] naquirent. Il souffla dans leurs mots, ainsi ils sont connus commes les Fragrances. Ensuite il créa les oiseaux et le bétaille: les chèvres de sa bouche, les moutons de ses seins, les vaches de ses reins, et de ses pieds les chevaux, les ânes, les chameaux, les lièvres, le cerf, et les mulets.

Une fois que le créateur fut séparé en mâle et femelle, la femelle pensa: '*Comment peut-il copuler avec moi lorsqu'il m'a juste créer á partir de lui-même? Je vais me cacher.*' Elle devint une vache. Il devint un taureau et copula avec elle. Ainsi le bétail naquit. Elle devint une jument; lui un étalon. Elle devint une ânesse, lui un âne; il copula avec elle. Ainsi naquirent les animaux avec sabot. Elle devint une chèvre femelle, lui une chèvre mâle; elle une brebis, lui un bélier. Ainsi en effet, il créa tout, quelque soit leur pair, descendant même jusqu'aux fourmies.

Au commencement, le monde était peuplé rien que par des prêtres et des sages. Brahma créa en plus une forme supérieure, l'ordre princier et aussi ceux qui sont princes parmi les dieux, le seigneur-des-cieux [Indra], le seigneur-des-eaux [Varuna], le seigneur-de-l'offrande [Soma], le seigneur-des-larmes [Rudra], le seigneur de la pluie [Parjanya], le roi-de-la-justice [Yama], le seigneur-de-la-mort [Mrtyu], ainsi que moi, le seigneur-de-l'espace [Ishana].

Il n'y a rien de plus élevé qu'un roi, et au sacrifice royal, le prêtre s'assoit en dessous du roi. Cet honneur fut conféré seulement á l'ordre princier. L'ordre des prêtres est la source de l'ordre princier. Par conséquent bien que le roi atteint la suprématie, il dépend du prêtre comme de sa propre source. Quiconque blesse le prêtre se détruit lui-même. Il rencontre le pire lorsqu' il blesse quelqu'un qui est meilleur.

Il devait se développer plus encore. Il créa les artisans et les dieux mineurs qui sont mentionés en groupes tels les sphères-de-l'existence, les divinités de la vie [Rudras], les principes souverains, les principes universaux, et les génies-des-vents. Il créa la plus basse classe qui est attaché au sol dans le ciel, le Nourricier. Cette terre est véritablement la nourricière car elle nourrit tout ce qui vit[14].

Divinités et non-créationisme dans le jaïnisme

Le jaïnisme est une autre ancienne religion de l'Inde. Sa période de naissance n'est pas exactement connue. Ce sur quoi la plus part des sources historiques sont d'accord est qu'il devint remarquable autour du 6ème siècle avant notre ère. Comme l'hindouisme, il reconnaît plusieurs dieux; mais leur nature est très différente.

---

[14] Alain Daniélou, *The Myths and Gods of India: The Classic Work on Hindu Polytheism from the Princeton Bollingen Series* (Rochester, Vt: Inner Traditions International, 1991), 243-248.

Les jaïnistes[15]croient que l'univers et toutes ses substances ou entités sont éternels. Il n'y a pas de commencement ni de fin dans l'échelle du temps. L'univers fonctionne de par lui-même, selon ses propres lois cosmiques. Toutes les substances changent ou modifient leurs formes continuellement. Rien ne peut être détruit ou créé dans l'univers. Il n'y a pas besoin de quelqu'un pour créer et gérer les affairs de l'univers. Ainsi le jaïnisme ne croit pas en Dieu comme créateur, survivant, et desctructeur de l'univers.

Le jaïnisme croit quand même en Dieu, non comme créateur, mais comme un être *humain* parfait. Quand une personne détruit tous ses karmas, elle devient une âme libérée. Elle vit dans un état bienheureux, dans le *Moksha,* pour toujours. L'âme libérée possède une connaissance, une vision, un pouvoir, et un bonheur infinis. Cet être vivant est un Dieu dans dans la religion jaïniste. Chaque être vivant a le potentiel de devenir Dieu. Ainsi, les jaïnistes n'ont pas un Dieu mais d'innombrables Dieux et leur nombre continue d'augmenter avec plus d'êtres vivants atteingnant la libération.

Divinités et non-créationisme dans le bouddhisme

Le bouddhisme fut fondé approximativement six siècles avant l'ère commune en Inde. Dans sa forme Mahayana, il accepte aussi plusieurs dieux. Mais les dieux bouddhistes ne sont pas aussi puissants que ceux de l'hindouisme. Un homme qui vit une vie de droiture devient supérieur aux dieux. Gautama Buddha se considéra comme le seul á être honoré dans le ciel et sur la terre [*Digha Nikaya* 2.15].

---

[15] JainUniversity.org. http://www.jainuniversity.org/jainism_god.aspx (accès le 3 Avril 2010).

Glenn Wallis mentionna dans une article [*The Buddha Counsels a Theist: A Reading of the Tevijjasutta*] que les bouddhistes ne croient pas en un Dieu ou dieu créateur comme le Brahma des hindous. En effet aucun texte bouddhiste présentant une telle idée ne peut être trouvé, du moins dans le cadre de la présente recherche. Quand cette notion est évoquée, c'est pour être immédiatement rejetéé.

La philosophie bouddhiste est non-védique. Dans le bouddhisme, les dieux ont une place, mais pas comme dans les autres religions. Le bouddhisme mentionne l'existence des dieux et des déesses. Mais ces dieux ne sont pas éternels. Eux aussi naissent; déclinent et meurent comme les êtres humais selon leurs *kammas* [actions]. *Les dieux ne peuvent décider du destin d'une personne.* Le bouddhisme n'enseigne pas un créateur mais parle de l'existence des *Brahmas* qui sont supérieurs aux dieux. Les Brahmas aussi ne sont pas éternels, meurent, et font face á la force karmique.

Comme exemples de dieux du bouddhisme Mahayana on peut citer: Sakra [similaire á Indra mais avec des différences notoires], Visvakarma, et Mara. Un être humain qui vit une vie vertueuse est de très loin supérieur aux dieux. Dans les pratiques bouddhistes, aucune place n'est réservée aux dieux.

En introduisant l'édition de 2007 du *Livre Tibétain des Morts* , le Dalai Lama décrit un état duel de l'existence humaine comme l'association du corps physique avec le corps subtile et l'âme. L'âme subtile á le pouvoir de conscience et de connaissance. Le corps subtile ou le vent subtile est l'énergie de l'âme subtile. L'âme et le corps subtiles sont identifiés comme la nature bouddha ou nature spirituelle. La mort est le point au niveau duquel les champs physiques et mentaux se dissolvent dans une radiance intérieure et où la conscience et l'énergie existent dans leur état non-duel le plus subtile, comme dans le *sommeil profond* : ceci est le corps-bouddha ou la Réalité.

Ces mots du Dalai Lama montrent qu'il croit en l'existence du monde surnaturel peuplé d'êtres dont le potentiel est grand. Le *Livre Tibétain des Morts* comprend une des descriptions les plus détaillées de l'au-delá dans le monde litéraire.

Sikhisme

Les sikhs sont les croyants de la religion sikh, particulièrement ceux qui suivent Guru Govind Singh. Le mot '*sikh*' est dérivé de la langue Hindi et signifie '*disciple.*' La religion combine des élements de l'islam et de l'hindouisme. Le sikhisme fut fondé durant le 16ème siècle par son premier guru [enseignant], Guru Nanak.

Les divinités:

La conception sikh de Dieu et des dieux présentée ici est basée sur les travaux du centre missionaire sikh en Arizona [U.S.A.] et ceux de Dr. Kaur Rajinder[16] [1931-1989].

Pour les sikhs, il n'y a qu'un seul Dieu, Eternel Vérité, Créateur Tout-Puissant, sans peur, sans haine et sans hostilité, Entité Immortel, sans naissance, Auto-Existent, non-vu, Infini, Inaccessible, Insaisissable, Pure, pas subjet au destin, n' appartenant á aucune caste, sans doute, sans forme, sans marque, sans credo, sans habit particulier, sans passion, sans contour, sans égale, sans changement, sans ennemie, sans ami. Il est á la fois loin et proche de tout.

---

[16] Kaur Rajinder, *God in Sikhism* (Amritsar: Sikh Itihas Research Board, Shiromani Gurdwara Parbandhak Committee, 1999) 32-36, 72-87, 97-107.

Il ne peut être décrit par quiconque. Il est l'Esprit de L'Eternité, auto-radiant.

Dieu est caché dans chaque coeur; sa lumière est dans chaque coeur. Il est contenu dans la fourmi comme dans l'éléphant. *Il devient manifeste par la Vraie Parole.* Il n'a pas de parent. Il n'éprouve aucune convoitise et n'a ni femme, ni famille.

Ce Dieu doit être adoré. Il créa le monde entier spontanément et imprégna les trois mondes de sa lumière. Sans lui ce monde ne serait qu'illusion. *En aimant un autre que Dieu, l'homme perd la Connaissance Divine; il devient pourri dans l' amour-propre et mange du poison.* Mais la personne qui aime sa parole obtient le Nectar et alors l'âme et le corps trouvent véritablement la joie. Lui seul imprègne le monde entier, il n'est pas loin.

Il n' y a qu'un seul Seingneur. Il n' y en a pas d' autres; Nanak reste fondu en un seul Seigneur.

Dans l'abri aux pieds de Dieu demeure Bhawani; Brahma et Vishnu n'ont pas trouvé ses limites. *Brahma aux-quatre-visages* mentionna que Dieu est indescriptible. Il fait des millions d' Indras et de Bawans. Il créa et détruisit des Brahmas et des Shivas. Il fit des démons incomptables, des divinités, les serpents, les chanteurs célestes; excellents et beaux. Il connaît le secret de chaque coeur. Il n'est pas attaché á un amour particulier. Il est contenu dans la lumière de toutes les âmes. Son but ne change pas. Il est le destructeur et le créateur de tout. Il est celui qui enlève la maladie, le chagrin, et le péché. Dieu ayant créé les animaux, les rendit capable de mourrir.

Le Dieu Unique est dans toutes les voies, toutes les formes, et toutes les couleurs. Il travail á travers l'air, l'eau, le feu, et diverses formes. L' Ame Unique se promène dans les trois mondes. Quiconque prend conscience de Dieu est bénit avec l'honneur. *Celui qui ammasse de la Sagesse Divine et de la méditation demeure en état d'équilibre.* Celui qui est béni par sa Grâce, atteint le bohneur. Et il dit la vérité á travers la Parole du Guru. Celui qui sert le Véritable Guru obtient une réelle bénédiction et est *délivré en répétant la Parole.*

La Vérité est contenue dans des vaisseaux pures; peu sont ceux dont les actes sont pures. En cherchant la protection dit Nanak; l'âme se mélange avec l'Ame Suprême.

Dieu est á la fois Impersonel [Nirgun] et Personel [Sargun]. Le Dieu Impersonel devient Personel et relié quand Il se révèle á travers sa création. L' Infini peut se manifester dans un nombre illimité de finis mais *aucun fini ne peut être adoré comme Dieu.* Il ne naît ni ne meurt.

Répondant á la première des trois questions du prêtre musulman Behlol á Baghdad, Guru Nanak dit '*Avant Dieu, il n' y avait rien puisque quand l'on compte, avant un, il n' y a rien.*' A la deuxième question concernant lá où Dieu vit, il répliqua que le beurre est présent dans le lait mais ne peut être vu et que de la même manière, Dieu est partout mais ne peut être vu. La troisième question était á propos de ce que Dieu fait et Guru Nanak répondit que Dieu peut faire tomber les gens qui sont assis sur des trônes et mettre ceux qui sont assis en bas sur des trônes donnant comme exemple le trône de Behlol lui-même.

Dieu est l'unique et le seul sauveur de l'humanité, mais ses adeptes [les saints] sont particulièrement proches de Lui et chers pour Lui. Les miracles surnaturels de Dieu doivent être distingués des miracles des êtres humains qui sont accomplis par leurs propres pouvoirs magiques. Les miracles accomplis par les Sidhas et les Yogis étaient différents de l'intervention divine. Les actions surnaturelles et miraculeuses posées par sa Puissance sont considérées comme faisant partie de sa doctrine de préservation des hautes valeurs. C'est un *concept de Justice Divine qui dépasse les actions maléfiques.*

Dieu fait des miracles pour protéger ceux qui marchent dans la droiture alors que la puissance manifestée par la magie humaine est contre la volonté de Dieu et est dangereuse. Dans chaque ère, Dieu crée Ses adèptes et préserve leur honneur. Il n'est influencé par personne. Mais il est toujours satisfait de la dévotion de ses adèptes. A ceux qui le connaissent, il donne; á ceux qui ne le connaissent pas, il donne également. Il donne á la terre; il donne aux cieux. O homme, pourquoi renonce tu? Le merveilleux et Saint Seigneur prendra soin de toi. *Celui qui avec un coeur non partagé médite sur lui-même pour un moment ne tombera pas dans le piège de la mort.*

L'unité du Seigneur Dieu s'exprime dans la multiplicité de l'existence; néammoins il y a l'unité pré-existente, remplie, complète, et inconditionelle. Dieu est 'Ek', Un, 'Anek,' plusieurs. L'Unique lorsqu'il se manifeste comme plusieurs ne perd pas son unité mais demeure Un essentiellement, substanciellement, ou existenciellement.

L' écriture sacrée sikh commence avec la figure un, qui représentante l'unité mathématique préfixant le monosyllable 'Om'. Le son 'Om' dans les écritures hindoues indique l'unité du Seigneur Dieu manifesté. Cette unité est l'unité de toutes les Trinités créées; comme Brahma, Vishnu, et Mehesh; Sattva, Rajas, et Tamas; l'état d'éveille, l'état de rêve, et le sommeil sans rêve. Bien que le terme 'Om' utilisé dans l'écriture sikh semble être le même, en y préfixant la figure un, son contenu devient très différent. 'Ek Onkar' dans l'écriture sikh ne signifie pas que l'Absolu est une unité d'une trinité quelconque.

Il est un dans son Etre, un dans sa Parole ou Logos, un dans son ordre, un dans sa volonté, et un dans son existence. Au delá de l'unité de un se trouve l'unité de 'Sunn'. Sunn est 'rien' non dans le sens de zéro mais dans le sens de indicible, mystère inscrutable, 'obscurité Divine' qui est Dieu lui-même. L'unité du Sunn peut être expliqué comme l'unité du zéro infini dans la terminologie de la philosophie occidentale. Quand zéro s'étend, il devient un. L'unité du

Sunn est au delà de la compréhension, de la conception, et de l'imagination humaines. La plus haute unité que l'homme est capable de concevoir est l'unité mathématique de un.

Dieu est la Réalité Suprême et il n'y a aucun second qui se tient contre Lui sur un pied d'égalité imposant des limites á son être. Il est un sans un deuxième. Toutes les choses créées ont des opposées par lesquelles elles sont conditionnées et limitées. Dire que Dieu est non-duel est une autre manière pour dire qu'il est libre absoluement.

Dieu est libre d'être Un, pas tenu d'être Un. Le mystique voit Dieu comme 'tout dans tout.' Mais pour lui, *les choses individuelles ne sont pas perdues, ni oblitérées dans l'unité du Seigneur Dieu mais transfigurées, seulement vues comme plus parfaitement et uniquement eux-même, et pas vues comme Dieu.* Le Guru croit en Une Réalité, les noumènes derrières tous les phenomènes de multiplicité. Le Dieu Unique s'exprime comme la pluralité et cependant reste l'unité juste comme un individu s'exprime dans une variété d'actes et demeure un.

Dieu est l' Inapproachable; si d'une manière ou d'une autre nous l'approchons, Il apparaît toujours Inapproachable et á jamais Transcendant. Dieu est la Personne Parfaite. Parce qu'il est Personne, il est unité dans son Immanence, dans sa Transcendence. Les sikhs comprennent par Dieu celui qui communique avec les individus par le biais de la révélation et qui est lui-même communicable par l'intermédiaire de l'expérience spirituelle religieuse.

Dieu est une Personne Toute-Puissante, possédant le pouvoir ontologique de créer d'après le modèle et le processus de son propre Etre. Seul celui qui est suprêmement personnel peut servir de fondement pour l'émergence même de la personnalité finie. *Si Dieu est seulement une force impersonnelle, alors le ruisseau s'est élevé plus haut que sa Source*, car nous pouvons être sûrs au moins que la personnalité apparaît en nous.

Dans l'écriture sikh, l'union avec Dieu est décrite sous l'image du marriage entre deux amoureux. Dieu est le cher Mari. Il est le seul Mâle Parfait. Dieu tout seul est le mâle et tous les autres sont femelles. *Dieu est le seul Mari signifie qu'il est la seule Personne Idéale avec qui l'homme veut être un.* Toutes les créatures sont créées par Dieu et existent comme si leur but final est aussi en Dieu.

Dieu est lié á l'homme juste comme Il est lié au reste de sa création. Mais en dehors de cela, Dieu a une relation spéciale avec l'homme parce que l'homme représente l'être créateur de Dieu de manière plus significative que les autres créatures. Toutes les autres créatures, objects etc...existent pour servir le but de l'illumination spirituelle de l'homme. La naissance comme être humain est la plus haute forme de la Grâce de Dieu. L'homme est spécialement lié á Dieu car il révèle ce que Dieu est plus que toutes les autres créatures.

Dieu est dans l'homme en tant que la *Parole* ou le Nom et *l'homme a la capacité d'activer ce Nom en lui-même. Le Logos,* le Nom du Seigneur [Nam] demeure dans chaque coeur; il demeure secrètement comme pouvoir spirituel, musique spirituelle, amour spirituel, paix spirituelle, et immortalité. Dieu vit aussi dans le corps même de l'individu. Dieu ne peut pas être divisé en plusieurs parties, donc il ne peut être dit qu'une part de Dieu est présente en l'homme; Dieu, l'Actualité Totale, est lá dans l'homme. En d'autres mots, il peut être dit que Dieu dans son Etre Total se révèle en l'homme comme l'âme [Atma] de l'homme. Si Dieu est tout, il est aussi dans chaque individu.

La vérité est élevée mais plus élevée encore est la vie pratique de vérité. Tout ce qui nous tient éloigné de Dieu est le mal et toutes les activités qui mènent l'homme vers Dieu constitiuent le bien. Toute activité menée sous l'influence de 'Houmain' [Je-isme] est le mal. Afin de devenir libre de l'esclavage des passions et des désirs et d'être libre en Dieu, *nous devons vaincre le Je-isme* de façon á ce que Dieu puisse prendre possession de nous. Dieu est la Vérité Absolue.

L'homme qui est en Dieu et qui a Dieu en lui démontrera par ses activités dans ce monde la vraie nature de son Créateur et de sa Source. Ceux qui réalisent Dieu en eux-mêmes, deviennent eux-même Dieu. La personne consciente de Dieu est elle-même le Créateur du monde entier. Elle est immortelle et ne meure jamais. Cette personne peut donner vie et salut aux autres. Dieu se révèle dans l'homme et ce changement n'est pas dû aux efforts de l'homme mais á la Grâce de Dieu.

Jéhovah descendit et prit une forme humaine dans le but de racheter et sauver l'humanité. Il descendit comme la Vérité divine qui est la Parole. Il est le Père, le Seigneur, le Mari et le guide de l'homme. Ceux qui connaissent leur vrai moi [Atman] connaissent Dieu.

Dieu est dans le monde en tant que son Nom, et par conséquent c'est seulement á travers ce Nom qu'Il peut être approché, adoré, et contacté. Donc chaque prophète et saint met l'accent sur la méditation sur le Nom de Dieu qui doit être aussi utilisé continuellement dans les Saints offices de l'Eglise, ainsi que dans la prière, les hymnes, toutes les adorations, et aussi dans les sermons et écritures sur les questions ecclésiatiques. Quand il est solenellement invoqué par son Nom, il est présent et entend; en ces choses, le Nom de Dieu est sanctifié.

Dans le sens spirituel, le Nom de Dieu signifie toutes les choses que l' Eglise enseigne á partir du monde et qui servent á invoquer et adorer le Seigneur. Toutes ces choses sont le Nom de Dieu. La méditation sur le Nom Divin est seulemment possible si le Nom incarne une qualité specifique de Dieu.

Voici quelques Noms de Dieu d'après les siks: Personne Prototype, Personne qui échappe au temps, Personne Innébranlable, Personne Inconnaissable, Personne Inaccessible, PersonneTranscendante, le Seigneur, Une Personne, Vie de l'univers, Créateur, Incarnation de l'Amour, Personne Suprême, Personne Parfaite, Destin de tout, Personne Toute Puissante, Personne Vraie, le vrai Guru, la Première et la Meilleure Personne, Dont le secret ne peut être connu, Qui ne mange rien, Insondable, Qui ne peut être décrit, Sans action, Non-attaché, Non-corrompu, Au-delá de l' Atman, Le plus Merveilleux, Sans Nom, Sans forme, Impensable, Au-delá des Tattvas, Profondeur Insondable, Etant les trois Gunas, Qui n'est pas seul, Au-delá de la solitude, Incommunicable, Au-delá des qualités, Au-delá de la porté du Bouddhi, Inconcevable, Sans but et sans désire, sans activité, Néant, Obscurité Divine, Remplisseur de l'espace, Seigneur du règne végétale, Toujours Présent, le Temps du Temps, Sans Freins, Beauté des Beautés, Ame de tout, Lumière de tout, Maître de chaque coeur, Dans toutes les Robes ou Costumes, Dans tous les espaces, Plein de Pouvoirs, Dans tous les actes, Imprégnant tout, Beauté de tout, Avec des qualités, Seigneur des trois mondes, Première forme de beauté, Magnifique Beauté, Producteur Merveilleux, A la forme ou au corps merveilleux, Charmeur de la chaleur, Origine de toute Musique, de toute Harmonie, et de toute Mélodie, Toujours nouveau, Beauté Suprême, Forme Musicale, Pierre Precieuse, Beau, Note des Notes, Source d'Eclat et de Pouvoir, Tueur de Démon, Trésor de Clémence, Destructeur de Peine, Tueur de ceux qui sont maléfiques, Compatissant, Héro avec toutes les Qualités Nobles, Plein de Grâce, Sans hostilité, Purificateur, Préserveur, Enleveur des Maladies, Au Tempéremment Doux, Brave, Intrépide, Tout Sage, Océan de bohneur, Porteur á travers l' Océan du Devenir, Au caractère noble, Commerçant, Jouisseur, Qui s'abstient, Possesseur de richess, Berger, Propriétaire, Laitier, Yogi, Fermier, Cultivateur, Jardinier, Noble Roi, Roi des Rois, Soldat, Dirigeant, Roi, Sans Peur, Escrimeur, Qui tient l'Epée, Inconquérable, Epée, Meilleur Héro, Guerrier, Destructeur de forces armées, Destructeur des personnes maléfiques, Punisseur des êtres maléfiques, Vainqueur Fier, Seigneur de terribles actions, Epée des Epées, Acier des Aciers, A la colère Terrible, Impressionnant, Qui produit de la terreur, Tout d'Acier, Tout Conquérant, Destructeur des ennemis, Relation, Frère, Mari, Maître, Ami, Amoureux, Père, l'Amour lui-même, le plus Aimé, Parent, Origine de toutes les origines, Graine des Graines, Brahma, Préserveur et destructeur de tout, Vie du Cosmos, Cause du Monde, Destructeur du Monde, Cause de la Première Cause, Faiseur des Causes, Faiseur, Producteur, Au-dessus, Tout Sage, Gardien, Nouricier, Souteneur, Seigneur du Souffle, Donneur, Shiva, Vishnu, *n'appartient pas á un pays ou endroit particulier*, Indestructible, Incassable, Indivisible, Inperçable, le Commencement, Inébranlable, Libre de la naissance et de la mort, Sans commencement, Incomptable, Qui ne peut être pesé, Qui ne peut être établit, Sans fin, Un, Qui ne change pas, Commencement du cycle du temps, Inconnaisable, Indéterminable, Toute-Forme, Lumière, Toujours Vrai, Vérité Eternelle, Conscience et béatitude, Vrai Nom, Auto-Créé, Connaissance Suprême, Connaissance de la Connaissance, Connaisseur de tout, Toujours conscient, Connaisseur des trois mondes, Visionnaire du présent, du passé, et du future.

L'histoire de la création dans le sikhisme comme présentée par le Centre Missionnaire Sikh aux U.S.A.

Pendant des millions et millions d'années avant la création du monde, il y avait une obscurité absolue et Dieu Lui-même était assis seul en transe absolue. Il n'y avait ni terre ni ciel. Il n'y avait ni jour ni nuit, ni soleil ni lune. Il n'y avait ni air ni eau. Il n'y avait ni homme ni femme, pas de caste, pas de naissance, et pas de mort. Il n' y avait pas de temps. Il n'y avait ni enfer ni ciel. Il n'existait ni actions ni religion, pas de Connaissance Divine et pas de méditation. Il n'y avait ni contemplation ni pénitence, pas d'auto-contentment, ni de jeûne ni d'adoration, ni auto-contrôle. Il n'existait ni Védas, ni Smriti(s) [parties des textes religieux hindous] ni Shastras [traités], ni Puranas [textes religieux et historiques hindous], ni Texte Sémitique. Il n'y avait ni Brahma, ni Vishnu, ni Shiva. Personne ne connaît ses limites. *'C'est á travers Dieu que j'ai obtenu cette compréhension,'* dit Guru Nanak.

Durant des âges incomptables, il n'y avait rien d'autre que l'obscurité absolue. Seule existait la Volonté Infinie du Dieu Tout-Puissant. Il n'y avait ni création, ni destruction, ni transmigration. Il n'y avait ni mâle ni femelle, ni plaisir ni peine. Personne n'était lá pour parler de dualité. Le Seigneur Tout-Puissant était en béatitude absolue et appréciait lui-même sa propre gloire, ne connaissant Lui-même que son Moi Inconnaissable.

Quand il lui plut, il créa le monde et sans aide soutint le firmament. Il créa Brahma, Vishnu, et Shiva et instilla dans les hommes le désir de l' attachment. Rare étaient les personnes qu'il choisissait pour entendre sa Parole. Il rendit ses ordonnances opératives et veilla sur tout. Il créa les continents, les systèmes solaires.

Guru Nanak explique qu'avant la création, le Seigneur Infini et Sans Limite était assit en transe absolue pendant trente six yuga ou âges [le Yuga est une période du temps cosmique mesurant plusieurs millions d'années]. Personne ne connaît le jour lunaire, le jour de la semaine, la saison, et le mois où le monde vint en existence. Le Créateur Tout-Puissant qui créa le monde seul connaît ce moment, personne d'autre.

Les pèlerinages, les austérités, la compassion, la charité, toutes sont approuvées si elles amènent même un grain de mérite aux yeux de Dieu. Quiconque entend et aime le Nom de Dieu obtient le salut en se baignant consciencieusement dans le sanctuaire intérieur. Sans cultiver les vertus, la dévotion au Seigneur ne peut être accomplie. Dieu est Vrai, Merveilleux et toute joies demeurent dans son Ame.

Zoroastrisme

Le zoroastrisme existait en Perse [l'Iran d'aujourd'hui] avantle 6ème siècle avN.E. Cependant, comme le jaïnisme en Inde, beaucoup croient que cette religion est plus ancienne encore. Selon John Hinnells[17], la connaissance de la mythologie de la Perse vient d'une variété de sources, la plus importante étant la Bible Zoroastrienne, l'*Avesta*. Malheureusement dit-il, seule la partie de l'*Avesta* utilisée pour les rituels a survécue, soit approximativement un quart de l'originale.

Bien que le texte ait été écrit seulement au cours de la période sassanienne, son contenu est beaucoup plus ancien. En effet au sein de sa structure générale se trouve préservés d'anciens mythes pré-zoroastriens.

Toujours d'après Hinnells, la partie la plus importante de ce matériel complexe porte le nom de *Cathas*, 17 hymnes de Zoroastre. Hinnells pense que la profondité de leur enseignement les classe parmi les plus précieuses merveilles de la littérature religieuse mondiale. Les *Cathas* sont inclus dans le *Yasna*, une collection de prières et d' invocations chantées durant le sacrifice zoroastrien du même nom.

D'autres sources d'accès à la mythologie persane sont les in-scriptions des rois de Perse, les rapports des auteurs classiques et étrangers, l' art, les pièces de monnaie, les reliefs, et l' archéologie.

---

[17] John R. Hinnells, *Persian Mythology* (London: Hamlyn, 1973), 20-21.

Les divinités:

Ahura Mazda ou Ohrmazd: le Seigneur Sage, Dieu Suprême dans le zoroastrisme, protecteur de l'humanité

Angra Mainyu ou Ahriman: son opposant qui sera finalement vaincu

Les Amesha Spentas: septs fils et filles de Dieu

Vohu Manah: *bonne âme, personification de la* **sagesse** *de Dieu,* **premier-né** *de Dieu, s'assoie á sa droite,* agit presque comme son conseiller, protecteur des animaux. Il traite aussi avec les humains et garde un enregistrement journalier de leurs pensées, paroles, et actions. Il travail dans l'homme et le guide vers Dieu

Aeshma [colère], Az [mauvais état d'âme], Akah Manah [pensées viles ou discorde]: opposants de Vohu Manah

Asha: **vérité**, *plus beau des immortels. Ceux qui ne connaissent pas Asha perdent le ciel*

Indra: esprit d'apostasie, opposant en chef d'Asha

Kashathra Vairya: royaume désiré, le plus abstrait des immortels, personification de la puissance, majesté, et domination de Dieu, représente le royaume du ciel, et sur la terre ce royaume qui établit la volonté de Dieu en *aidant le pauvre et le faible á surmonter tout mal.* Protecteur des métaux

Saura: l'Arch-démon de la mauvaise gouvernance, de l'anarchie, et de l'ivrognerie. Opposant de Kashathra Vairya

Armaiti: dévotion ou bon état d'esprit, fille de Ahura Mazda, s'assoie á sa gauche, préside la terre. Il est dit qu'elle donne le pâturage au bétail

Taromaiti [Présomption] et Pairimaiti [Etat d'âme tordu]: opposants d' Armaiti

Haurvatat: integrité, être féminin, personification de ce que le salut signifie pour l'individu

Ameratat: immortalité, litérallement absence de mort, est l'autre aspect du salut

Haurvatat et Ameratat sont associées avec l'eau et la végétation; leurs dons sont la richesse et les troupeaux de bétail, représentant ainsi les idéaux de la vigeur, les sources de la vie et de la croissance

Faim et Soif: leurs opposants

Sraosha: obéissance ou discipline, guerrier en armure, dieu qui est présent á chaque cérémonie divine, s'incarne dans les prières et hymnes des hommes, transmet les prières au ciel, incarnation de la parole sacrée, force victorieuse dans la bataille constante contre les forces destructrices du mal

Les Yazatas: les vénérables, moins importants que les septs Amesha Spentas. Les principaux Yazatas sont Vayu, Anahita, Haoma, Atar, Verethraghna, Rapithwin, et Mithra.

Le mythe de la création du zoroastrisme comme présenté par John Hinnells

Ohrmazd [ou Ahura Mazda], *demeurant en haut dans la lumière infinie,* n'a aucun contact direct avec le maléfique Ahriman [ou Angra Mainyu] dans sa plus profonde obscurité, car entre les deux s'étend le vide. Le pouvoir de chacun d'entre eux est limité par l'autre et les deux sont limités dans l'espace par le vide. Ohrmazd est éternel, mais Ahriman ne l'est pas car il sera détruit un jour.

Tout d'abord, les deux existèrent sans en venir au conflit. Bien qu' Ohrmazd ou Ahura Mazda dans son omniscience connaissait l'Esprit Maléfique, Ahriman ignorant et stupide n'était pas au courrant de l'existence du Seigneur Sage. Aussitôt qu'il vit Ohrmazd et la lumière, sa nature destructrice le motiva á attaquer et détruire. Ohrmazd lui offrit la paix si seulement il pouvait louer la Bonne Création. Mais Ahriman, jugeant les autres en fonction de lui-même, *crût qu'une offre de paix ne pouvait être faite qu'á partir d'une position de faiblesse;* il rejeta donc l'offre et chercha á détruire ce qu'il vit. Ohrmazd savait que si la bataille devait durer éternellement, Ahriman pourrait en effet rester une menace. Il suggéra donc une période fixe pour la bataille. Ahriman ayant l'intélligence lente accepta et ainsi rendit certaine sa chutte ultime. Le point derrière cette idée semble être que *si le mal est autorisé á opérer en silence et sans obstruction, il peut bouleverser et détruire, mais une fois tiré dehors á la vue de tous, combattu, et montré comme ce qu'il est; il ne peut réussir.*

Selon la tradition orthodoxe, l' histoire s'étend sur douze milles ans. Les trois milles premières années constituent la période originelle de la création; les seconds trois milles ans passent selon la volonté d' Ohrmazd; la troisième période de trois milles ans doit être une période de mélange des volontés du bien et du mal, et au cours de la quatrième période l'Esprit Maléfique sera vaincu. Dans la principale "hérésie" zoroastrienne, le *zervanisme ou zurvanisme,* les douze milles années sont divisées très différemment: les neuf milles premières années étant la période du règne du mal et les trois milles ans finaux celle de la défaite du mal. Il se peut que ce soit cette deuxième version qui soit la plus ancienne.

Ayant fixé la période de la bataille, Ohrmazd récita la prière sacrée du zoroastrisme, le *Ahuna Var.* En entendant cette vérité de la bonne religion, l'Esprit Maléfique se rendit compte de son inabilité á vaincre les forces du bien et retomba dans l'enfer où il resta inconscient pendant trois milles années.

Sachant que Ahriman ne changerait jamais son caractère destructeur, Ohrmazd commença á créer. *A partir de sa propre essence de lumière, il produisit la forme spirituelle [menog] des créatures.* Tout d'abord il créa les immortels, ensuite les Yazatas, et finalement il commença la création de l'univers: premièrement le ciel, ensuite l'eau, la terre, l'arbre, l'animal, et en dernière position l'homme. Toutes ces créations sont complètement indépendantes d'Ahriman. Elles ne dépendent pas du tout de lui pour leur bonheur car Ohrmazd, contrairement á Ahriman, ne contemple rien qu'il ne peut réaliser. Les créatures appartiennent entièrement á Dieu.

Ohrmazd est á la fois mère et père pour la création: comme mère, Ohrmazd conçoit le monde spirituel et il est dit que comme père il donne naissance á sa forme matérielle.

Ahriman á son tour créa, ou plutôt "mal-créa" sa propre progéniture á partir de sa nature maléfique donnant naissance á tout ce qui est vile: loup, grenouille, tornades, tempêtes de sables, lèpre et ainsi de suite.

Quand elle fut créée, la création matérielle était dans un état idéal: l'arbre était sans épine, le boeuf était brillant comme la lune, et l'homme archétypique Gayomart brillait comme le soleil.

Après qu' Ahriman soit tombé inconscient dans l'enfer, les démons essayèrent de le réveiller lui faisant des promesses sur comment ils prendraient la création d'assaut et lui infligeraient angoisse et malheur, mais cela n'eut aucun résultat. Ensuite, la méchante Jahi qui est la personification de toutes les impuretés femelles vint. Elle promit d' affliger l'homme saint et le boeuf de tant de souffrances qu'ils trouveraient la vie inutile á vivre. Elle annonça son intention d'attaquer l'eau, la terre, l'arbre, le feu, en fait toute la création. Ainsi réanimé, l'Esprit Maléfique, reconnaissant, lui permit de réaliser son souhait: que les hommes la désire.

Ensuite, avec tous les démons, Ahriman se leva pour attaquer le monde. Il força son passage dans le ciel qui avait peur de lui comme le mouton a peur du loup. Passant á travers les eaux, il entra dans le milieu de la terre et prit d'assaut la création matérielle.

D' horribles créatures furent relâchées sur la surface de la terre et leur pollution était si épaisse que même le bout de l'aiguille n'était pas libre de leur contamination. Les arbres furent empoisonnés et moururent.

Se tournant vers le boeuf et Gayomart, Ahriman les affligea avec l' avidité, le besoin, la maladie, la faim, le vice, et la léthargie. Avant que l' Esprit Maléfique ne vienne au boeuf, Ohrmazd lui donna du cannabis pour diminuer sa douleur dans l'agonie, mais il mourrut finalement. L'homme, l'allié en chef de Dieu et l'archi-opposant du mal, fut ensuite attaqué par la puissance de mille démons qui produisent la mort. Mais même eux ne purent le tuer jusqu' á l'heure fixée pour lui, car le règne de l'homme avait été déterminé pour une période de trente ans.

Tout était en voie de destruction, fumée et obscurité étaient mélangées au feu et toute la création était défigurée. Pendant quatre vingt dix jours, les êtres spirituels luttèrent contre les démons dans le monde matériel. Chaque archange avait un archi-démon en opposition; chaque bonne chose fut attaquée par son opposée: la fausseté contre la vérité, les sortilèges contre la *Parole Sainte*, l'excès et le manque contre la tempérence, la paresse contre le zèle, l'obscurité contre la lumière, le manque de pitié contre la clémence. Enfin de compte même l'homme fut tué.

Les assauts d' Ahriman semblaient maintenant complètement couronnés de succès et la bonne création semblait totalement ruinée ou détruite. Le mouvement désordonné et la production du mal apparurent avoir remporté la victoire sur l'ordre et la paix; et le travail du Seigneur Sage était un échec apparent.

Pourtant, malgré toutes les apparences, ceci n'était pas la fin du Bien car les troubles ne faisaient que commencer pour le Mal. Ahriman après sa victoire apparente chercha á retourner dans sa maison naturelle, l'obscurité, mais il trouva son chemin bloqué á la fois par l'Esprit du Ciel portant une armure et par les fravashis des hommes [esprits gardiens des hommes qui envoient les âmes dans le monde matériel et auxquels ces âmes retournent dès le matin du quatrième jour après la mort, concept particulier au zoroastrisme].

Tout comme l'ensemble de la création matérielle a une origine spirituelle, l'homme a son moi céleste, son fravashi. Quelque soit le mal que l'homme fait sur la terre, son véritable moi céleste n'est pas affecté et c'est seulement l'homme terrestre, pas le fravashi, qui souffrira pour les péchés en enfer [cependant un texte déclare que même le frashi peut aller en enfer].

Les possesseurs de fravashis justes décidèrent librement d'assister Ohrmazd dans sa bataille et se tinrent parés comme de valliants cavaliers avec des lances dans leurs mains, empêchant Ahriman d'échapper de la prison dans laquelle il s'etait jeté. Ainsi emprisoné dans un monde hostile, Ahriman découvrit que la vie commençait á refleurir. Les pluies furent produites par Sirius; les eaux balayèrent les créatures viles dans des trous du sol et la terre devint productive.

Lorsque le boeuf mourrut, cinquante espèces de maïs et douze espèces de plantes médicinales poussèrent de ses membres et sa semence passa á la lune où elle fut purifiée donnant naissance aux différentes espèces animales. L'homme aussi en mourrant passa sa semence dans la terre. Ainsi, á partir de son corps fait de métal et á partir de son sperme, se développèrent le premier couple humain, Mash ye et Mash yane.

Juste comme le ciel, les eaux [Sirius], la vache, et l'homme livrèrent bataille á l'Esprit Destructeur; les plantes, la terre, le feu, et les autres composants de la création le combattirent aussi. La vie était triomphante. *La Mort, travail de l'Esprit Maléfique, était vaincue* car de la mort vint la vie et une vie plus abondante qu' auparavant.

Jamais depuis le temps de la création jusqu' á la réhabilitation de la pureté la terre ne fut sans hommes et elle ne le sera jamais. Malgré qu' Ahriman tue des individus, l'humanité dans son ensemble croît toujours rendant ses assauts non seulement inefficaces mais aussi les utilisant contre lui[18].

Divinités et histoires de la création dans le judaïsme, le christianisme, et l'islam

Les divinités:

Dans la Bible et le Coran

Le fait que le judaïsme, le christianisme, et l'islam soient chacun divisés en plusieurs branches rend difficile le travail de synthèse de leurs idées sur les divinités. Même au sein d'une branche il y a parfois plusieurs théologiens dont les opinions diffèrent. Puisque tous sont d'accord sur la Bible et le Coran, ces écritures seront analysées á la place des divers points de vue des différentes confessions. Cependant, les idées majeures de ces confessions ne seront pas négligées.

Il y a tant de passages importants dans la Bible et le Coran qui renseignent sur les divinités dans le judaïsme, le christianisme, et l'islam qu'il ne serait pas adéquat de tous les citer. Le lecteur pourrait presque toujours avoir accès á leurs contenus puisque ce sont des ouvrages très populaires. Cependant, il est important ici de mentionner que le polythéisme est condamné á la fois dans la Bible et le Coran.

Additionnellement, le Coran exprime un désaccord avec le concept de Trinité alors que plusieurs chrétiens pensent qu'il est justifié dans la Bible. Dans cette Bible, plusieurs métaphores sont utilisées

---

[18] John R. Hinnells, *Persian Mythology* (London: Hamlyn, 1973), 56-60.

et de nombreux lecteurs ont des difficultés pour les comprendre ou ont des compréhensions différentes qui sont les principales responsables des divisions et de la naissance de multiples confessions religieuses.

Les éléments clés de la division á propos du Dieu de la Bible sont: son anthropomorphisme, sa paternité et sa maternité, Jésus, la Trinité, le problème du mal, les autres caractéristiques de Dieu ainsi que la nature des anges. Tous ces éléments seront étudiés séparément dans des chapitres entiers.

Le divin dans le livre d' Hénoc

Dans la Bible, Hénoc est le 7ème patriarche après Adam á travers Seth. Genèse 5: 24 dit qu'il marcha avec Dieu et disparu parce que Dieu le prit. Son nom signifie l' 'initié,' le 'dédié,' le 'consacré,' et encore 'enseignant.' Aussi paradoxal que cela puisse apparaître, son histoire n'est pas présente dans la Bible sous un chapitre particulier portant son nom dans l' Ancien Testament encore appelé la Bible des Hébreux mais certaines de ses actions sont consignés ici et lá dans le Nouveau Testament comme en Jude 14-15 et Hébreux 11: 5. Cependant, le passage de Genèse 6: 1-4 dans l' Ancien Testament est aussi considéré comme venant d' Hénoc.

Le livre attribué á Hénoc n' apparaît pas dans la Bible sauf dans celle de l'Eglise Orthodoxe Ethiopienne. Il décrit les visions montrées á Hénoc par certains anges [Vol I, Chap I, verset 1]. "Grâce á eux il fut en mesure de parler avec le Saint et Tout-Puissant Seigneur de ce monde, qui un jour quitterait sa demeure céleste pour le sommet du mont Sinaï et apparaître dans son tabernacle" [Versets 3 et 4].

Certains anges menés par Samyaza descendirent du ciel pour avoir des rapports sexuels avec les belles filles des hommes qui leur donnèrent des enfants connus comme les méchants géants [chap

7]. Ces anges apprirent aux femmes la sorcellerie, les propriétés des arbres et des racines, l' astronomie, etc...Chacun de ces anges licencieux enseigna une discipline particulière y compris la guerre.

Hénoc donna plusieurs de leurs noms comme Azazel et Asael [Chap 8]. Il donna aussi le nom de de certains bons anges comme Michel, Gabriel, Raphael, Suryal, et Uriel [chap 9]. Dans le chapitre 19 du livre, Uriel accuse les démons de pousser les hommes dans l'erreur jusqu' au point de les inciter á leur offrir des sacrifices comme á Dieu. Dans le chapitre 20, six anges présentés comme des veilleurs sont nommés. Raguel et Sarakiel sont ajoutés á Michel, Gabriel, Raphael, et Uriel [chacun avec un rôle spécifique]. Phanuel apparaît dans le chapitre 41 comme l' ange de la pénitence et de l'espoir.

"La Sagesse s'avança pour établir sa demeure parmi les enfants des hommes mais ne trouva aucune place. Elle retourna et prit place au milieu des anges. Et l' impiété s' avança de ses chambers et demeura avec eux" [Chapitre 42].

'Et lá, je vis Celui qui avait la tête blanc comme de la laine, et avec Lui était un autre dont la countenance avait l' apparance d'un homme'[Chapitre 46].

Dans la Bible [Lévitique 16: 7-10 and 20-22], Azazel apparaît comme une figure obscure chez qui le Dieu de l'Ancien Testament demanda d'envoyer un bouc chargé des péchés des anciens Israelites. Ce passage biblique confirme Enoch Chaptre 10 qui relie Azazel au desert. Mais differemment du livre d' Hénoc [chapitres 8, 18, 12, et 53], le Lévitique ne présente pas Azazel comme un ange déchu qui enseigna la fabrication d'armes à l'humanité, qui a été attaché par l'ange Raphael, et jeté dans le desert.

Bien que le Livre d'Hénoc confirme la Bible et donne même plus de détails sur certains points, il apparaît douteux au moins au niveau des chapitres 40, 46, et 53 qui ressemblent beaucoup aux visions de Daniel et de Jean dans Révélation. En plus, Hénoc 60: 1, au moins dans la traduction de George H. Shodde, déclare qu' Hénoc vécut jusqu'à 500 ans alors que la Bible ne lui donne que 365 ans au total.

L'histoire de la création

Dans le judaïsme et dans le christianisme

Puisque le christianisme a fait de la Bible des Hébreux son Ancien Testament, il a exactement la même histoire de la création que le judaïsme. Cette histoire apparaît dans Genèse 1 et 2 mais des informations additionnelles importantes sont présentes dans le livre de Job du chapitre 38 au chapitre 41 où le Dieu de l'Ancien Testament met Job au défi.

Dans l' islam

L'histoire de la création de l'islam a beaucoup en commun avec celle du judaïsme et du christianisme. Les différences concernent plus des détails et des précisions qu'une contradiction. Cependent dans le Coran, l'histoire n'est pas aussi regroupée que dans la Bible. Cette histoire est plutôt éparpillée á travers l'écriture; mais certains érudits ont fait des synthèses utiles comme la suivante:[19]

Six jours: l'oeuvre de la création fut accomplie en six jours (10:3).

Ordre: en quatre jours, la terre fut achevée. Ensuite l' attention fut tournée vers le ciel qui était encore de la fumée. En deux jours, sept

---

[19] Creation and science. http://www.answering-islam.org/Authors/Fisher/Topical/ch07.htm (accès le 3 Avril, 2010).

cieux furent créés ornés de lumières (41:10-12). Toute chose sur terre fut créée avant qu' Allah ne se tourne vers le ciel pour fabriquer sept niveaux des cieux (2:29, 41:10-12).

Terre plate: la terre fut faite plate (15:19, 79:30, 88: 20). Allah ne la laissera pas s'effondrer sous l'humanité (67:16). La terre et les cieux tomberaient s'il n' y avait pas la force supportrice d' Allah. S'ils tombaient, personne ne pourrait les retenir (35:41, 16:45).

Pose des montagnes: les montagnes furent posées sur la terre comme des poids géants et inébranlables afin d'empêcher la terre de bouger (15:19, 21:31, 31:10, et 88:19).

Homme: l'homme fut créé pour être en détresse (90:4). Il fut créé premièrement á partir de l'argile. Il procréa ensuite lorsque l'essence de l'argile devint un germe vivant qui fut mise dans l' utérus. Le germe se transfoma en un caillot de sang. le caillot devint une petite masse qui fut façonnée en des os. Les os furent ensuite couvert de chair. Ceci est le processus stupéfiant de développement grâce auquel la vie est générée et regénérée (23:12-14).

Femme: Une compagne pour l'homme fut créée pour qu'il trouve du comfort en se reposant avec elle et en produisant une progéniture (7:189). Les hommes furent créés supérieurs aux femmes ce qui signifie qu'ils exercent l'autorité sur elles et doivent les battre si elles sont rebelles. C'est pourquoi les femmes dépendent des hommes pour leur support (4:34).

Les étoiles sont des lampes: Au-dessus de la terre furent construites sept couches des cieux qui ne tombent pas grâce á un miracle. Le niveau inférieur est décoré par des lampes allumées (41:12, 67:5).

Signes du zodiaques: Le ciel fut décoré avec les signes du zodiac pour le rendre beau (15:16).

Les étoiles filantes chassent les génies: les étoiles filantes ont été faites pour un but spéciale. Ce sont des lampes lancées comme missiles de feu contre les génies (djinns) ou *esprits mauvais qui essayent de voler en haut vers le ciel pour espionner sur les activités du ciel* (37:6-10, 67:5).

Satan: Avant la création des humains, Satan fut créé á partir du feu sans fumée. Il fut puni á cause de son refus de s' incliner devant Adam, l'homme qui fut sculpté et amené á la vie á partir de l'argile. Quand Satan fut banni et dégradé vers la terre, il jura de mal guider les gens. Adam et Eve furent ses premiers victimes. Il était l'un des génies (15:28-39, 7:11-23, 18:50).

Esprits maléfiques: les génies furent créés avec du feu sans fumée (55:15).

Le soleil et la lune orbitent la terre: Après que les septs cieux furent construits au-dessus de la terre, le soleil fut mis en service (13:2-3). Le soleil après une course circulaire va en un lieu de repos (36:40, 18:86). Le soleil n'est pas autorisé á rattraper la lune et celle-ci n'est pas autorisé á dépasser le soleil lorqu'ils vont sur les orbites á eux prescrites (36:37-40).

Adam et Eve: Adam et Eve furent créés dans un jardin paradis dans le ciel. Tous les anges sauf Satan obéirent à Allah en s'inclinant devant Adam. Satan fut dégradé pour toujours á cause sa désobéissance. Satan, á son tour tenta Adam et Eve á manger de l'arbre qu'Allah leur avait interdit même d'approcher. A cause de ceci, Allah chassa Adam et Eve hors du jardin céleste et les plaça sur la terre (7:11-25).

Oiseaux: les oiseaux sont un signe pour encourager la croyance puisqu'il n'y a aucune raison naturelle pour expliquer pourquoi ils sont suspendus entre ciel et terre. Seul le pouvoir miraculeux d' Allah explique cela (16:79).

Trône: Après que les cieux furent finis, Allah, qui les avait construits, retourna s'asseoir sur son trône au ciel. Allah continue de tenir les cieux et la terre afin qu'ils ne disparaissent pas (10:3).

Divinités et création dans le gnosticisme

Le gnosticisme est une école de spiritualité qui véhicule des pensées variées et complexes. La diversité et la complexité de ces pensées est si marquée qu'il est vraiment difficile pour l'intelligence moyenne de les suivre et de les comprendre. Le vocabulaire utilisé est celui sophistiqué de temps anciens qui rend les idées gnostiques d'avantage difficiles á comprendre.

Les personnes fortement interessées á connaître en détail le démiurge et le dualisme du bien et du mal devraient lire des livres tels que *The Gnostic Religion: The Message of the Alien God & the Beginnings of Christianity [La Religion Gnostique: Le Message du Dieu Etranger et les Débuts du Christianisme]* de Jonas Hans, *Beyond Gnosticism: Myth, Lifestyle, and Society in the School of Valentinus [Au-delá du Gnosticisme: Mythe, Style de Vie, et Société dans l' Ecole de Valentinius]* de Ismo Dunderberg et *The Tree of Gnosis: Gnostic Mythology from Early Christianity to Modern Nihilism [L' Arbre de la Gnose: Mythologie Gnostique, des Premiers Chrétiens jusqu' au Nihilisme Moderne]* de Ioan Culianu.

Le dualisme, succinctement, est la théorie que l'univers a été dirigé depuis ses origines par deux puissances conflictuelles, une bonne et une mauvaise, existant á égalité comme causes premières ultimes.

Les penseurs gnostiques les plus fameux étaient: Simon le Magicien [1er siècle de notre ère] et son disciple Ménandre, Basilide [mort en l' an 140], Saturnin [2ème siècle], Cérinthe, Cerdon [2ème siècle], Marcion [85-160], Valentin [100 -160], Mani [216-276], Euthyme Zigabène [12ème siècle], Bonacursus [12ème siècle], Salvo Burci, Moneta de Crémone, Balasinanza de Véronne, et Jean de Lugio de Bergame [né autour de 1180].

Les plus célèbres écoles gnostiques étaient: le culte syrien, le culte alexandrain, les valentiniens, le manichéisme, le bogomilisme, les monarchiens ou cathars modérés, les cathars radicaux, et les pauliciens.

Des lignes absolument claires entre gnosticisme et christianisme n' apparurent que dans les dernières années du deuxième siècle. Les gnostiques admettent l'existence de plusieurs être surnaturels. Les enseignements des principales figures gnostiques sont si nombreux et si variés qu' il est plus avisé de n'en présenter qu 'un échantillon.

Il est dit que Simon croyait en deux puissances sans commencement: l' Ame Universelle qui est masculin et la Grande Pensée qui est femelle se sont unis pour créer l' univers.

Ménandre enseigna que la Première Puissance n' est pas connue de tous et que le monde fut fait par les anges qui émanèrent de l'Ennoia, un principe femelle.

Carpocrate déclara simplement que le monde fut fait par les anges qui sont inférieurs de très loin au Père qui lui n' a pas été engendré.

Pour Saturnin, le Père, inconnu, fit les anges, les archanges, les puissances, et les dominations. Cependant, le monde et son contenu furent faits par sept anges particuliers et l' homme aussi est le travail des anges. Ces anges sont des artisans piètres et rebelleux.

Cerdon maintint que *le Dieu que Moïse et les prophètes prêchèrent n' est pas le Père de Jésus Christ: l' un est connaissable, l' autre pas; l'un á peine juste, l' autre bon.*

Selon Marcion il y a deux dieux antithéques. L'un est l' artisan [demiurge], le Dieu de la création [ou de la génération], le dirigeant de cet aeon, connu et prévisible; l'autre est le Dieu caché, inconnu, impercevable, imprévisible, l'étrange, l'étranger, l'autre, le différent, et aussi le nouveau. Le Dieu créateur est connu á partir de sa création dans laquelle sa nature est révélée. *Le Dieu connu est le Dieu juste; celui qui est inconnu est le bon Dieu.*

Mani, le père du manichéisme était l'un des plus importants enseignants du dualisme qui professe l'existence primordiale des forces du bien et des forces du mal.

Pour Euthyme Zigabène, le Diable [Satanael ou Samael ou Sathanas] et Jésus [l'archange Michel] sont des frères créés par Dieu. D'après lui Sathanas était le frère aîné et le dieu de l' Ancien Testament qui fit pour lui-même un second ciel et une seconde terre, séparés du royaume de Dieu. Cosmas contredit cette information affirmant que Jésus était plutôt le premier-né et que le Diable était le plus jeune.

La doctrine des cathars modérés est résumé par Bonacursus dans son *Manifestio*. Ils croyaient que le Diable était l'auteur du corps humain dans lequel il emprisonna de force un ange de lumière. Il fit Eve, la séduisit et enfanta Cain. Abel est le fils d' Adam et Eve et fut tué par Cain. De son sang naquit le chien; c'est pourquoi les chiens sont fidèles aux humains.

Pour ces gnostiques-ci, toutes les choses du monde, animées ou pas, ont été créées par le Diable. Les filles d'Eve furent mises enceintes par des démons et donnèrent naissance á la race des géants qui apprirent que le monde fut créer par un principe mauvais. C' est pourquoi le Diable dans sa rage les détruisit par le déluge.

Les cathars modérés considèrent Hénoc comme appartenant au Diable de même que les patriarches. Moïse suivit la volonté du Diable et reçu sa loi. Le roi David était un assassin et le prophète Elie fut enlevé au ciel par le Diable lui-même. Cependant le Saint Esprit parla souvent á travers la bouche des prophètes. Jean Baptiste appartient au Diable. La conception de Marie était immaculée avec aucune aide d' un homme. Jésus n' avait pas de corps physique.

Toujours selon les cathars modérés, le Diable lui-même est le Soleil et Eve la lune. Les deux commettent l'adultère chaque mois comme un homme avec une prostituée. Toutes les étoiles sont des démons.

Certains cathars radicaux crurent en deux dieux: un entièrement bon et l'autre entièrement mauvais avec chacun leurs anges. Lucifer est le fils du Seigneur des Ténèbres. Il se métamorphosa en un ange de lumière pour monter au ciel du bon Dieu où les anges intercédèrent pour lui. Dieu adopta alors l'étranger et le fit un intendant de son royaume.

Dieu regretterait cette décision par la suite car Lucifer séduisit ses anges et provoqua une guerre civile dans le ciel. Dieu fut obligé de l' expulser ensemble avec un tiers des anges qui prirent part dans sa rebellion. Les anges ont des corps, des âmes, et des esprits. Leurs corps et leur esprits restèrent au ciel. Seules leurs âmes tombèrent et furent emprisonnées par Lucifer dans des corps humains. Par conséquent, les humains ont des âmes angéliques mais des esprits qui viennent du Diable. Christ descendit pour sauver les âmes angéliques. Vêtements, courrones, et trônes de gloire attendent leurs anciens propriétaires dans le ciel. A la fin de plusieurs transmigrations de corps en corps, une âme sincèrement répentante peut récupérer son corps et son esprit céleste.

Jean de Lugio, un des cathars radicaux déclara que ce monde fut fait par le Père du Diable qui est Lucifer. Le bon Dieu dirige un univers parallèle, invisible, et incorruptible. Dans le monde parallèle de Dieu, il y a marriage, fornication, et adultère; les hommes de cette terre ont marié les filles du Diable et généré ainsi la race des géants. Tout ceci est le travail du Diable qui est plus fort que les créatures de Dieu. Il accomplit ses oeuvres sans la volonté et la permission de Dieu.

Pour le groupe de gnostiques appelé 'pauliciens', il y a un dieu qui est le père céleste et qui n' a aucun pouvoir en ce monde mais dans le monde á venir; et il y a un autre dieu qui créa le monde et qui a pouvoir sur lui. Les pauliciens rejetèrent l'Ancien Testament accusant les prophètes d'être des menteurs et des voleurs. Ils appelèrent Satan le Dieu créateur.

Le texte hermétique Poimandres sur Dieu comme présenté par Manly Hall

Hermès, en promenade dans un endroit rocheux et désolé se laissa aller á la *méditation et á la prière*. Suivant les instructions secrètes du Temple, il libéra progressivement la partie élevée de sa conscience de l'esclavage de ses sens physiques; et, ainsi libérée, sa nature divine lui révéla les mystères des sphères transcendentales.

Il contempla une figure, terrible et inspirant le respect. C' était le Grand Dragon, avec des ailes s'étendant á travers le ciel et de la lumière sortant de son corps dans toutes les directions [Les Mystères enseignent que la Vie Universelle était personifiée par un dragon].

Le Grand Dragon appela Hermès par son nom et lui demanda pourquoi il médite ainsi sur le Mystère du monde. Terrifié par le spectacle, Hermès se prosterna devant le Dragon l'implorant de révéler son identité. La grande créature répondit qu'elle était *Poimandres*, l'*Ame de l' Univers*, l'Intelligence Créatrice, et Empereur absolu de tout [Schure identifie Poimandres comme le dieu Osiris]. Hermès supplia ensuite Poimandres de révéler la nature de l' univers et la constitution des dieux. Le Dragon acquiesca invitant Trismégiste á garder son image dans l' âme.

Immédiatement, la forme de Poimandres changea. A l'endroit où le Dragon se tenait était maintenant un rayonnement glorieux et palpitant. Cette lumière était la nature spirituelle du Grand Dragon.

Hermès fut "élevé" au sein de cet Eclat Divin et l'univers des choses matérielles s' estompa de sa conscience.

Une grande obscurité descendit et s'étendant, engloutit la lumière. Tout était trouble. Près d'Hermès tourbillonna une substance liquide qui produisit une vapeur ressemblant á de la fumée. L' air était rempli de gémissements inarticulés qui semblaient provenir de la lumière avalée par les ténèbres. *L' âme d'Hermès lui dit que la Lumière était la forme de l'univers spirituel et que les ténèbres tourbillonantes qui avaient englouti la lumière représentait la substance matérielle.*

Ensuite, de la Lumière emprisonnée sortit une mystérieuse et Sainte Parole qui se tint au-dessus des eaux fumantes. *Cette Parole, la voix de la Lumière, s'éleva de l'obscurité comme un grand pilier et le feu et l'air suivirent;* mais la terre et l'eau restèrent indifférentes au-dessous.

Ainsi les eaux de Lumière furent divisées á partir des eaux des ténèbres. A partir des eaux de Lumière furent formés les mondes en haut et des eaux ténébreuses furent formés les mondes en bas. La terre et l'eau se mélangèrent ensuite et devinrent inséparables et *la Parole Spirituelle qui est appelée* Raison *se mouvait au-dessus de leur surface causant un remous sans fin.*

Ensuite la voix de Poimandres se fit entendre á nouveau, mais sa forme cette fois ne fut pas montrée:

'Moi ton Dieu suis la *Lumière et l'Amequi étaient avant que la substance ne soit divisée de l'esprit et l'obscurité de la Lumière.* Et **la Parole qui apparut comme un pilier de flame venant de l' obscuritéest le Fils de Dieu**, *né du mystère de l'Ame.* Le nom de cette Parole est Raison. **La Raison est la progéniture de la Pensée** et *la Raisondivise la Lumière des ténèbres et établit la Vérité au sein des eaux.* Comprend, O Hermès, et médite profondément sur le mystère. *Ce en quoi tu vois et entends n' est pas de la terre mais est la Parole de Dieu incarnée.* Ainsi, il est dit que la Lumière Divine demeure au sein de l' obscurité mortelle et *l' ignorance ne peut les diviser. L'* *union de la Parole et de l'Ame produit le mystère appelé Vie.* Tout comme l'obscurité en-dehors de toi est divisée contre elle-même, l'obscurité au-dedans de toi est aussi divisée. *La Lumière et le feu* *qui s'élèvent sont l'homme divin montant sur le chemin de la Parole* *et ce qui ne parvient pas á s'élever est l'homme mortel qui ne peut* *prendre part á l'immortalité.* **Apprend profondément de l'Ame** **Intelligente et de son mystère car en elle se trouve le secret de l'** **immortalité.**'

Le Dragon de nouveau révéla sa forme á Hermès et pendant un long moment les deux se regardèrent, en accord, de telle sorte qu' Hermès trembla devant le regard de Poimandres. Sur la Parole du Dragon les cieux s'ouvrirent et les innombrables *Puissances de* *Lumière* furent montrées s' élevant á travers le cosmos sur des *roues de feu jaillissant.*

Hermès *vit les esprits des étoiles, les êtres célestes contrôllant* *l'univers,* et toutes ces *Puissances* qui brillent avec l' éclat du Feu Unique, la *gloire* de l'Ame Intelligente Souveraine. Hermès se rendit compte que la vision qu'il avait lui fut révélée seulement parce que Poimandres avait prononcé *une seule Parole.* La Parole était la <u>Raison</u> et par la Raison de la Parole, les choses invisibles sont rendues manifestes. L' Ame Intelligente Divine, le Dragon, continua son discours:

'*Avant que l' univers visible ne soit formé, sa moule fut façonnée.* *Cette moule fut appelé l'Archetype. Cet Archétype était dans l'Ame* *Intelligente Suprême longtemps avant que le processus de la créa-* *tion commença.* Contemplant les Archétypes, l' Ame Intelligente Suprême devint amoureux de sa propre pensée. Ainsi, prenant la Parole comme un marteau puissant, elle creusa des cavernes dans l'espace primordial et établit la forme des sphères dans la moule Archétypique tout en y semant les corps nouvellement formés, les graines des choses vivantes. *L'obscurité en bas, recevant le martèlement de la Parole, fut façonnée en un univers ordonné. Les élements se séparèrent en des couches qui chacune produisit des créatures vivantes.* L'Etre Suprême, l'Ame Intelligente, *mâle et femelle*, produisit la Parole, et la Parole, suspendue entre Lumière et obscurité fut produite á partir d'une autre âme intelligente appelé *l' Ouvrier*, le *Maître-Bâtisseur*, ou le *Faiseur des Choses.* De cette manière ce fut accompli O Hermès: la Parole se mouvant comme le souffle á travers l' espace évoqua le *Feu* par la friction de son mouvment. Par conséquent le Feu est appelé *Fils de L' Effort.* L' Ouvrier passa comme une tornade á travers l' univers amenant les substances á vibrer et luire avec sa friction, le Fils de l' Effort forma ainsi les *Sept gouverneurs*, les Esprits des Planètes dont les orbites bornèrent le monde; et les Sept Gouverneurs contrôlèrent le monde par le pouvoir mystérieux appelé Destin qui leur fut donné par *L' Ouvrier de Feu.* Quand la *seconde âme intelligente* [l'Ouvrier] eut organisé le Chaos, la Parole de Dieu s'éleva immédiatement de sa prison de substance laissant les éléments sans Raison et se joignit á la nature de l'Ouvrier de Feu. Ensuite, la seconde âme intelligente, ensemble avec la Parole qui s' est élevée, s' établit au sein de l'univers et tourna les roues des *Puissances Célestes.* Ceci continu- era d' un commencement infini á une fin infinie et le commencement et la fin sont le même endroit et le même état. Suivit ensuite un mouvement descendant et les éléments qui ne raisonnent pas produisirent les créatures sans Raison. *La subtance ne pouvait pas transmettre la Raison car la Raison était montée du dedans d' elle.* L' air produisit les choses volantes et les eaux celles qui nagent. La terre conçut d' étranges bêtes á quatre pieds, celles qui rampent, des dragons, et des monstres grotesques. Après cela, **le Père, l'Ame Intelligente Suprême**, *étant Lumière et Vie*, façonna un Homme Universel glorieux á son propre image, pas un homme terrestre mais un Homme céleste demeurant dans la Lumière de Dieu. L'Ame Intelligente Suprême aima l'Homme et lui donna le contrôle des créations et des habiletés. L' Homme désirant travailler, établit sa demeure dans la sphère de la génération et observa les travaux de son frère la seconde âme intelligente qui était assis sur l'*Anneau de Feu*. Ayant comtempler les réalisations de L'*Ouvrier de Feu*, il voulut aussi faire des choses; et son Père lui en donna la permission. Les Sept Gouverneurs dont il partgeait les pouvoirs se rejouirent et chacun donna á l' Homme céleste une part de sa propre nature. L' Homme aspira á percer le pourtour des cercles et comprendre le mystère de Celui qui était assis sur le *Feu Eternel*. Ayant déjá tout le pouvoir, il se baissa et jeta un coup d'oeil par les *Sept Harmonies* et, forçant le passage á travers les cercles se rendit manifeste á la Nature étendue en-dessous. L' Homme regardant dans les profondeurs sourit car il vit une ombre sur la terre et une ressemblance se réfléter dans les eaux, qui étaient le reflet de Lui-même. L' Homme tomba amoureux de sa propre ombre et désira descendre en elle. La Chose Intelligente s' unit donc avec l' image ou forme non-raisonnante. La Nature, contemplant la descente s' enveloppa autour de l' Homme qu' elle aimait et les deux se mélangèrent. Pour cette raison, l' homme terrestre est composite. Au-dedans de lui se trouve l' Homme Céleste, immortel et merveilleux; et extérieurement, il est Nature, mortelle et destructible. Ainsi, la souffrance est le résultat du fait que l' Homme Immortel soit tombé amoureux de son ombre, abandonnant la Réalité pour demeurer dans l' obscurité de l' illusion. Car étant immortel, l' homme a le pouvoir des Sept Gouverneurs et aussi la Vie, la Lumière, et la Parole; mais étant mortel, il est contrôlé par les Anneaux des Gouverneurs: le Sort ou le Destin. Il doit être dit que l' Homme Immortel est hermaphrodite, ou mâle et femelle, et éternellement vigilant. Il ne sommeil ni ne dort et est gouverné par *un* **Père aussi mâle et femelle** et tout le temps vigilant. Tel est le mystère gardé caché jusqu' á ce jour car la Nature étant impliquée en marriage avec l' Homme Céleste produisit une grande merveille: sept hommes, tous bisexuels, mâle et femelle, et de stature droite, chacun illustrant les natures des Sept Gouverneurs. Ceux-ci O Hermès, sont les sept races, espèces, *et roues*. De cette mannière les sept hommes furent générés. La terre était l'élément femelle et l'eau l'élément mâle, et du *feu et de l' æther* ils reçurent leur esprits, et la Nature produisit des corps selon les espèces et les formes des hommes. Et l' homme reçut la Vie et la Lumière du Grand Dragon, *son âme fut faite avec la Vie et son esprit avec la lumière*. Et ainsi, toutes ces créatures composites contenant l' immortalité mais aussi prenant part á la mortalité continuèrent dans cet état pendant la durée d'une période. Elles se reproduisirent á partir d'elles-mêmes car chacune était mâle et femelle. Mais á la fin de la période, le noeud du Destin fut uni par la volonté de Dieu et le lien de toutes les choses fut desserré. Après cela, toutes les créatures incluant l' homme, qui avaient été her-maphrodites, furent séparées: les mâles á part et les femelles également á part selon les dictats de la Raison. Ensuite, Dieu parla á la Sainte Parole au-dedans de l'âme de toutes les choses disant: "Multipliez-vous, toutes mes créatures et productions. *Que celui qui est doté d' une âme intelligente sache qu' il est immortel, que la cause de la mort est l' amour du corps, et qu' il apprenne toutes les choses qui sont car celui qui s' est reconnu lui-même entre dans l' état de bien*. Et quand Dieu dit ceci, la Providence, avec l'aide des Sept Gouverneurs et l' Harmonie amenèrent les sexes ensemble faisant le mélange et établissant les générations; et toutes les choses furent multipliées selon leurs genres. Celui qui par l'erreur de l' attachement aime son corps erre dans l' obscurité, sensible, et souffrant les choses de la mort. Mais celui qui réalise que le corps est la tombe de son âme s'élève vers l' immortalité.'

Ensuite, Hermès désira savoir pourquoi les hommes doivent être privés de l' immortalité rien qu' á cause du péché d' ignorance. Le Grand Dragon répondit:

'Pour les ignorants, le corps est suprême et ils sont incapables de se rendre compte de l' immortalité qui est en eux. Connaissant seulement le corps qui est sujet á la mort, ils croient en la mort parce qu' ils adorent *la substance qui est la cause et la réalité de la mort.*'

Ensuite Hermès demanda comment ceux qui sont droits et sages vont á Dieu et Poimandres répliqua:

'Le Père de toute les choses est *Vie et Lumière dont l' homme est fait. Si donc un homme apprend et comprend la nature de la Vie et de la Lumière, alors il passera dans l' éternité de la Vie et de la Lumière.*'

Hermès s' enquit ensuite de la route par lequel le sage atteint la vie éternelle et Poimandres continua:

'Que l' homme qui a une âme intelligente considère et apprend de lui-même et qu' avec la puissance de cette âme il se sépare de son non-moi et devient un serviteur de la réalité.'

Hermès demanda si tous les hommes n' avaient pas des âmes intelligentes et le Grand Dragon répliqua:

'Fait attention á ce que tu dis car je suis l' Ame Intelligente, l' Eternel Enseignant. *Je suis le Père de la Parole, le rédempteur de tous les hommes, et dans la nature du sage la Parole se fait chair. Par le biais de la Parole, le monde est sauvé. Moi la Pensée* [Thoth], le *Père de la Parole, L'Ame Intelligente vient seulement á ceux qui sont saints et bons, pures et cléments, et qui vivent pieusement et religieusement; et ma présence est une inspiration et une aide pour eux car quand je vient, ils connaissent immédiatement toutes choses et adorent le Père Universel.* Avant que ces humains sages et philosophes ne meurent, ils apprennent á renoncer á leurs sens connaissant que ces sens sont les ennemis de leurs âmes immortelles. Je ne permettrai pas que les sens mauvais prennent contrôle des corps de ceux qui m' aiment ni n' autoriserai les mauvaises émotions et les mauvaises pensées á entrer en eux. Je deviens comme un portier et élimine le mal protégeant les sages de leur propre basse nature. *Mais au méchant, au cupide, et á l' envieux, je ne vient pas car de pareilles personnes ne peuvent comprendre les mystères de l' Ame Intelligente*; par conséquent je ne suis pas le bienvenu. Je les laisse au démon vengeur qu' ils produisent dans leurs propres âmes car chaque jour mauvais s' accroît et tourmente l' homme de façon plus vive et chaque mauvaise action ajoute aux mauvaises actions passées jusqu' á ce que le mal se détruise lui-même. La punition du désire est l' agonie de l' inaccomplissement.'

Hermès inclina sa tête en remerciement au Grand Dragon qui lui avait appris si tant et supplia d'entendre plus concernant le devenir ultime de l' âme humaine. Poimandres reprit donc:

"*A la mort, le corps matériel de l' homme retourne aux éléments d' où il vint et l' invisible homme divin monte á la source d' où il vint*, nommément la *Huitième Sphère*. Le maléfique va á la demeure du démon et les sens, sentiments, désires, et corps de passions retournent á leur source á savoir les Septs Gouverneurs dont les natures dans l' homme inférieur détruisent mais donnent la vie dans l' homme spirituel invisible. Après que la nature inférieure soit retournée á la bestialité, celle supérieure lutte á nouveau pour regagner ses possessions spirituelles. Elle gravit les sept Anneaux sur lesquels s' asseyent les Sept Gouverneurs et retourne á chacun leurs pouvoirs inférieurs de la manière suivante: sur le premier anneau est assise la Lune et á la Lune est retournée la capacité d' augmenter et de diminuer; sur le second anneau est assis Mercure et á Mercure sont retournées les machinations, la malhonnêteté, et la ruse; sur le troisième anneau est assise Vénus et á Vénus sont retournées les convoitises et les passions; sur le quatrième anneau est assis le Soleil et á ce Seigneur sont retournées les ambitions; sur le cinquième anneau est assis Mars et á Mars sont retournées la précipitation et la hardiesse profane; sur le sixième anneau est assis Jupiter et á Jupiter sont retournés le sense de l' accumulation et les richesses; et sur le septième anneau est assis Saturne á la Porte du

Chaos et á Saturne sont retournés le mensonge et la trame de complots maléfiques. Ensuite, étant ainsi *devenu nu*, l' âme vient á la *Huitième Sphère ou l' anneau des étoiles fixes*. Là, libérée de toute illusion, elle demeure dans la Lumière et chante des louanges au Père en une voix que seul le pure d' âme peut comprendre. Regarde O Hermès, il y a un grand mystère dans la Huitième Sphère car la Voix Lactée est l' endroit d' origine des graines d' âmes et á partir d' elle, les âmes passent par les Anneaux et y retournent en provenance des roues de Saturne. Mais certains ne peuvent grimper l' échelle á sept barreaux des Anneaux. Ils errent donc dans l'obscurité en bas et sont balayés dans l' éternité avec l' illusion des sens terrestres. *Le chemin vers l' immortalité est difficile et seulement peu le trouvent.* Le reste attend le Grand Jour quand les *roues de l' univers* seront arrêtées et les étincelles immortelles s' échapperont des fourreaux de substance. Malheur á ceux qui attendent car ils doivent retourner á nouveau, inconscients et ignorants, á l' endroit où se trouvent les graines d' étoiles, et *attendre un nouveau commencement*. Ceux qui sont sauvés par la lumière du mystère que je t' ai révélé O Hermès et que je te demande maintenant d' établir au milieu des hommes, retourneront á nouveau au Père qui demeure dans la Lumière Blanche. Ils se livreront eux-mêmes á la Lumière et y seront absorbés et dans la Lumière, ils deviendront des Puissances en Dieu. Ceci est le chemin du Bien et il est révélé seulement á ceux qui ont la sagesse. Béni es-tu O Fils de Lumière, á qui, parmi tous les hommes, Moi, Poimandres, me suis révélé. Je t'ordonne d' avancer pour *devenir comme un guide á ceux qui errent dans l' obscurité afin que tous les hommes en qui demeure mon Ame Intelligente [l'Ame Universelle] soient sauvés par mon Ame Intelligente en toi qui évoquera mon Ame Intelligente en eux.* Etablit Mes Mystères et ils ne failliront pas car Je suis l'Ame Intelligente des Mystères et jusqu' á ce que l'Ame Intelligente échoue [qui est jamais], mes Mystères ne peuvent échouer.'

Avec ces mots d'adieu, Poimandres, rayonnant avec une lumière céleste, disparut se mélangeant aux *puissances des cieux*. Levant ses yeux vers les cieux, Hermès bénit le Père de Toutes les Choses et consacra sa vie au service de la Grande Lumière.

Hermès prêcha en ces termes: '*O gens de la terre, hommes nés des éléments et faits avec les éléments mais ayant l' esprit de l' Homme Divin en vous, levez vous de votre sommeil d' ignorance! Soyez sobres et réfléchis. Rendez vous compte que votre maison n' est pas sur la terre mais dans la Lumière. **Pourquoi vous êtes vous livrés á la mort ayant le pouvoir de prendre part á l' immortalité?** Repentez-vous et changez vos âmes. Quittez la lumière noire et abandonnez la corruption pour toujours. Préparez vous á grimper á travers les Sept Anneaux et á mélanger vos âmes avec la Lumière éternelle.*'

Certains qui entendirent se moquèrent, dédaignèrent, et allèrent leurs voies se livrant á la *Seconde Mort pour laquelle il n' y a pas de salut*. Mais d' autres, se jetant aux pieds d' Hermès l' implorèrent de leur enseigner le *Chemin de la Vie*. Il les releva avec douceur *ne recevant aucune approbation pour lui-même* et canne á la main s' en alla *enseigner et guider l' humanité montrant comment le salut peut être obtenu*. Dans les mondes des hommes, Hermès *sema les graines de la sagesse* et nourrit ces graines avec les *Eaux Immortelles*.

Et enfin vint le soir de sa vie et comme l' éclat de la lumière de la terre commençait á s' estomper, Hermès commanda á ses disciples de préserver ses doctrines sans violation á travers tous les âges. Il mit par écrit la *Vision de Poimandres* afin que tous les hommes désirant l' immortalité puissent y trouver leur voie.

En concluant son exposition de la *Vision*, Hermès écrivit: 'Le sommeil du corps est la vigilance sobre de l' âme et la fermeture de mes yeux révèle la vraie Lumière. Mon silence est rempli de vie bourgeonnante, d' espoir et de bien. Mes mots sont les fleurs des fruits de l' arbre de mon âme. Car ceci est le rapport fidèle de ce que je reçus de ma vraie Ame Intelligente, qui est Poimandres, le Grand Dragon, le Seigneur de la Parole á travers qui je devins inspiré par Dieu avec la Vérité. Depuis ce jour, mon Ame Intelligente a toujours été avec moi et dans ma propre âme a donné naissance á la Parole. *La Parole est Raison et la Raison m' a racheté.* C' est pourquoi, de toute mon âme et toute ma force je loue et bénis Dieu le Père, la Vie et la Lumière, et le Bien Eternel.

Saint est Dieu, le Père de toutes les choses, Celui qui est avant le Premier Commencement.

Saint est Dieu dont la volonté est accomplie par ses propres *Puissances auxquelles il a donné naissance á partir de Lui-Même.*

Saint est Dieu qui a déterminé qu'il sera connu et qui est connu par celui qui est sien á qui il se révèle.

Saint es tu, *toi qui par ta Parole [Raison] a établi toutes choses.*

Saint es tu, toi dont toute la Nature est l' image.

Saint es tu, toi que la nature inférieure n' a pas formé.

Saint es tu, toi qui est plus fort que toutes les *puissances.*

Saint es tu, toi qui est plus grand que toute excellence.

Saint es tu, toi qui est meilleur que toute louange.

Accepte ces *sacrifices raisonables* venant d' une âme pure et d' un coeur tendu vers Toi.

O toi l'indicible, l'imprononçable, qui doit être loué en silence!

Je t'implore de jeter un regard favorable sur moi afin que je ne m' éloigne pas de la connaissance de toi et que je puisse éclairer ceux qui sont dans l'ignorance, mes frères et tes fils.

Par conséquent, je crois en toi, te rends témoignage, et pars en paix et dans la vérité dans ta Lumière et Vie.

Béni es tu O Père! L' homme que tu as façonné serait sanctifié avec toi comme tu lui as donné le pouvoir de sanctifier d'autres avec ta Parole et ta Vérité.'

La *Vision d' Hermès*, comme presque toutes les écritures hermétiques est une exposition allégorique de grande vérités philo-sophiques et mystiques et son sens caché peu être compris seule-ment par ceux qui ont été "élevés" dans la présence de l'Ame Intelligente Vraie[20].

Shintoïsme

Le shintoïsme est une ancienne religion née au Japon. Ses textes fondamentaux sont le Kojiki [datant de l'an 712] et le Nihongi [an 720] qui sont des enregistrements des mythes et traditions précédemment transmis oralement. Dans l'ancien Japon, il y avaient des festivals locaux et saisonniers et des sanctuaires en l' honneur d'innombrables divinités et forces surnaturelles avec des légendes de la création et la descente des dieux pour peupler le territoire. Le shintoïsme a peu de théologie et pas d'adoration en congrégations.

Les divinités:

Izanagi: premier dieu de la terre qui créa le monde. Père d'Ama-terasu, Tsuki-Yome, et Susano

Izanami: femme d'Izanagi et première déesse de la terre

Kagu-Zuchi: dieu du feu, aussi connu comme Ho-Masubi [ou ce-lui qui cause le feu]; le dernier enfant d' Izanagi et d' Izanami. Sa naissance tua sa mère. Il était important d'apaiser Ho-Masubi durant la saison venteuse du Japon, quand les maisons de bois étaient enclines á être détruites par le feu.

---

[20] Hall, The Secret Teachings of All Ages, 97-106.

Amaterasu: déesse du soleil et dirigeante du ciel

Tsuki-Yome: frère d'Amaterasu et dieu de la lune

Susano: méchant dieu de la tempête et frère de Tsuki-Yome et d'Amaterasu

Wakahiru-Me: jeune soeur d' Amaterasu, probablement une déesse du soleil levant

Kusa-Nada-Hime: 'princesse des champs de riz' et femme du maléfique Susano

O-Kuni-Nushi: dieu de la médecine et de la sorcellerie, fils de Susano

Ame-No-Oshido-Mimi: fils d' Amaterasu qu' elle envoya pour contrôler la terre, mais il refusa d' y aller parce que la terre était trop remplie de désordre

Ninigi: petit-fils d'Amaterasu qui fut finalement envoyé pour régner sur la terre

Kono-Hana-Sukuya-Hime: fille d' un dieu de la montagne et femme de Ninigi

Takami-Musubi: un des chefs assistants d'Amaterasu

Amo-No-Uzume: divinité solaire, considérée comme la déesse de l' aube

Inari: dieu du riz et de la prospérité

Le mythe de la création du shintoïsme comme présenté par Grange Books

Au commencement, il n' y avait rien que l' oeuf informe de gaz tourbillonnant. Lentement, les parties légères s' élevèrent pour former les cieux et le matériel plus sombre et plus dense tomba pour former la terre. Trois dieux se créèrent eux-mêmes et se cachèrent dans le ciel. Les masses de terre circulèrent sur la surface de la terre jusqu' á ce qu' éventuellement quelque chose apparut flottant entre le ciel et la terre. Cette chose ressemblait á la première pousse du nouveau roseau et deux dieux naquirent de cela et se cachèrent aussi. Sept autres dieux naquirent de cette manière, les deux derniers étant Izanagi et Izanami.

Izanagi et Izanami reçurent des dieux célestes le commendement 'd' achever et de solidifier les terres dérivantes;' en d' autres mots de former les Iles Japonaises.

Se tenant sur le 'Pont Flottant du Ciel,' ils se demandèrent s' il y avait quelque chose au-dessous d'eux et plongèrent donc la Lance-Ornée-de-Pierres-Précieuses du ciel dans la mer en-dessous pour s' en rendre compte. Ils agitèrent l'eau de mer avec du son et quand ils soulevèrent la lance á nouveau, l'eau de mer ruisselant de la lance s'accumula et devint l' Ile d' Onokoro. Descendant des cieux, Izanagi et Izanami decidèrent d' y bâtir leur maison et enfoncèrent la lance dans le sol pour former le Pilier Céleste.

Découvrant que leurs corps étaient différemment formés, Izanagi demanda á son épouse Izanami si elle voulait bien donner naissance á de la terre afin de produire plus d' îles. Quand elle fut d' accord, ils inventèrent un rituel de marriage: ils marchèrent autour du Pilier Céleste en des directions opposées. Quand ils se rencontrèrent, Izanami dit 'Que c'est magnifique! J' ai rencontré un bel homme!' et ils firent l' amour.

Au lieu de produire une île, cependant, elle donna naissance á un enfant sangsue, deformé, qu'ils laissèrent dériver sur la mer dans une pirogue fait de roseaux. Ils retournèrent au ciel pour consulter les dieux qui leur dirent que leur erreur se trouve dans le rituel de marriage: Izanami n'aurait pas dû parler premièrement quand ils s' étaient rencontrés autour du piler car il n' appartient pas a une femme d' initier une conversation.

Dans le but d'avoir des enfants, ils répétèrent le rituel et cette fois, Izanagi parla premièrement. A leur retour sur terre, ils essayèrent á nouveau et furent couronnés de succès. Au fil du temps,

Izanami donna naissance á toutes les îles du Japon. Ils produisirent des dieux pour embellir les îles: les dieux du vent, des arbres, des fleuves et montagnes; achevant la création du Japon. Le dernier dieu produit par Izanami était le dieu du feu dont la naissance brûla ses parties génitales si gravement qu' elle mourut.

Cependant, en mourant, elle continua á produire plus de dieux de son vomi, de son urine, et de ses excrétions. Izanagi était si en colère qu' il décapita le dieu du feu, mais des gouttes de son sang tombèrent produisant toujours plus de dieux. Les savants des dernières années de la période Edo [18ème siècle-début 19ème siècle] considérèrent le pilier simplement comme un symbole phallique. Ce pilier ressemble clairement á l'arbre de Mai Européen qui est con-sidéré comme capturant le pouvoir vital latent dans un arbre et qui est aussi relié á l'ancienne croyance japonaise selon laquelle les processions autour de hautes arbres sont nécessaires pour faire descendre les divinités qui vivent dans les cieux ou dans les hautes montagnes.

Après avoir donné naissance á de nombreuses îles et d' autres composants de la nature [chutes d'eau, montagnes, arbres, herbes, et vent], Izanami mourut d' une terrible fièvre. Izanagi la suivit á Yomi, le pays des morts mais arriva trop en retard á un moment où la retourner au pays des vivants était impossible. Elle demanda á Izanagi de l' attendre patiemment alors qu' elle discute avec les dieux pour voir si elle pouvait retourner, mais il ne put.

Impatient, il entra dans le hall et ce qu' il vit était affreux: des vers se tortillaient bruyamment dans le corps d' Izanami. Dans sa tête était Grand-Vacarme, dans son sein était Vacarme-de-Feu, dans ses parties génitales était Vacarme-Claquant, dans sa main droite était Vacarme-de-Terre, dans son pied gauche était Vacarme-Résonnant, dans son pied droit était Vacarme-Recyclant. Au total il y avait huit divinités du vacarme.

Izanagi effrayé par la vue d' Izanami se retourna, et s' enfuit. Honnie par les actions d' Izanagi, Izanami envoya les sorcières de Yomi á sa poursuite mais il leur échappa utilisant des tours de magie. Quand il arriva á la frontière entre le pays des vivants et les enfers, il attaqua ses poursuivantes avec *trois pêches* qu' il avait trouvé aux alentours. Elles bâtirent toutes en retraite aussi vite qu'elles purent. Alors Izanagi dit aux pêches 'Juste comme vous m' avez sauver, quand quiconque parmi la race des hommes mortels tombe dans la peine et souffre dans l' angoisse, vous les sauverez aussi.'

Finalement, Izanami elle-même vint en poursuite d' Izanagi. Il tira un énormre rocher á travers le col qui va de Yomi au pays des vivants, et Izanagi et Izanami se tirent debout face á face sur chaque côté du rocher.

Izanami dit alors: 'O mon mari bien aimé, si tu fais ceci j' étranglerai á mort 1,000 personnes de la populace de ton pays.' A ceci, Izanagi répliqua: 'O mon épouse bien aimée, si tu fais ceci, je construirai 1,500 cases d' accouchement' signifiant que ce nombre de personnes naîtra. Elle lui dit qu' il doit accepter sa mort et Izanagi promit de ne plus la visiter. Ensuite il déclarèrent formellement la fin de leur mariage. Leur séparation ou divorce est le commencement de la mortalité.

A son retour au pays des vivants, Izanagi se débarassa des effets souillants de sa descente dans les enfers en subissant une purification. Il arriva á la plaine aux environs de l' embouchure du fleuve où il enleva ses habits et les articles portés sur son corps. Lorsque chaque objet tomba sur le sol, une divinité vint en existence.

Et comme Izanagi entra dans l'eau pour se laver, encore plus de dieux furent créés. Finalement, les plus importants dieux dans le panthéon japonais furent créés quand il lava son visage. Quand il essuya son oeil gauche, Amaterasu, la déesse du soleil naquit; le dieu de la lune Tsuki-Yome emergea de son oeil droit; et le dieu de la tempête sortit de son nez.

Izanagi décida de diviser le monde entre ses trois enfants instruisant Amaterasu de diriger le ciel, Tsuki-Yome de diriger la nuit, et Susano de diriger les mers. Susano cependant dit qu' il préferrerait aller aux enfers avec sa mère décédée et Izanagi le banni donc avant de se retirer du monde pour vivre en haut-ciel.

De toutes les histoires racontées sur Amaterasu, celle de son retrait de travail est bien connue. La plus belle des enfants d' Izanagi et d'Izanami, Amaterasu, grimpa le pilier connectant la terre et le ciel pour diriger le ciel. Avant son bannissement á Yomi, Susano annonça qu' il voulait d' abord dire au revoir á sa soeur.

Il était jaloux de la beauté et de la supériorité de sa soeur. Se méfiant des intentions de son frère, Amaterasu s' arma d' une arc et de flèches avant de le rencontrer. Susano cependant la charma en suggérant qu' ils produisent des enfants ensemble en signe de bonne foi. Amaterasu accepta et lui demanda son épée. Elle la brisa en trois pièces et en croquant chaque morceau créa les déesses avec son souffle.

Susano demanda les cinq colliers d' Amaterasu qu' il mâcha jusqu' á produire cinq dieux. Une bataille pour la garde de ces dieux suivit car Amaterasu les réclama comme ses enfants puiqu' ils avaient été créés á partir de ses bijoux. Son frère cependant pensa qu' il avait dupé Amatérasu et célébra en détruisant les murs des champs de riz, bloquant les canaux d' irrigation, et créant des défauts dans la structure du temple où le festival de la récolte devait se tenir. Sa conduite affreuse sema les graines de leur hostilité.

Un jour, alors qu' Amaterasu tissait des habits aux dieux, Susano lança un cheval écorché á travers le toit de la salle de tissage terrifiant une de ses assistantes si tant qu' elle piqua son doigt et mourrut. Amaterasu elle-même était si effrayée qu' elle se cacha dans une cave bloquant l' entrée avec une énorme roche.

Sans la déesse du soleil, le monde était plongé dans l' obscurité et le chaos. Les champs de riz furent mis en jachère, les dieux se comportèrent mal, et une assemblée de 800 divinités se reunit pour discuter de comment leurrer Amaterasu en dehors de sa cave. Ils suivirent un plan présenté par Omobikane, 'la divinité-qui-combine-les-pensées' qui suggéra d' attiser sa curiosité afin de la faire sortir de sa cave sombre. Ils décorèrent un arbre avec des offrandes et des bijoux, allumèrent des feux, jouèrent au tambour, la provoquant avec la beauté d' une autre déesse. Ils disposèrent un mirroir magique en dehors de la cave, rassemblèrent des coqs pour chanter, et persuadèrent la déesse de l' aube, Amo No Uzume de danser sur ce chant. Complètement emballée, celle-ci commença á enlever ses habits au grand amusement des autres dieux qui l' appelèrent la "Terrible femelle du Ciel".

Comme ils l' avaient espéré, Amaterasu jeta un coup d' oeil au dehors pour voir ce qui se passait. Les dieux répliquèrent qu' ils célébraient car ils avaient trouvé sa successeuse qui était même meilleure qu' elle. Sortant de la cave, Amaterasu vit son image dans le mirroir magique et 'la divinité mâle á-la-main-puissante,' Tajikawa, la tira de la cave la bloquant pour empêcher Amaterasu d' y retourner. La nature fut restaurée et depuis ce temps le monde a vécut un cycle normal du jour et de la nuit. Le mirroir fut confié au premier empereur mythique du Japon comme preuve de son pouvoir divin.

Les 800 dieux punirent Susano en lui infligeant une amende, coupant sa barbe et sa moustache, arranchant les ongles de ses doigts et de ses orteils, et l' expulsant du ciel.

Il fut dit que le Japon a été créé par la volonté de la déesse du soleil Amaterasu et l' emblème du drapeau japonais montre la fierté manifeste du peuple dans son origine. Amaterasu est supposée être l' ancêtre directe de la famille impériale japonaise et un mirroir, le Yata Hagami, constitue une partie des insignes impériales. Des tableaux de son émergence de la cave la montre tenant une épée qu' elle légua á son petit-fils Ninigi et qui est une autre partie des insignes royales. L'obéissance qui était dûe á l' empereur continue de trouver un écho dans la vénération de la déesse du soleil.

Le Japon est un pays montagneux avec plus de 60 volcans actifs et est sujet aux tremblements de terre. A Tokyo il est fréquent de sentir les chocs presque tous les jours. Par conséquent, il n'est pas surprenant que les japonais vénèrent les dieux des montagnes et presque chaque montagne a sa propre divinité adorée par la population locale[21].

Afrique Sub-Saharienne: les cultures Fon et Yoruba de l'Afrique de l' Ouest

Les divinités:
La culture Fon du Bénin/Dahomey

Mawu-Lisa: Mawu-Lisa est une *divinité avec deux visages*. Le premier est celui d' une *femme*, Mawu, dont les yeux sont la lune; et le second est celui d' un *homme*, Lisa, dont les yeux sont le soleil. Mawu dirige la nuit et Lisa dirige le jour.

Aïdo-Hwêdo: le serpent Arc-en-ciel est le serviteur de Mawu qui bénéficia de son aide pour créer˜le monde. Comme Mawu-Lisa, Aïdo-Hwêdo est une forme jumellée mâle-femelle; une moitié vie dans le ciel et l' autre dans la mer. La sécurité du monde dépend de cette seconde moitié

---

[21]*Japanese Gods and Myths,* Ancient cultures. Hoo, nr (Rochester, Kent: Grange Books, 1998), 18-30.

Da-Zodji: dieu de la terre
So: dieu du tonnere
Agbé: dieu de la mer
Gu: dieu du fer et de la guerre
Lègba: dieu malfaisant de la divination [fa]
Gbadu: soeur duelle de Lègba qui a seize yeux et vie au sommet du palmier veillant sur le monde entier. Un devin terrestre du Fa apprend la volonté de Mawu en lançant des noix de palmier pour ouvrir les yeux de Gbadu[22].
Sakpata: dieu de la variole

La culture Yoruba du Nigeria et du Dahomey/Benin

Les Yorubas constituent une peuplade ouest-africaine rencontrée dans des pays comme le Nigéria, la République du Bénin, le Togo, le Ghana, la Côte d' Ivoire, le Libéria, et la Sierra Leone. Il y a aussi un nombre significatif de Yorubas au Brézil, á Cuba, aux U.S.A., etc....

Attributs du Dieu Suprême

Olodumare, Olorun, le Dieu Suprême, est réel, unique, et incomparable. Ce Dieu est un, le seul Dieu de tout l' univers, créateur, roi, omnipotent, tout sage, tout connaissant, voyant tout, éternel, immortel, et transcendant. Ce Dieu est immortel et saint.

Olodumare est l'origine et la fondation de tout ce qui existe; le point de départ, le cadre de référence de toutes les autres choses.

---

[22] Wilkinson, Philip, and Neil Philip, *Mythology*, 240-241.

Les Yorubas ne classent jamais Olorun qui est l'Ainé [le créateur] avec les divinités des créatures. Ils savent qu' il est au-dessus de toute divinité et de tout homme. Dans le concept Yoruba, le Dieu Suprême est proche de sa création.

Certains noms de Dieu sont: Modeleur, Créateur des âmes, Donneur de Souffle, Dieu des destinées, Donneur de la pluie, Celui qui amène les saisons, Donneur de lumière solaire, sans limite, l' Irrésistible, le Sage, la Grande Mère, Plus Grand Ami, Dieu plein de pitié, Dieu de confort, le Haut, le Chef Supérieur du ciel, l' Inexplicable, Eledaa, Alaaye, Olojo oni, Oyigiyigi, Oba Aiku.

Les dieux sont les ministres de Dieu. L' Etre Suprême amena en existence un nombre de divinités et d' esprits pour agir comme ses fonctionnaires dans son gouvernement théocratique du monde. Ces divinités appartiennent á des catégories différentes mais elles servent toutes la volonté de l' Etre Suprême.

Les dieux intermédiaires

Les dieux ou Orishas sont l'objet d'adoration et de dévotion religieuse, cérémonielle, ou loyale. Ils sont vus comme étant en position intermédiaire entre les humains et Olodumare. Les opinions varient sur le nombre des dieux: 200, 201, 400, 401, 460, 600, 601, 1700, et même plus selon les sources.

Les rôles joués par les dieux en relation aux êtres humains sont nombreux et variés.

Quelques dieux Yorubas

Ogun: dieu du fer et de la guerre
Shango: dieu du tonnerre et de la justice

Orumila: déesse de la divination et du destin.

Le mythe de la création de la culture Fon du Dahomey/ Bénin comme rapporté par Wilkinson Philip et Neil Philip

Quand Mawu faisait le monde, Aïdo-Hwêdo, le serpent Arc-en-ciel était son serviteur. Il est dit qu' il vint en existence avec le premier homme et la première femme, Adanhu et Yéwa. Aïdo-Hwêdo transportait Mawu dans sa bouche quelque soit l'endroit où elle voulait aller. C'est pourquoi la terre est courbe: taillé par les mouvements sinueux du serpent. Aux endroits où ils se reposaient, naissaient des montagnes qui sont les excréments d'Aïdo-Hwêdo. C'est pour cette raison que les grandes richesses [les métaux] peuvent être trouvées dans les montagnes aujourd' hui.

Quand Mawu eut fini son travail de crétaion, elle vit qu' elle avait fait trop de choses: trop d'arbres, trop de montagnes, etc... La terre ne pouvait pas supporter ce poids. Elle demanda donc á Aïdo-Hwêdo de s' enrouler en cercle au-dessous de la terre pour la soutenir. Aïdo-Hwêdo n' aimait pas la chaleur et Mawu fit la mer froide comme maison pour lui. Quand la terre le frotte et l' irrite, Aïdo-Hwêdo se déplace et cause des tremblements de terre. Il mange des barres de fer forgées pour lui par les singes rouges qui vivent en dessous de la terre et quand il n' y a plus de fer, Aïdo-Hwêdo commence á être affamé. Il convulse et la terre avec toutes ses charges basculent dans la mer.

Mawu-Lisa, le *créateur mâle-femelle* devint enceinte et donna naissance á sept enfants incluant Da Zodji, dieu de la terre; So, dieu du tonnerre; Agbé, dieu de la mer; et Gu, dieu du fer et de la guerre. La moitié femelle du dieu peupla ainsi la terre et envoya sa moitié mâle avec Gu pour enseigner aux gens comment vivre. Mawu fit ainsi les animaux et trouva qu' un d'entre eux avait besoin d' une lesson de bonne conduite.

Après que Mawu ait créé les gens, elle commença á créer tous les animaux. Elle leur dit qu' elle leur donnerait des noms quand elle aurait finit sa tâche et qu' ils doivent d' abord l' aider á travailler l'argile de laquelle elle modèlerait plus de créatures. Tous les animaux commencèrent á pétrir l' argile, l'amollissant afin qu'elle soit prête á être utilisée par les mains créatrices de Mawu. Il arriva que Mawu remarqua le singe qu' elle avait fait et dit: 'Comme tu as cinq doigts á chaque main, si tu travail bien je te mettrai parmi les hommes, pas parmi les animaux.'

Le singe fut très content de cette perspective. Il fit le tour des autres animaux: le lion, l' éléphant, la hyène, et tout le reste, se vantant qu' il était de loin meilleur qu' eux. 'Demain, je ne serai pas parmi vous animaux, je serai un homme' dit le singe visiblement satisfait de lui-même. Il était si occupé á crâner qu' il ne fit aucun travail. Quand Mawu revint, elle vit singe tappant ses mains et chantant: 'Demain je serai un homme.' Mawu était si fâchée qu' elle donna un coup de pied á la stupide créature et lui dit: 'Tu seras toujours Singe et tu ne marchera jamais droit.'

Chapitre 5

Compréhension des divinités dans quelques nouveaux mouvements religieux

Swedenborgisme

LA compréhension swedenborgienne des divinités et du surnaturel apparaît principalement dans les écrits d'Emmanuel Swedenborg [1688-1772], *Le Ciel et l' Enfer*.

Pour Swedenborg, avant tout, *nous avons besoin de connaître
qui le Dieu du ciel est puisque tout autre chose dépend de ceci.*

Selon son expérience mystique, il n' y a pas d' autre Dieu que
Jésus- Christ et le Seigneur apparaît dans *une forme angélique
divine qui est une forme humaine.* Il apparaît ainsi aux gens qui
reconnaissent et qui ont confiance en un Etre Divin visible mais pas
á ceux qui reconnaissent et ont confiance en un Etre Divin qui est
invisible et sans forme. Swedenborg trouve confirmation de cette

forme du Divin dans la manière où elle apparut á Abraham, Lot, Josué, Gédéon, Manoah et sa femme, ainsi qu' á d' autres personnes. Malgré qu' ils virent Dieu en tant qu'une personne, ils continuèrent de l'adorer comme le Dieu de l'Univers, l' appelant *'Dieu du ciel et de la terre'* et *'Jéhovah'* ajoute-t-il. Pour Swedenborg, dans Jean 8:56, le Seigneur lui-même enseigne que ce fut lui qu'Abraham vit. Cependant, Swedenborg ne dit rien concernant Dieu le Père dont Jésus lui-même parla. Des passages bibliques contredisant cette idée de Dieu que développa Swedenborg seront ultérieurement présentés.

Swedenborg affirma aussi que le soleil du ciel est le Seigneur. La lumière dans le ciel est la vérité et la chaleur divine; le bien divin qui irradie du Seigneur comme du soleil. La raison pour laquelle le Seigneur dans le ciel apparaît comme le soleil, continue Swedenborg, est qu' il est l' amour divin duquel toutes les choses spirituelles vinrent en existence; et par l' action du soleil de notre monde, toutes les choses naturelles également. *Cet amour est ce qui brille comme le soleil.*

Tous les anges proviennent du genre humain. Ils veulent que Swedenborg témoigne en leur nom que dans tout le ciel, Il n' y a pas un seul ange qui fut créé comme tel au commencement, ni qu' il y ait dans tout l'enfer un diable qui fut créé comme ange puis bannit.

Puisque le ciel provient de la race humaine, ce qui signifie qu' il y a des anges des deux sexes; puisque par la création elle-même la femme est pour l' homme et l' homme pour la femme; et puisque cet amour est inné dans les deux sexes; il s' en suit qu' il y a des marriages dans les cieux juste comme il y en a sur la terre. Cependant, les marriages dans le ciel sont très différents de ceux terrestres. Ici aussi, Swedenborg contredit son Seigneur Jésus qui dit qu' il n' y a pas de marriage dans le Ciel [Matthew 22: 30 et Mark 12: 25]; si on en croit le Nouveau Testament.

La théosophie, Helena Blavatsky, et le Temple du Peuple

Les principales compréhensions théosophiques des divinités se trouvent dans *La Doctrine Secrète* et *Isis Révélée*, des ouvrages écrits par Helena Blavatsky [1831-1891].

Dans le premier livre, les idées centrales sont présentées comme suit:

(1) La Doctrine Secrète n'enseigne pas l' athéisme, excepté dans le sens hindou du mot *nastika* qui signifie *le reject des idoles incluant chaque dieu anthropomorphique*

(2) Elle admet un logos ou *collectif 'Créateur'* de l' univers; un *Démiurge* dans le sens de 'Architecte' ou 'Créateur' d' un édifice, alors que cet Architecte n' en a jamais touché une pierre; laissant tout le travail manuel aux maçons. Le plan fut fourni par l' *Idéation de l' Univers* et le travail de construction fut laissé aux hôtes des puissances et forces intelligentes. Mais ce *Demiurge n' est pas une divinité* personelle

(3) La matière est éternelle. C' est l' *Upadhi* [la base physique] pour que l'*Ame Universelle Unique* y construise ses idéations

La théosophie considère un groupe d'êtres angéliques qui servent ensemble de véhicule á l'*Ame Intelligente Universelle* comme les créateurs de l' univers. Cependant, puisque ces puissances angéliques obéissaient á l' injonction de l'Ame Universelle, il est mieux de dire *que l' Architecte [ou Idéation de l' Univers ou Ame Universelle] est le Vrai Créateur.*

Dans la section *Demon est Deus inverseus* de *La Doctrine Secrète*, Blavatsky et les théosophes déclarent que Satan n' a jamais eu une forme anthropomorphique individualisée jusqu' a la création par l' homme d'un dieu vivant et personnel.

Pour eux, le mal n' est qu' une force antagoniste aveugle dans la nature; seulement l'ombre de la lumière, et sans laquelle cette lumière ne pourrait exister même dans nos perceptions. *Si le mal disparaît, le bien disparaît avec lui. Demon est Deus inversus* est un adage très ancien. *Il n' y aurait aucune vie possible sans la mort et pas de regénération ni de reconstruction sans destruction.*

Le grand Serpent du Jardin d' Eden et le 'Seigneur Dieu' sont identiques. Jéhovah se transforme en des serpents pour mordre ceux qui lui déplaisent et Jéhovah forme le serpent d'airain pour les guérir. Dans la nature humaine, le mal indique seulement la polarité entre matière et Esprit.

Blavatsky voit l' histoire biblique de la guerre dans les cieux dans l'ancienne guerre grècque entre les dieux Olympiens et les Titans. Elle pense que l' origine de la chute remonte plus loin dans le passé á l' Inde où il y a des récits sur trois guerres célestes.

Le Temple du Peuple, un groupe théosophique, considère qu' une hiérarchie d'êtres combinés représente Dieu. Il déclare dans la leçon 64 de son premier volume d'enseignements que Jésus est un homme qui a atteint un haut degré de spiritualité á travers plusieurs réincarnations. *Le Saint Esprit est Prana, une force vitale, une forme d' énergie électrique ou feu.*

Il n' y a pas de début á la création et il n' y aura pas de fin dit le Temple dans le chapitre sur la chute des anges [vol II]. *Les grands maîtres spirituels deviennent les anges de Dieu.*

L' humanité requiert un Esprit Maître qui a conquis toute matière et, á cause des lois gouvernant la manifestation de la substance spirirtuelle il est presque impossible á un maître parfait d'apparaître dans des conditions matérielles. Dans le cas de Jésus, il y avait eu une série d' incarnations depuis le début des temps *car en vérité il était le premier-né entre plusieurs frères.Ceci ne signifie pas que l' humanité doit tomber et adorer Jésus. Cette entité doit être une aide plutôt qu' un obstacle pour se rendre compte de la réalité qu' il y a une possibilité de perfection pour tous les hommes.*

Rudolph Steiner et l' anthroposophie

Rudolph Steiner [1861-1925] dans son livre *Knowledge of the Higher Worlds* [*Connaissance des Mondes Supérieures*], donne plusieurs conseils concernant le genre de formation á subir afin de faire l'expérience du surnaturel. Dans la science spirituelle qu' il enseigna, il rejoignit Hermès qui déclara être passé par un long processus de purification et de sanctification avant d' avoir ses expériences mystiques. Steiner décrivit des phénomènes dont plusieurs peuvent être confirmés par Chercheur comme vrais.

Toutes ces préparations continue Steiner, conduisent á deux expériences surnaturelles importantes: la rencontre avec le gardien le moins important du Seuil et avec le Gardien le plus Important.

Compréhention des divinités et créationisme dans le Mouvement de l' Unification

Le Mouvement de l' Unification fut fondé par Sun Myung Moon [1920-2012]. Pour ce mouvement et comme écrit dans sa principale écriture, *Le Principe Divin*, Dieu est le sujet en qui les caractéristiques duelles de nature interne originelle et de forme externe originelle sont en harmonie. Au même moment, Dieu est l' union harmonieuse de la masculinité et de la féminité qui manifeste les qualités de la nature originelle interne et de la forme externe originelle respectivement. En relation avec l' univers, Dieu est le partenaire sujet ayant les qualités de nature interne et de masculinité [*Principe Divin*, Chapitre 1, section 1, 1.1].

Dieu, le créateur de toutes les choses est la réalité absolue, éternelle, auto-existante, et transcendant le temps et l' espace. L' énergie fondamentale de l' être qu'est Dieu est aussi éternelle, auto-existant, et absolue. C' est l' origine de toutes les énergies et forces qui permet aux êtres créés d' exister. Cette énergie fondamentale est l' énergie première universelle [Section 2, 2.1].

Le Principe Divin considère que l' histoire de la création enregistrée dans la Bible il y a des millers d' années coïncide presque avec les découvertes de la recherche scientifique moderne et que par conséquent elle doit être une révélation de Dieu [Section 5: 5.1].

Comme tous les êtres, les anges furent créés par Dieu. Dieu les créa avant toute autre création. Quand Dieu dans la Bible parla au pluriel disant: '*Faisons l' homme á notre image, selon notre ressemblance,*' Il ne parlait pas de lui-même comme la Sainte Trinité comme plusieurs théologiens ont interprété le passage. Il parlait plutôt aux anges qu' il avait créés avant les êtres humains.

Parce que Dieu nous créa comme ses enfants et nous donna la domination sur toute la création, nous sommes destinés á diriger aussi les anges. Il est écrit dans la Bible que nous avons l' autorité de juger les anges.Plusieurs qui communiquent avec le monde spirituel ont perçu des multitudes d' anges escortant les saints au Paradis. Ces observations illustrent le fait que les anges ont la mission de pourvoir aux besoins des êtres humains [Chapitre 2: section 2, 2.1].

Dieu créa le monde angélique et assigna Lucifer á la position d' archange. Lucifer était le canal de l'amour de Dieu vers la sphère angélique. Cependant, après que Dieu eut créé les êtres humains comme ses enfants, Il les aima plusieurs fois plus qu' Il ait jamais aimé Lucifer qu' Il avait créé comme son serviteur. Malgré cela, quand Lucifer vit que Dieu aima Adam et Eve plus que lui, il sentit une diminution dans l'amour qu' il recevait de Dieu. C'est pourquoi il séduisit Eve et ceci fut la motivation pour la chute spirituelle [Chapitre 2, Section 2, 2.2].

Jésus est l' arbre de vie décrit dans la Bible. Si Adam avait réalisé l' idéal de la perfection symbolysé par l' arbre de vie dans le Jardin d' Eden, lui et Jésus qui est symbolysé par l' arbre de la vie dans le livre de la Révélation seraient identiques dans le sens d' avoir réaliser le but de la création. Comme tels, ils auraient une valeur égale [Chapitre 7, Section 2, 2.1].

Pour redonner naissance aux êtres humains déchues, Jésus vint comme le deuxième Adam, le Vrai Père de l' humanité avec la mission symbolisée par l' arbre de vie. Ceci étant, ne devrait-il pas aussi y avoir une Vraie Mère de toute l' humanité, la deuxième Eve, avec la mission de l'arbre de la connaissance du bien et du mal? Celle qui vint comme Vraie Mère pour redonner naissance aux humains déchus est le Saint Esprit [Chapitre 7: Section 4, 4.1.2].

Chapitre 6

Compréhension des divinités dans quelques mouvements ésotériques

Ancien et Mystique Ordre Rose Croix

DANS le *Positio Fraternitatis Rosae Crucis* publié en 2005,

les rosicruciens de l' AMORC déclarèrent que leur conception de la spiritualité est basée sur la conviction que Dieu existe comme une Intelligence Absolue qui créa l'univers et toutes chose s' y trouvant et aussi sur l'assurance que chaque être humain émane de Dieu.

Pour eux, le fait que l'existence de Dieu ne puisse être prouvée ne justifie pas la déclaration que Dieu n'existe pas. La vérité peut avoir plusieurs visages, ajoutent-ils. Se souvenir seulement d'un visage au nom de la rationalité est une insulte á la raison, continuent-ils. Et de demander: *'Est-ce que la science elle-même est rationelle lorsqu' elle croit en la chance?'* Pour sa part, l'AMORC est d' accord avec le commentaire d'Albert Einstein sur la chance quand il la décrivit comme: *'Le Chemin que Dieu prend quand [Dieu] veux rester anonyme.'*

Dans le *Positio*, on peut lire que les gens ne sont plus satisfaits de rester á la périphérie de leurs systèmes de croyances même si une religion particulière est dite révélée. Ces *gens veulent maintenant être au centre d'un système de pensées naissant de leurs propres expériences.* A cet égard, l' acceptation des dogmes religieux n' est plus automatique. Les croyants ont acqui un certain sens critique concernant les questions religieuses et la base de leurs convictions correspond de plus en plus á une auto-validation.

La présence de l' humanité sur la terre n'est pas le résultat du simple hazard. Elle est plutôt la conséquence d' une intention venant de l' Intelligence Universelle communément appelée 'Dieu.' Même si Dieu est incompréhensible et inintelligible á cause de la Transcendance, ceci n' est pas vraie pour les lois á travers lequelles Dieu se manifeste au sein de la Création. *Nous avons le pouvoir si non la responsabilité d' étudier ces lois et de les appliquer pour notre bohneur matériel et spirituel.*

Pour les rosicruciens, puisque l' univers inclue approximativement une centaine de milliards de galaxies et puisque chaque galaxie contient environ cent milliards d'étoiles, il existe probablement des millions de systèmes solaires comparables au notre. Penser donc que seule la terre est habitée semble être une absurdité et constitue une forme d'égocentrisme.

Pour l' AMORC, *parmi les formes de vie peuplant d'autres mondes, certaines sont probablement plus avancées que celles existant sur la terre et d' autres peuvent l' être moins.* Néammoins, elles sont toutes une partie du même Plan Divin et participent á l' Evolution Cosmique. Le contact avec les extraterrestres se produira un jour, mais les rosicruciens ne passent pas tout leur temps á attendre cela. Ils ont d'autres affaires dont ils doivent s' occuper assurent-ils dans le *Positio Fraternitatis.*

Déclaration de point de vue de la Franc-Maçonnerie comme présenté sur fultonfriendship.org/religion

La déclaration de point de vue qui suit a été préparée par l' Association de Sevice des Maçons d'Amérique du Nord [Masonic Service Association of North America] et a été endossée par la Grande Loge du New Jersey[23].

L' Etre Suprême: les maçons croient qu' il existe un Dieu que les gens recherchent et expliquent par plusieurs voix différentes. La Franc-Maçonnerie utilise principalement l'appellation *'Grand Architecte de l' Univers'* et des titres non sectaires pour s'addresser á la Divinité. De cette manière, des personnes de différentes confessions peuvent se joindre ensemble et prier, se concentrant sur Dieu plutôt que sur les différences entre elles. La Franc-Maçonnerie croit en la liberté religieuse et aussi que la relation entre un individu et Dieu est personnelle, privée, et sacrée.

Position de l' Ordre Illuminati comme écrite sur illuminati-order.org/positions

Dieu: créateur et organisateur qui maintient l'Univers

Esprit: Formé pour Dieu et simple au début. 'Dort dans le minéral, rêve dans le végétal, se réveille dans l' animal, vie dans l' homme, et brille dans les anges.'

---

[23] Freemasonry and religion. http://www.fultonfriendship.org/religion1.htm (accès le 3 Avril, 2010).

La Fraternité Blanche Universelle

Sur son site web, la Fraternité Blanche Universelle en Amérique [FBU-USA] déclare ce qui suit.

Le Maître [Omraam Mikhael Aivanhov] dit que selon la Sagesse Ancienne, Melchisédek, Roi de Vertu et Grand Prêtre du Monde Divin initia Abraham dans la connaissance de Dieu et de son Royaume Céleste. Ces anciens enseignements devinrent la tradition spirituelle connue comme la kabbale. Dans le but de comprendre et de faire le voyage de l' âme, nous avons besoin d' une carte. Cette carte de route est appelée l' Arbre de la Vie.

Il est impossible d' avoir une vraie compréhension de cette carte ou plan sans la guidance d' un Maître Spirituel. Il est également impossible de la comprendre sans préparation. A travers les nombreuses conférences données par Omraam Mikhael Aivanhov, les gens deviennent éduqués et preparés pour évoluer spirituellement et commencer l'étude de la Kabbale. Toutes ces leçons sont disponibles dans les collections de livres et enregistrements de ses conférences.

La FBU déclare qu' elle enseigne une meilleure compréhension de la relation entre Dieu, les Archanges, les Anges, la Nature, et l' Humanité. 'La vraie magie, la magie divine, consiste á mettre tous les pouvoirs et toute la connaissance personnels au service du Royaume de Dieu sur la Terre.'

Chapitre 7

Dieu telque vu par les athés: resumé de *'L'improbabilité de Dieu'*

LE livre 'L' *Improbabilité de Dieu ,'* comme mentionné dans le chapitre introductif, est une compilation d' écrits contre l' existence de Dieu, réalisée en 2006 par Pr. Michael Martin et Dr. Ricki Monnier. Il présente une riche variété d' arguments, qui sont aussi mis á jour, contre l'existence de Dieu. Cette collection ne doit pas être négligée dans toute tentative de prouver en cette époque l'existence des divinités et parler de leurs natures. Ces arguments contre l'existence de Dieu sont les suivants.

Contre l'argument cosmologique

En général, *l'argument cosmologique est l' argument utilisé par les croyants en Dieu selon lequel l'existence de l' univers est une évidence solide pour celle de Dieu parce que la seule explication adéquate á l' univers est qu' il fut créé par l' Etre Originel appelé Dieu.* Ce qui suit est un contre argumentaire des athés.

1. Le plaidoyer scientifique contre un Dieu qui créa l' Univers (Par Victor Stenger)

Puisqu' il n' y a d' évidences empiriques, pas de mémoire dans l' univers d' une création surnaturelle qui viole les lois naturelles universelles de la physique, un miracle; nous pouvons conclure qu' un Dieu créateur hautement intelligent et surnaturellement puissant n' existe pas. Plus encore:

a. l' existence de la matière dans l' univers n' a pas requis la violation de la conservation d'energy [E= mc2]. Donc il n' y pas eut de créateur

b. l'univers commença sans structure, sans organisation, c'était un état de chaos. L'ordre que nous observons maintenant n'aurait pu avoir été le résultat d'une quelconque conception initiale de l'univers avant sa soi-disante création. L' univers ne préserve aucun enregistrement de ce qui se passa avant le big bang. Le créateur n' a laissé aucune empreinte

c. l' univers n' a pas de début parce qu' il n'est même pas dit que le big bang est le début. Il est possible qu' il y ait eut un univers précédent. Certains suggèrent que l' univers actuel serait apparu d'un autre, pré-existant, par exemple par le processus de l' effet tunnel quantique ou par les soi-disants fluctuations quantiques. Puisqu' il n' y a pas de début, il n' y a pas de créateur

2. L' argument de la première cause et du big bang pour Dieu n' est pas correcte (Theodore Schich Jr.)

a.   Dire que toute chose en dehors de Dieu a de cause comme Thomas d'Aquin l'a fait n'est pas fondé car, premièrement, il aurait été mieux de dire que l'univers directement considéré n' a pas de cause sans chercher Dieu. *Ainsi l' univers est Dieu.* Deuxièmement, ce n' est pas seulement un dieu éventuel qui n' a pas de cause. La physique moderne a montré que certaines choses n'ont pas de cause. Dans le vide parfait, occasionellement mais selon les principes d' incertitude d' Heisenberg, un électron, un positron, et un photon émergent spontanément. Quand ceci arrive, les trois particules existent pour un bref instant et s'anéantissent l' un l' autre sans laisser de trace derrière [la conservation de l'énergie n' est pas respectée]. Additionnellement, il n' y a aucune chose telle qu'un Dieu tout-puissant, tout-connaisseur, et tout-bon comme Thomas d'Aquin pensa. Si Dieu était tout-puissant, il serait capable de créer plus que l'unique univers que nous connaissons. Il n' y a pas de preuve dans l'univers d'un Dieu tout-connaisseur. Si l'univers était créé par un Dieu tout-puissant, tout-connaisseur, et tout-bon, cet univers serait parfait et plus favorable aux humains qui n' auraient pas besoin de l'améliorer.

b.   Pour prouver que l'univers qui commença dans le temps a une cause, Hugh Ross a créé une autre dimension temporelle pour Dieu. Mais la théorie générale de la relativité ne parle pas d' une telle dimension temporelle et Ross n' a pas réussit á prouver son existence. Dans le temps bidimensionnel de Ross, la notion de précession ou de succession n' a pas de sens. L' on ne peut déduire du fait que l' univers a un début dans une dimension temporelle supérieure, qu' il a une cause [dans le sens ordinaire].

c. Il y a de bonne raisons de croire que l'univers n' a pas de cause. Edward Tyron et d' autres ont suggéré que l'univers est le résulat d' une fluctuation du vide.

d. La théorie de Lee Smolin que nous vivons dans une communauté continuellement croissante d'univers, chacun né d' une explosion qui suit l' effondrement d' une étoile en un trou noir, est meilleure que la théorie de Ross. La théorie de Lee Smolin montre que l'univers n' a pas besoin d' une cause externe et que dans son ensemble, cet univers ne vient pas nécessairement d' un "grand écrasement" lorsqu' une précédente phase d' expansion s'est arrêtée et que l'unvers s'est contracté. Plusieurs "petits écrasements," la formation de trous noirs et leur singularités est une explication concevable.

3. Explication non théiste du big bang (Quentin Smith)

a. Puisque Dieu voulait un univers de créatures animées, puisque l' état le plus ancien de l' univers [la singularité impliquant des conditions hostiles á la vie] est inanimé, et puisqu' il n'est pas certain que cet état inanimé amène à un univers animé, donc Dieu n' existe pas.

b. L' idée que Dieu n' a pas plus de raison de créer un univers animé qu' un univers inanimé ne cadre pas avec le genre de personne que *nous considérons que Dieu est normalement*. Si Dieu avait l' intention de créer un univers contenant des êtres vivants á une étape donnée de l' histoire, il n' y a aucune raison pour lui de commencer avec une singularité imprévisible par nature. Ce serait un signe de planification incompétente. La chose rationnelle á faire serait de créer un état qui par sa propre nature légitime amène á un univers conduisant á la vie. Il est illogique que Dieu crée quelque chose dont l' évolution naturelle amènerait avec haute probabilité seulement á des états inanimés. Il y a d' innombrables états initiaux

logiquement possibles qui conduisent par une loi naturelle comme l'
évolution á des états animés; et si Dieu avait créé l' univers, il aurait
sélectionné un des ces états. Etant donné que l' état *postulé* par la
cosmologie du Big Bang n'est pas un de ces états, il s' en suit que la
cosmologie du Big Bang est incohérente avec l' hypothèse de la
création divine. L' on ne peut attribuer un comportement rationnel á
Dieu en omettant la singularité et son imprévisibilité de la cosmologie
classique du Big Bang. Le fait que Dieu est omniscient n' implique
pas qu' il connaît logiquement avant la création que la singularité du
Big Bang évoluerait en un univers animé. Selon la théorie appelée la
Fonction d'Onde de l'Univers, l' univers a 95 % de probabilité pour
naturellement et mathématiquement venir en existence sans l'
intervention de forces surnaturelles. Si Dieu avait créé l' univers, la
probabilité serait 100 %.

Contre l' argument téléologique

L' argument téléologique ['téléos' signifiant 'finalité' ou 'but'] pour
l' existence de Dieu déclare que *l' ordre observable dans l' univers
est orienté vers un but plutôt que sans but et que cette finalité fut
établie par le Créateur Dieu.* C' est l' argument de la conception.
Nicholas Everitt, Victor J. Stenger, et Richard Dawkins ont exprimé
leur désaccord avec cet argument comme suit.

1. L' argument de l' envergure (Nicholas Everitt)

a. Si le Dieu du *théisme classique* existait, avec le but tradition-
nellement attribué á lui, alors il aurait créé un univers á l' échelle
humaine, c' est á dire un univers qui ne soit pas inimaginablement
ancien et dans lequel les êtres humains forment une part inimaginablement mince sur le plan temporel comme spatial.

b. Le monde n'est pas á l' échelle humaine; donc:

c. il y a une évidence contre l' hypothèse que le Dieu du *théisme classique* existe avec les buts taditionnellement attribués á lui.

2. Les coïncidences anthropogéniques: une expilcation naturelle (Victor J. Stenger)

Plusieurs scientifiques théistes disent qu' ils voient de *fortes indices de finalité dans la manière dont les constantes physiques de la nature semblent être délicatement bien réglées pour l' évolution et le maintien de la vie incluant la vie intelligente.* Une supposition grossière et fatale est qu' une seule forme de vie, la notre, est possible dans toutes les configurations d' univers possibles.

La meilleure évidence que nous ne faisons pas notre univers est le fait que l' univers n' est pas ce que la plupart d' entre nous voudrait qu' il soit. Une grande variation des constantes de la physique a été montrée comme conduisant á des univers qui durent suffisamment pour que la vie évolue et y développe des coïncidences anthropogéniques, même si la vie humaine n' existerait certainenement pas dans de tels univers. Les plus puissantes "lois de la physique," les lois de conservations, sont une preuve contre la *conception* de l' univers plutôt qu' en faveur.

3. L' improbabilité de Dieu (Richard Dawkins)

Pourquoi les gens croient-ils en Dieu? Demande Dawkins. Et de répondre: pour la plupart, la raison est encore une version de l' ancien argument de la conception de l' univers. *Nous regardons autour de nous la beauté et la complexité du monde, la forme aérodynamique de l' aile d' une hirondelle, la délicatesse des fleurs et des papillons qui les fertilisent. Nous réfléchissons sur la complexité électronique et la perfection optique de nos propres yeux qui permettent la vision. Si nous avons de l' imagination, ces choses nous plongent dans un sentiment d'admiration et de révérence. Plus encore, nous ne pouvons pas manquer d'être frappés par la ressemblance manifeste des organes vivants aux conceptions attentivement planifiées des ingénieurs humains.*

Ceci est faux ou au moins superflu, réplique Dawkins. L'ordre et la finalité apparents du monde vivant ont émergé á travers un processus entièrement différent. Un processus qui marche sans le besoin d'un concepteur et qui est fondamentalement la conséquence des lois simples de la physique. C'est le processus d'évolution par la sélection naturelle découvert par Charles Darwin et indépendemment, par Alfred Russel Wallace.

Qu'ont en commun tous les objets qui apparaissent comme devant avoir un concepteur? La réponse est l'improbabilité statistique. Si nous trouvons un cailloux transparent lavé dans la forme d'un verre grossier par la mer, nous ne concluons pas qu'il doit avoir été conçu par un opticien: les lois de la physique sont capables d'arriver á ce résultat sans aide.

Mais si nous trouvons un verre complexe et élaboré, attentivement corrigé contre l'aberration sphérique et chromatique, protégé contre l'éblouissement, avec 'Carl Zeiss' gravé sur la monture, nous savons que cela n'aurait pu arriver par chance. Nous pouvons conclure que les *corps* vivants sont des milliards de fois trop complexes, *trop statistiquement improbables* pour être venus en existence par pure chance. Comment sont-ils venus donc en existence? la réponse est que *toute une série de minuscules étapes de chance, chaque étape suffisamment petite pour être le produit crédible de son successeur,* survinrent l'une après l'autre en séquence. Ces petites étapes sont causées par les mutations génétiques et les changements au hasard.

La plupart de ces changements conduit á la mort et une minorité s'avère être de légères améliorations conduisant á une meilleure survie et á une meilleure reproduction. Par ce processus de *sélection naturelle*, ces changements au hasard qui sont bénéfiques s'étendent á travers les espèces et deviennent la norme. La scène est maintenant prête pour la prochaine petite étape dans le processus évolutif.

L' évolution est ainsi capable de faire le travail qui semblait jadis être la prérogative de Dieu. La preuve que l'évolution eut lieu réside dans les millions de fossiles trouvés exactement aux endroits et profondeurs espérés si l'évolution était survenue. Le fait que le code génétique est le même dans toutes les créatures vivantes suggèrent fortement que toutes sont descendues d'un seul ancêtre qui vécut il y a plus de 3,000 millions d' années. La preuve pour l' évolution est si irréfutable que *la seule manière de sauver la théorie de la création est d'assumer que Dieu planta délibérément d' énormes quantités d' évidences pour faire croire que le processus d' évolution est survenu.*

L' argument de la *conception* a donc été détruit comme raison de croire en Dieu. *Les gens ont des idées contradictoires sur Dieu* mais ceci n'est pas une raison pour le reste des gens de les croire.

Il y a une tentation d' argumenter que, *même si Dieu n' est pas nécessaire pour expliquer l' évolution de l' ordre complexe une fois que l' univers avec ses lois fondamentales physiques a commencé, nous avons quand même besoin de Dieu pour expliquer l' origine de toutes choses. Cette idée ne laisse pas Dieu avec beaucoup de choses á accomplir:* juste mettre en place le Big Bang, s'assoir, et attendre que tout se passe, comme le *Dieu paresseux* décrit par Peter Atkins dans son livre *La Création* [*The Creation*].

Argument du mal inductif contre l' existence de Dieu

1. Si Dieu existe, alors Dieu possède certains attributs

2. Basé sur le poids de l'évidence relative au mal qui est largement répandu et épouvantable dans le monde, Dieu ne possède pas tous ces attributs

3. Par conséquent, Dieu n'existe pas

Certains défenseurs de cet argument sont Quentin Smith, William L. Rowe, Michael Martin, et Thomas Metcalf.

Argument de la non croyance contre l'existence de Dieu

1. Si Dieu existe, alors Dieu possède certains attributs

2. Basé sur le poids de l'évidence de la non croyance répandue dans le monde, Dieu ne possède pas tous ces attributs

3. Donc, Dieu n'existe pas

Les principaux partisans de cette théorie sont Theordore M. Drange, Victor Cosculluela, Walter Sinnott-Armstrong, et J. L. Schellenberg.

Chapitre 8

L' évolution de la religion

La Théorie

LA religion est un ensemble de croyances et de pratiques d'un groupe de personnes qui se manifeste souvent sous forme de prières, de rituels, et de lois tandis que l' évolution est un processus de développement. L' évolution de la religion est donc le développement de ces croyances et pratiques. Mais cette explication de l' évolution de la religion n' est pas suffisante.

Pour mieux dire ce qu' est l' évolution de la religion, il est important de se rappeler de Charles Darwin et de sa théorie de l' évolution des espèces á travers la sélection naturelle. Cette théorie a été abordée dans le précédent chapitre sous un angle différent, la volonté des athés d' y voir une preuve de la non-existence de Dieu. Dans ce chapitre-ci l' accent sera mis non sur le moteur ou la cause de l'évolution des espèces, mais sur l' application particulière de cette théorie aux idées et actions de nature religieuse dans leur structure ou composition.

Selon Darwin, au sein d' une population donnée, seuls les individus qui développent une capacité de résistance aux durs changements environnementaux survivent. Ceci permet d' établir des parallèles avec la théorie de l' évolution de la religion.

Les correspondants des *espèces* de la théorie de la sélection naturelle dans l' évolution de la religion sont les *sociétés humaines*; les durs changements environnementaux de la première théorie sont les guerres entre sociétés rivales de la seconde; et l' aptitude qui permet á des individus de survivre [les adaptations génotypiques et phénotypiques] correspondent aux nouvelles croyances et pratiques.

Tout comme les adaptations génotypiques et phénotypiques, les nouvelles croyances et pratiques permettent á un groupe humain donné de survivre dans des situations qui auraient autrement amené sa destruction.

Il est bien connu que l' être humain á une âme qui est invisible aux yeux physiques. Les émotions de l' âme peuvent être particulièrement puissantes. En général, les humains agissent selon la nature de leur personne intérieure. Si cette personne intérieure est faible, alors la personne est un perdant sur le plan matériel aussi; mais si l' âme est forte, elle fait accomplir de grandes actions au corps.

La religion est reconnue comme ayant le pouvoir de renforcer l' âme. Donc la nature de la religion d' un peuple détermine sa puissance mentale et physique. Par conséquent, en cas de grands défis comme la survie en période de guerre, l' évolution des croyances et pratiques peut donner un avantage important á une socité humaine par rapport á une autre.

Ceci est l' évolution de la religion. Un ensemble de personnes même en plus petit nombre peut vaincre une armée plus nombreuse s' il utilise bien le pouvoir de la religion. L' évolution de la religion amène d' autres avantages en dehors de la survie comme:

- la cohésion de groupe
- la loyauté ou le support
- le sens de responsabilité et l' ordre sociale
- le renforcement de la loi
- le développement d' une histoire commune
- la présevation d' un language commun

Le concept de l' évolution de la religion selon ses partisans explique la monté du monothéisme par exemple. A un moment de l' histoire, précisement durant le 14ème siècle avant l' ère commune, toutes les religions étaient polythéistes. Les cultures dominantes du monde en ce temps étaient l' ancienne civilisation égyptienne sous Amenophis IV et le royaume voisin mais ennemi des hittites.

Afin de gagner la guerre contre les hittites, Nefertiti, femme du roi d' Egypte aurait demandé á son mari d' utiliser une arme secrète qui est la croyance en un seul Dieu. Elle était á même de voir dans le monothéisme le potentiel pour la survie et la grandeur de l' Egypte et convainquit Amenophis IV. Le nom du dieu unique que celui-ci proposa était Aton. Il changea son propre nom en Akhénaton qui signifie 'le serviteur d' Aton.' Tout d'abord, Akhénaton déclara qu'Aton était le plus puissant Dieu [hénothéisme], mais plutard, il fit d'Aton le seul Dieu [monothéisme] et bâtit une cité ainsi qu' un temple en son honneur. Pour lui, *Aton est invisible mais son symbole est le soleil* de telle sorte qu' á travers leurs relations avec le soleil, les adorateurs pouvaient recevoir les bienfaits d'Aton.

Avant de parler de quelques partisans de la théorie de l' évolution de la religion, il est important d' ajouter que la guerre n' est qu' un des facteurs pouvant induire une révision du système de pensées et de pratiques religieux. En dehors de la guerre qui est une situation plus ou moins urgente, il y a aussi et surtout la réflexion philosophique ou théologique aussi connue comme méditation et parfois contemplation dont des traces importantes ont été laissées par de grandes figures de l' histoire.

Parmi ces figures, on peut citer Hermès Trismégiste, Moïse, Bouddha, Pythagore, Aristote, Jésus, Augustin, Thomas d'Aquin, Mahomet, et de nombreux personnages de l' hindouïsme, des mouvements ésotériques, et des nouvelles religions. Les éléments qui nourrissent la méditation sont souvent les drames sociaux comme la maladie et la souffrance et des injustices comme l' emprisonnement et les maltraitances de tous genres. Dans d' autres cas, la méditation est supportée par de profondes expériences joyeuses.

Chercheur au fond de lui a le grand désir de passer dans l' histoire comme quelqu' un qui aura apporté de la part de Dieu, des idées et practiques spirituelles claires, profondes, efficaces, adaptées á son époque, et capabales d' aider les futures générations á rester de façon inébranlable sur le chemein du bien et du bonheur pour tous; évitant l' enfer du mal et de l' égoïsme. Son souhait est que son travail aujourd' hui soit toujours en accord avec le Divin qui se révèle au sein de sa génération ainsi qu' avec les immenses progrès que les prochaines générations feront toujours grâce a ce Divin dans tous les domaines de l' existence.

Quelques défenseurs de la théorie

Certains savants croient que l' origine du monothéisme de l' ancien peuple d' Israël réside dans le travail d' Akhénaton. Un des premiers á mentionner ceci fut Sigmund Freud, le fondateur de la psychanalyse[24]. Sigmund Freud déclara que Moïse était un égyptien

---

[24] Sigmund Freud and Katherine Jones, *Moses and Monotheism* (New York: Knopf, 1939).

qui servait le grand prêcheur d'Akhénaton et qui prolongea le monothéisme avec les juifs.

Il y en a qui pensent que le peuple qui quitta l' Egypte n' avait pas
une seule identité nationale ce qui explique pourquoi il erra dans le
désert. Ses membres étaient appelés les *Hyksos* et étaient un
mélange de nationalités différentes incluant des égyptiens. Pour
certains savants, cette variété d' origine nationale pourrait être la
raison pour laquelle il y a plusieurs noms pour Dieu dans la Bible des
Hébreux, chaque tribu préservant son nom: Adonai, Yahweh, Elo-
him, ainsi de suite.

Un défenseur influent de la théorie de l' évolution de la religion
est Jonathan Kirsch. Dans son livre *God Against the Gods: The
History of the War Between Monotheism and Polytheism [Dieu
contre les dieux: l' Histoire de la guerre entre le Monothéisme et le
Polythéisme]*, il affirme que contrairement aux "ordres inférieures de
la vie animale," il y a quelque chose profondément enracinée dans la
nature humaine qui pousse l' humanité á concevoir une puissance
supérieure á adorer.

Il y a selon Kirsch des évidences que les premières espèces humaines comme l' homme de Néanderthal, de même que l' Homo
sapiens [l' homme rationnel] sont aussi des "homo religiosus"
[hommes religieux]. Cependant, pour lui, rien dans la nature humaine ne suggère que la religiosité doit se concentrer seulement sur
le monothéisme. Au contraire, depuis ses origines jusqu' á présent,
la forme polythéiste de la religion a continué d'exister malgré les
attaques du monothéisme caractérisées par la férocité, le fanatisme,
et une cruauté secouant le coeur.

Kirsch accuse l' essence du monothéisme d' avoir un côté sombre et d' être responsable des conflits cruels et de la violence dans le
monde depuis 3000 ans. Il cite comme exemple des événements
récents comme le 11 Septembre en Amérique, le dynamitage des
anciennes statues bouddhistes en Afghanistan par les Talibans, le

linchage de femmes adultères au Nigéria, les actes terroristes des Palestiniens en Israël, etc....

Kirsch attire l' attention du lecteur vers la Bible qui contient des preuves de la nature violente du monothéisme. Il met l' accent sur le fait que Yahweh, le Dieu mythique des Hébreux, décréta des guerres saintes pour massacrer des tribus entières et sur comment des événements historiques comme la lutte de libération des maccabées et des zélotes dans le nom de Dieu illustrent le côté sombre du monothéisme.

Toujours selon la compréhension de kirsch, le monothéisme commença en réalité au 14ème siècle av N.E. et fut emprunté par les juifs. Il s'aligne en ceci avec Sigmund Freud. Le monthéisme contient selon lui les graines de la violence et de l' intolérence qui portent de fruits lorsqu' elles sont supportées par le pouvoir de l' état comme aux temps d' Akhénaton et du roi Josias de l' ancien Israël, et de façon plus importante au temps de l' Empereur Romain Constantin qui établit le premier état totalitaire dans l' histoire.

Kirsch déclara aussi que si le successeur de Constantin, l'Empereur Julien avait vécu longtemps, sa tentative d'abolir le monothéisme et de rétablir le polythéisme dans sa gloire dans l'Empire Romain aurait pu être un succès et le monde aujourd' hui vivrait mieux sans la cruauté du monothéisme. Il indique que même de nos jours, plusieurs télévangelistes et célébritées comme Jerry Falwell ainsi que certains films d' Hollywood décrivent le polythéisme comme une abomination alors que les païens eux-mêmes le considèrent comme une forme noble de religion.

La croyance qu' il y a un seul vrai Dieu donna naissance au rigorisme qui tourné vers soi [l' intérieur] peut inspirer le croyant á se punir. Tourné vers les autres [l' extérieur], le rigorisme peut inspirer la même personne á punir ceux qui échouent á embracer les croyances religieuses qu' il ou elle trouve si fascinants. Le zèle dans le rigorisme peut se transformer en terrorisme. Ceci est illustré dans la Bible où la première utilisation du mot 'zèle' est pour décrire le meurtre d' un israélite qui amait une personne du pays de Madian par un autre israélite.

Justin L. Barrett accorde les violons avec Kirsch pour dire que la croyance en Dieu est naturelle car cela dépend d' outils mentaux que tous les êtres humains possèdent. Mais pour Barrett, la manière dont l' âme humaine est structurée et se développe rend la croyance en un Dieu Suprême avec des qualités comme l'omniscience, l' mnipotence, et l' immortalité hautement attractive.

Deuxième partie

QUELLES DIVINITES POUR UNE PHILOSOPHIE, UNE SCIENCE, ET UNE SPIRITUALITE UNIVERSELLES?

Chapitre 9

Signification des diverses sphères de pensée pour le sujet de Dieu et des dieux

Particularité de la mythologie mésopotamienne

Comparaison avec la Bible

En dehors du fait d' être officiellement le berceau de la civilisation et d' avoir une description écrite de sa spiritualité qui met l' accent sur les dieux, la Mésopotamie á travers Sumer et l' *Enuma Elish* a un sens pour le sujet des divinités parce qu' elle a beaucoup en commun avec l' histoire de la création du livre de la Genèse.

Son importance réside aussi dans une grande différence avec l' histoire biblique. Dans le mythe babylonien de la création, l' homme est créé á partir du *sang d' un dieu* par un collège de dieux dirigé par Marduk tandis que dans la Bible, Dieu fit l' homme á partir de l' *argile* et souffla dans ses narines après avoir déclaré *'Faisons l' humanité en notre propre image, selon notre ressemblance'* [Genèse 1: 26].

L' autre différence est que d' après la Genèse l' humanité est destinée á *dominer la terre* et ceci était très bien aux yeux du créateur. Au contraire de l' *Enuma Elish*, il n' y a aucune mention que les humains furent créés pour *servir les dieux*. Même l' idée de l' adoration largement présente dans la Bible dans son ensemble n' apparaît pas dans l' histoire de la création de la Genèse.

Cette idée commença a apparaître seulement avec Cain et Abel [Genèse 4: 3-5] qui appartenaient á la seconde génération des humains de la Bible. Avant eux, Adam et Eve leurs parents avaient juste á respecter le commendement de ne pas manger du fruit de l' Arbre-de-la-Connaissance-du-Bien-et-du-mal [Genèse 2: 16-17].

S' il y a des différences importantes entre la mythologie mésopotamienne et la Bible, il y a des points communs intéressants aussi. Une première similitude digne d'intérêt est le rôle de l'eau dans la création du ciel et de la terre [voir le premier paragraphe de *l'Enuma Elish* et Genèse 1: 2 et 6-10].

La civilisation précéda celle de l' ancien Israël. Selon la Genèse, *Abraham arriva de la Mésopotamie*, particulièrement d' Haran [Genèse 12: 4]. Tous ses ancêtres, depuis Adam á son père Térach á travers les patriarches tels que Seth, Hénoc, Mathusalem, et Noé; avaient vécu en Mésopotamie.

Genèse 11: 31 déclare que Térach, le père d'Abraham, quitta son fils Nahor et sa famille á Ur. Il prit son autre fils Abraham marié avec sa demi-soeur et sortit d' Ur. Il prit aussi Lot l'enfant de son troisième fils Haran décédé á Ur. Milca, la soeur de Lot et fille de Haran était mariée á son oncle et était probablement rester á Ur avec son mari.

Térach, le père d' Abraham se dirigeait vers la terre de Canaan lorsqu' il quitta Ur mais il s'arrêta et s' établit á Haran, toujours en Mésopotamie. Haran est en effet plus proche de Canaan comme l'est la région de l'Assyrie par rapport á Ur qui faisait partie de Sumer et de la Babylonie.

Ce récit n' est pas seulement géographiquement précis mais suscite aussi une profonde réflection théologique.

Il est en effet étrange que Térach, sans aucune mention de l' intervention de Dieu, fit ses baggages, quitta Ur, et décida d' aller á Canaan alors qu' Abraham poursuivit et réalisa le rêve de son père cette fois sous l' injonction de Dieu.

La Bible atteste que le père d' Abraham, Térach, était un adorateur d' idoles [Josué 24: 2] comme l' histoire affirme que les mésopotamiens étaient.

Que la Genèse soit une histoire vraie ou une construction mythologique, une chose demeure troublante. Quelle était la raison pour laquelle Térach, un adorateur d' idoles, était si en phase avec la volonté de Dieu qui est supposé être en opposition avec avec le polythéisme, l' idolatrie, et les dieux?

Térach suivait-il inconsciemment Dieu ou suivait-il le plan des dieux dans le but de prendre le contrôle d' un territoire stratégique pour le futur de l' humanité? Pourquoi alors Canaan? Est- ce que Dieu a frappé l' ennemi en prenant le fils de son champion Térach, penchant ainsi la balance du conflit avec les dieux en sa faveur ou Térach malgré sa condition d' adorateur d' idoles faisait partie du plan Divin en général? L' attitude de Térach était-elle un instinct nomadique pur?

Quand á l' appel de Dieu Abraham [maintenant chef d' un plus grand groupe que sa famille nucléaire] quitta Haran pour Canaan après la mort de son père; il ne laissa personne á Haran [Genèse 12: 4-5].

Plutard dans sa vie, Abraham, comme le dit la Bible, insista á ce que son fils favori, Isaac, se marie avec une femme de sa famille laissée dans sa terre d' origine, la Mésopotamie [Genèse 24: 1-10], á Ur où son frère Nahor était resté. Il ne voulut pas qu' Isaac se marie avec une des femmes originaires du pays de Canaan. Il se considérait toujours comme un étranger en ce pays mais il n' est pas certain du tout si cela était la raison de sa réticence. Isaac aussi n' aimait pas que les femmes Canaanites soient mariées a sa progéniture et envoya son enfant béni, Jacob, se marrier á Padam Aram en Syrie [Genèse 28: 5].

Comment les patriarches étaient-ils en relation avec Dieu? Dans les premiers chapitres de la Genèse, il est écrit que Dieu parla á Adam, Eve, Cain, et Abel qui lui répondirent, qu' Hénoc marcha avec lui, et qu' il parla á Noé qui marcha aussi avec lui [Genèse 6:9].

Dieu parla á Abraham dans une vision [Genèse 15: 1] et lui apparu plusieurs fois. Dans Genèse 18, il lui apparu comme un homme accompagné de deux autres qui selon Genèse 19: 1 étaient en réalité des anges. Par conséquent, il est correcte d' affirmer que Dieu apparu á Abraham *comme* un ange. En déduire que Dieu est un ange et donc un dieu, probablement plus puissant que les autres dieux est une conclusion rapide qui ne sera pas faite dans ce chapitre même si cela confirme la compréhension historique mésopotamienne des divinités.

Ceci pourrait signifier qu' Hénoc et Noé marchèrent avec Dieu non seulement symboliquement mais aussi littéralement, au moins spirituellemt ou á travers une interaction directe de corps spirituels. Jacob vit plusieurs des anges de Dieu dans un rêve montant et descendant une échelle et Dieu se tenant en haut de l' échelle [Genèse 28: 12-13]. Ceci continue de suggérer que Dieu est un dieu puissant. Jacob lutta avec un homme [Genèse 32: 24] mais l' homme lui dit qu' en réalité il a lutté avec Dieu et les hommes et a gagné [Genèse 32: 28]. Jacob et plusieurs de ses descendants crurent que l' homme qui lutta avec lui était Dieu lui-même [Genesis 32: 30-32].

Cette section a soulevé plusieurs questions mais seules celles liées á l' existence et á la nature des divinités seront adressées de manière aussi complète que possible á partir des perspectives scripturale, théologique, et logique.

Avec l' aide de l' histoire, de la culture, et de la religion deMéso-potamie, l'espoir est que les passages obscurs et confondants de la Bible concernant la nature des dieux et particulièrement celle de Dieu deviennent plus clairs.

Il est aussi très important de signaler la grande présence de l'astrologie et de l'astrothéologie dans le mythe mésopotamien de la création.

La mythologie sumérienne dans les films et les dessins animés

La mythologie sumérienne est présente dans l' industrie du film mais pas aussi abondamment que les autres mythologies telle que celle de la Grèce; sans doute parce que les travaux de chercheurs notamment de Zecharia Sitchin pour la faire connaître sont récents. Le film et le dessin animé *Conan the Adventurer* [*Conan, l' Aventu-reux*] montrent comment les dieux, les sorciers, les incantations, et les temples étaient présents dans tous les aspects de la culture sumérienne.

Signification de la mythologie de l' ancienne Egypte

Les anciens égyptiens et la quête de l' immortalité

Les premières choses qui viennent á l'âme lorsque l' on pense á l' Egypte sont les pyramides qui sont uniques dans le monde á cause de leur très grand âge, leur taille impressionante, et la technologie requise pour les bâtir. Les scientifiques de l' époque actuelle ont des opinions différentes sur la nature de cette technologie. Cependant, des chercheurs comme John Anthony West sont entrain de souligner qu' au delá des aspects matériel et scientifique des pyramides, c' est l' information spirituelle qu' elles contiennent qui est importante et qui doit attirer la curiosité de l' être humain d' aujourd' hui.

Même l' histoire officielle de l' ancienne Egypte a montré combien la religion et la spiritualité étaient centrales pour les anciens égyptiens incluant leurs dirigeants qui se faisait appeler "dieux et Grand Prêtres des autres dieux".

Dans le documentaire *Magical Egypt* [*Egypte Magique*] accessible sur Youtube dans lequel West présente plusieurs de ses découvertes, il est dit que René Schwaller de Lubicz a démontré qu' *il y avait en Egypte une "Science Sacrée," la source originelle unifiée du mysticisme, de l' occultisme, de l' ésotérisme, et des disciplines magiques qui existent aujourd' hui ainsi que la source unifiée de sciences contemporaines variées telles que la chimie, les sciences physiques, la philosophie, la médecine, la géométrie, l' astronomie, l' architecture, la musique, et les mathématiques.*

Tout comme les anciens égyptiens, presque chaque être humain a le désir d'éternité. Dans plusieurs cultures, la quête de l'Elixir d'éternelle jeunesse existe. Les anciens égyptiens voulaient atteindre ce but á travers la vie dans l' au-delá et utilisèrent leurs vies terrestres pour se préparer á entrer dans cet autre monde á leur mort. La fonction de plusieurs pyramides, tombes, et endroits d' enseignement secret et d' initiation illustre bien ceci. La momification de corps, les nombreuses inscriptions sur les murs des tombeaux et les trésors enterrés en eux sont aussi des éléments clés qui informent sur la façon dont le peuple de l' Ancienne Egypte, particulièrement les pharaons voulaient obtenir l' immortalité.

Quelques relations internationales de l'Ancienne Egypte

Un autre aspect intéressant de la civilisation de l'Ancienne Egypte est sa relation avec l'Ancien Israël comme enregistré dans la Bible. Cette relation a été parfois très antagoniste comme le montre l' Exode et parfois pacifique et même familiale comme le démontre le marriage du roi Salomon au début de son règne avec la fille du pharaon d' Egypte [1 Rois 3: 1], un pays paien et polythéiste.

Salomon en ce temps lá avait encore la faveur de son Dieu. Que le plus sage des rois d' Israël et même du monde entier á son époque [2 Chroniques 9: 22], á l'apogée de sa relation avec son Dieu épousa et fit reine une femme d' une nation étrangère polythéiste et importante, alors qu' il se préparait á construire la "maison" du Seigneur, doit faire méditer profondément tout chercheur spirituel. Les séjours d' Abraham, Joseph, et Jacob en Egypte sont tous significatifs parce qu'ils montrent une familiarité entre ces patriarches et l' Egypte mais aussi parce qu' ils servent de ponts entre les civilisations mésopotamienne et égyptienne.

Le pharaon Akhénaton, son culte monothéiste d' Aton, et le retour du culte d' Amon-Ré sont plus d' éléments qui rendent l' étude de la civilisation de l' ancienne égypte fascinante.

Que des conquérants illustres tels Alexandre le Grand et Napoléon aient hautement estimé l'Ancienne Egypte est digne de considération. Comme Dan Brown dans *The Lost Symbol [Le Symbole Perdu]* et plusieurs autres auteurs ont mentionné, *les symboles de l' Ancienne Egypte sont présents dans plusieurs places publiques et privées aux Etats Unis et en Europe.* Il y a aussi eut un transfer de connaissance, de sagesse, de philosophie d' Egypte vers la Grèce par l' intermédiare de figures comme Thalès, Pythagore, et Platon.

L'Ancienne Egypte dans l' industry du film, la musique et le symbolisme moderne

Plusieurs films tels *King Scorpio [Roi Scorpion]*, *The Mummy [La Momie]*, et *Star Gate SG1 [Porte des Etoiles SG1]* sont entrain de contribuer de manière importante á la popularisation de la civilisation et de la mythologie de l' Ancienne Egypte. Dans le film *Star GateSG1*, la mythologie de l' Ancienne Egypte, ses dieux, ses centres spirituels comme Abydos, et les pyramides sont présentés d' une manière que tout théologien officiellement entraîné ou auto-proclamé devrait attentivement analyser.

Dans *Star GateSG1*, les anciens dieux égyptiens sont introduits comme des extraterrestres avec une connaissance avancée. Ceci tend á confirmer la croyance que les dieux mésopotamiens, les Annunaki et les Igigi étaient d' origine extraterrestre. Les rosicruciens de l' AMORC croient aussi comme exprimé dans leur *Positio Fraternitatis*, que nous ne sommes pas seuls dans l' univers physique.

Les dieux décrits dans *Star Gate SG1* [la première saison] sont des larves ou des parasites ressemblant á des serpents qui prennent aggressivement le contrôle de corps humains pour les utiliser comme hôtes en leur conférant des pouvoirs surhumains. Le film les présente comme une des formes de vie galactique et intergalactique. Il montre même des planètes où des communautés d'êtres humains déportés de la terre sont établit.

Les âmes, coeurs, et consciences des enfants sont aussi informés sur la civilisation égyptienne á travers des dessins animés décrivant des dieux comme Toth et Seth et des lieux célèbres de mythologie comme Ombos. Dans le dessin animé *Fullmetal Alchemist*, des formes diverses d'enseignements ésotériques sont introduits parmi lesquelles l'alchimie avec des symboles de l'Ancienne Egypte comme les pyramides et les étoiles.

La pyramide est présente dans le symbole de plusieurs organisations de même que sur les billets de dollar. Il est stupéfiant que la phrase *In God we trust* [*En Dieu nous croyons*] et la pyramide, un des symboles les plus importants de l' ancienne civilisation égyptienne polythéiste coexitent sur les billets de dollar comme Salomon et la fille de Pharaon.

Certains pourraient être mal á l' aise par ce genre de fait; cependant, une évaluation du monothéisme et du polythéisme comme dans le chapitre 17 devrait être menée dans le but de commencer á percevoir les raisons derrière ces associations. Les pyramides sont aussi présentes dans l' industrie de la musique; le clip vidéo de la chanson *Holler* des Spice Girls en est une bonne illustration.

Points communs mystiques de l'Ancienne Egypte, de l' hindouisme, et de la Bible

La représentation du serpent sur les fronts des dieux et dirigeants de l' Ancienne Egypte visibles dans les pyramides et temples correspond aux marques rouges sur les fronts des dieux, prêtres, et dévots hindoues. Ceci correspond aussi á l' enseignement du yoga concernant le 2nd chakra ou troisième oeil.

La correspondence entre la tradition égyptienne et le yoga de l' Inde sont évidentes lorsque l' on considère les travaux de René Schwaller de Lubicz sur le temple de l' Homme, le temple de Karnak á Luxor dédié á Amon, l' invisible, l' animateur de forme, et le souffle de la vie á travers les eaux. Ce temple était la maison d' Amon. Il est frappant que Paul aussi enseigna que l' homme est le temple de Dieu [1 Corinthiens 3: 16], le temple du Saint Esprit [1 Corinthiens 6: 19], et que Jésus se considéra lui-même comme un temple [Jean 2: 19].

"Amen," une autre forme pour "Amon," est utilisé dans des déla-
rations importantes dans l' Ancien Testament [1 Rois 1: 36, Néhemie
5: 13] et est enseigné par Jésus lui-même dans le Nouveau Testament comme formule concluant la prière [Mathieu 6: 13]. Dan Brown
dans The Lost Symbol met en relief, á juste titre, que la forme "Amin"
est utilisée pour le même but dans l' islam.

Qu' Amon fut le souffle de la vie dans l' ancienne Egypte et que
Dieu ait soufflé dans les narines d'Adam dans Genèse 2: 7 montre
une autre connection entre les mystères religieux de l' Ancienne
Egypte, le judaïsme, le christianisme, et l' islam. Comme il sera
montré dans le chapitre consacré au Saint Esprit, le souffle est aussi
l' invisible esprit donnant la vie. Donc, la notion du Saint Esprit est
aussi liée á l' Egypte et á l' Inde.

Influence de la culture grècque

Sous Alexandre, les grècques, destructeurs du puissant empire
des Perses et des Mèdes, ont conquis l' Egypte en 322 av E.C. et
établi un vaste empire. Ainsi la culture grècque particulièrement sa
langue a été exportée rendant possible plus d' échanges entre les
peuples.

La Grèce a servi de base pour la civilisation occidentale de deux
manières. D' abord, comme il est souvent dit, en inventant la démo-
cracie et en montrant son charme aux autres nations. Deuxièmement, les penseurs grècques de l' antiquité se sont penchés sur les
questions fondamentales de l' univers et ont transcrit leurs réflec-
tions qui ensuite se sont largement répandues. Diverses écoles de
philosophies ont fleuri d' elles et offert des modèles de sociétés
alternatives á ceux offerts par les religieux avant eux. Aujourd' hui,
dans la plupart des écoles du monde, qu' elles soient publiques ou

privées, sur tous les continents, l' enseignement sur les débuts de la philosophie remonte á la Grèce ancienne.

Les grècques apportèrent d' importantes contributions philosophiques dans l' histoire de l' humanité, mais leurs hommes de science ont également suivi la même voie. C' est pour cela que les noms de plusieurs grècques figurent dans les enseignements fondamentaux de la science: Hérodote dans l' histoire; Archimède, Euclide, Pythagore, et Thalès dans les mathématiques; Hippocrate et Parménide en médecine; Aristote, considéré comme le père de la science, Ptolémé, Hypparche, et Héraclide dans l' astronomie etc...

En plus de la science et de la philosophie, la Grèce ancienne influença aussi la civilisation moderne par son art des réjouissances populaires. Il n' est pas un secret que les Jeux Olympiques qui se tiennent tous les quatre ans après une dure compétition entre les nations pour les abriter ont leur origine dans la Grèce ancienne. Des milliers d' athlètes dans le monde centrent leurs vies sur ces jeux et quand le moment vient, des centaines de millions de personnes autour du globe s' arrangent pour les voir.

Quand l' Empire Romain devint la première puissance politique mondiale, la Grèce ancienne resta la puissance culturelle. Une telle affirmation peut être supportée par le fait que le grec était le langage originel du Nouveau Testament; avant qu' une version en latin de la Bible [la *Vulgate* de Jerôme] n' apparaisse plusieurs siècles plutard. Il ne doit pas aussi être oublié que le christianisme se répandit au monde en commençant par de nombreuses cités grècques que Paul a visité. Le Nouveau Testament en particulier le livre des Actes est rempli de noms de villes grècques.

Un regard rapide sur Hollywood révèle que plusieurs films historiques sont basés sur la civilisation de la Grèce ancienne. Certains parmi les plus connues sont: *Troy, Spartacus, Gladiator, 300, the Clash of the Titans [Choc des Titans], Hercules in New York* etc...

Importance de la civilisation Maya

Astronomie, sacrifice humain, et suicide rituel

L'astronomie maya est renommée pour sa haute précision. Certains comme l' écrivain Erich Von Däniken croient en la possibilité de contacts entre les mayas et des extraterrestres dans le passé. Une troisième particularité digne d' être mentionnée est la pratique ouverte du sacrifice humain sous la tutelle du dieu Manik et l'existence d' une déesse du suicide, Ix Tab. Ceci montre que les "droits d' auteurs" de l' idée du suicide rituel n' appartiennent pas á Jim Jones ou á d' autres individus de son genre.

Tels hommes, tels dieux

Les mayas représentèrent leurs dieux á leur image comme le firent les anciens sumériens, égyptiens, grècques, hindoues, chinois, japonnais, et africains. Plusieurs raisons peuvent être avancées en explication. L' isolation ou la fierté nationale peuvent expliquer le fait que les dieux portent l' image de leur peuple au lieu de celle d' une nation ennemie.

Il semble que les dieux des anciens temps étaient á l' image de leurs adorateurs plutôt que le contraire. Les athés pourraient y trouver un grand argument. Cependant les théistes pourraient se défendre avec deux arguments. La première est que les dieux ou anges sont des êtres humains comme l' a affirmé Swedenborg et comme l' histoire sumérienne de la création de l' homme á partir du sang d' un dieu suggère.

L' autre argument est que les esprits ont le pouvoir de choisir la forme d' apparition la plus á même d' inspirer leurs suiveurs. C' est le genre d' idée développée dans la série cinématographique *Stargate*

SG1 lorsque les Asgards, une race extraterrestre technologiquement avancée comptant le dieu Thor de la mythologie germanique dans ses rangs, choisit d' apparaître á plusieurs sociétés humaines en tant qu' humains au lieu de révéler leur véritable morphologie. Les anciens égyptiens croyaient que le Ba [âme], que les dieux et les humains possèdent, peut adopter des formes variées.

Sur le plan idéologique, ce qui compte pour les peuples compte pour leurs dieux. Par exemple, le maïs était important dans la société maya. La vie ou la mort étaient déterminées par les bonnes et les mauvaises récoltes. Par conséquent, le panthéon contient un dieu du maïs, le jeune et amical Yum Kaax. Il n' y avait pas de dieu du riz mais un dieu de la guerre et une déesse du suicide. Les athés peuvent encore arguer que ces gens ont créé leurs dieux, mais les théistes peuvent retourner la balle disant que la relation avec les dieux était fondée sur des intérêts mutuels et qu' il n' y a pas besoin d' un dieu du riz lorsque c' est le maïs qui pousse bien sur une terre donnée.

Le Ki chinois comparé au Shakti, au kundalini, et au corps psychique des hindous

La Chine a contribué de plusieurs manières á la richesse de la spiritualité et de la philosophie de la présente civilisation globale. Le taoïsme, le confucianisme, et le Moïsme [ou mohisme] á eux seuls suffisent pour plaider dans ce sens. La doctrine du Tao, celle des cinq éléments, le *Yì Jīng* ou *I Ching* ou *Livre des Changements*, et les dirigeants célestes sont des réalités que l' on néglige seulement pour démontrer une paresse spirituelle ou religieuse. La Chine á travers l' acupuncture aide l' homme dans la compréhension du monde invisible. Le corps psychique du yoga est l' équivalent de l' ancien égyptien 'Ka' tandis que l' énergie de Shakti, la déesse hindoue, devient connue comme la force vitale ou Ki.

Dans l' industrie du cinéma chinois, de nombreux films, qu' ils soient des épopées ou des horreurs, sont basées sur la mythologie chinoise.

Philosophie et mysticisme dans les religions de l ' Inde: vastes, profonds, élevés, et changeants

Dans l' âme de la personne post-moderne, l' Inde et ses religions peuvent être d' abord reliées au Yoga et au développement du corps astral ou psychique avec ses chakras. De nos jours, il y a des centres ou écoles de yoga ou de méditation sur tous les continents. Grâce á eux, l' hindouisme et le bouddhisme ont largement été popularisés au point où certaines de leurs techniques font partie de plusieurs activités académiques et sont pratiquées même dans des sociétés commerciales. "Etre zen" ou "rester zen" sont des expressions souvents utilisées.

A travers la théosophie et le mouvement du New Age, la popularité de ces deux religions a atteint des sommets. Les enseignements de l' Inde ont grandement influencé la théosophie qui est elle même un chef-d' oeuvre dans l' univers de la pensée spirituelle.

Ce qui n' est pas autant visible, est la profondeur et la richesse de la philosophie hindoue. Certains peuvent accuser l' hindouisme de ne pas être clair; cependant il est difficile d' imaginer une situation différente puisque les enseignements viennent de temps très anciens et ont changé avec l' apparition de différents philosophes et enseignants religieux.

L' étudiant de la religion et de la philosophie qui aborde l' Inde doit se préparer á s' asseoir un certain temps s' il ou elle veux faire un travail sérieux. Tout comme on peut conclure que l' hindouisme et les mystères de l'Ancienne Egypte sont des religions de pouvoir des points de vue magique et psychique, on peut également aisément dire, sans peur de se tromper, que les pionniers de l' hindouisme ont laissé une oeuvre de grande nature intellectuelle. Le livre d'Alain Daniélou, *The Myths and Gods of India [Les mythes et dieux de l' Inde]* est une preuve de cette qualité.

Les idées bibliques comme la création et le rôle de la parole ou logos, les eaux, l' abysse, la lumière et le feu, l' incarnation d' avatar, ainsi de suite, sont aussi présentes partout dans les enseignements hindous. Comme dans les autres mythologies, la création par les dieux est expliquée, mais dans l' hindouisme, cela est fait d' une façon que les religions dites monothéistes peuvent comprendre. Un exemple se trouve dans le mythe de la création où Prajapati, le dieu primaire, exprime sa volonté de créer les gardiens du monde.

Si le sexe est important dans les mythologies égyptienne et grècque, il imprègne les enseignements hindous où presque tout dans la vie peut être expliqué en terme de sexe. Les hindous n' accordent pas seulement une place importante au sexe, ils le célèbrent comme dans le tantrisme. Si le système grècque a Aphrodite et Eros pour aider a gérer la libido des adorateurs, les hindous ont non seulement des divinités de l' amour et du sexe, mais aussi tout un système philosophique sur ces deux sujets.

Kamasutra est un mot très courant sur la planète et ses origines se trouvent dans l' hindouisme. Beaucoup pourraient être surpris en apprenant que les différentes positions sexuelles du Kamasutra viennent du dieu Shiva et de sa femme Parvati. Un autre concept développé dans l' hindouisme avant l' ère chrétienne est celui de la "Trinité."

Plusieurs aspects de la mythologie hindoue et des mystères égyptiens sont scientifiques. Par exemple, les hindous décrivent leur dieu du soleil Surya disant: *'Fait de feu qui consume sa propre substance, le soleil est identifié comme le sacrifice cosmique.'* L' idée qui vient á l' esprit est la consommation d' hydrogène au sein du soleil. Il est stupéfiant que ce fait était connu des peuples de l'Ancienne Inde des centaines d' années avant Jésus.

Une autre religion de l' Inde qu' il faut mettre en relief ici est le sikhisme qui parle de Dieu comme d'une figure mâle et un mari. Cette notion correspond á la description du dieu hindou Shiva et aussi aux conceptions de Paul sur Jésus et l' Eglise. *Un mérite important du Jaïnisme est d' encourager les humains á lutter pour devenir des dieux et des déesses.*

Le zoroastrisme et la Bible

L' importance du zoroastrisme apparaît remarquablement á travers ses connections avec la Bible. L' histoire informe que la Perse sous Cyrus et Darius libéra l'Ancien Israël de son exile babylonien et influença la culture juive. Le livre de Daniel est une preuve de cet impact. En effet son contenu est proche des enseignements zoroastriens.

L' idée zoroastrienne des archanges opposés aux archidémons apparaît dans la Bible en Daniel 10: 20-21. La citation du nom de la Perse dans ce passage est une confession de son auteur que la pensée persanne est á l' oeuvre. Le même constat est valable pour le Livre de Révélation dont le messie a plusieurs points communs avec les dieux zoroastriens Vohu Mana et Sraocha.

Le portrait de Jésus dans les évangiles a beaucoup á faire avec ces deux dieux. Sraocha et Jésus sont des incarnations de l' obéissance au Dieu Suprême, les deux sont médiateurs entre Dieu et les hommes, les deux sont des sauveurs, les deux dirigeront une guerre cosmique et finale qui causera la défaite du Diable, etc. Tout comme Vohu Mana, Jésus est appelé la Parole [ou Sagesse] de Dieu qui s' asseoit á sa droite. Même la naissance de Jésus fut marquée par le sceau du zoroastrisme représenté par les maîtres, sages, ou magiciens qui le visitèrent guidés par l' astrologie.

Une autre idée zoroastrienne rencontrée dans le Nouveau Testament est la défaite de la mort comme écrit dans le mythe zoroastrien de la création et par Paul dans 1 Corinthians 15: 55. D' autres passages tels Esaïe 25: 8, Osée 13: 14, et Hébreux 2: 14 expriment aussi cette idée.

Un parallèle supplémentaire entre la Bible et le zoroastrisme est le concept d' Ancien des Jours exprimé dans Daniel 7: 13 et Révélation 4 d' une part et la description d' Ahura Mazda, le Dieu Suprême du zoroastrisme, d' autre part. Le concept des sept esprits principaux de Dieu figure á la fois dans le zoroastrisme et dans la Révélation de Jean. L'astronomie et l' astrologie sont importantes dans le zoroastrisme comme elles le furent dans l'Ancienne Egypte, la Mésopotamie, l' Inde, et la Méso-Amérique des maya.

L' histoire des sages qui visitèrent Jésus á sa naissance devrait être une leçon de tolérance religieuse pas seulement parce qu' ils ont honoré Jésus, mais aussi parce qu' ils ont été reconnus par Dieu qui se manifesta dans leurs rêves. Certains pourraient dire que ce fut á cause de Jésus mais le fait est qu'Hérode par exemple ne reçut pas cette faveur de Dieu. Ces sages devaient avoir eu quelque chose de valeur aux yeux de Dieu; une chose reçue du zoroastrisme.

Judaïsme, christianisme, et islam

Conquêtes mystiques et humanistes

Le judaïsme est crucial pour la spiritualité parce qu' il a permis la naissance du christianisme et de l' islam, les religions de plus de deux milliards de personnes; et aussi parce qu' il rendit possible l' existence de la kabbale. La kabbale n' apparaît pas comme une science facile. Selon la plupart des chercheurs, il peut même être très dangereux. Le minimum de 40 ans est souvent requis de ceux qui veulent commencer son étude. En effet la mort et la folie sont deux résultats possibles pour l' étudiant non préparé s' il n' est pas simplement trompé par les puissances spirituelles invoquées.

Le christianisme a offert plusieurs saints et mystiques au monde. Il a été le centre de débats intenses sur les divinités pendant presque deux millénaires déjà. Il a "offert" Jésus au monde avec sa grande compréhension de l'amour et du service á autrui. *Jésus, comme Hermès Trismégiste, l' Ancien Israël, les bouddhistes, les jaïnistes, et certainement d' autres enseignants spirituels a mis l' accent sur le fait que la divinité est le destin glorieux de l' humanité [Jean 10: 34, Psaumes 82: 6].*

L' islam a amené l' organisation et le développment dans plusieurs territoires et donné au monde le sufisme; une autre opportunité de dialoguer avec la réalité au niveau subtile.

Grâce au judaïsme, plusieurs mythes contenant des leçons importantes pour guider les gens dans la vie ont été compilés dans la Bible Hébreuse ou Ancien Testament. Ainsi des milliards et des milliards d' individus ont pu adoucir leurs peines quand d' autres ne les comprenaient pas et ont été aussi capables de trouver un nouvel espoir.

La marche nécessaire vers l' éradication de la violence et du dogme

Il est également important de reconnaître les luttes sanglantes au sein de chacune des trois grandes traditions dites monothéistes, entre elles, ainsi que contre d' autres fois et idéologies. *Le conflit entre Israël et la Palestine aujourd' hui n' est pas juste politique; il possède des racines religieuses profondes.La malcompréhesion et la lutte entre juifs et musulmans sont enracinées dans un désaccord sur Dieu, sa nature, et sa volonté.*

La clarification proposée dans le présent livre est différente á plusieurs niveaux des points de vue juive et musulmane. Mais si cette nouvelle vision est juste et suffisamment puissante sur le plan philosophique pour rendre possible une paix durable entre Israël et le monde musulman, alors son expression serait valable.Pour que cette paix puisse arriver, les deux parties devront avoir l' âme ouverte et considérer la possibilité de changement comme dit dans l' introduction [pensée et conscience].

Dans les trois grandes religions dites monothéistes, beaucoup posent des tonnes de questions sans réponse. Peut-être que ces réponses existent et nécessitent une considération globale de l' écriture ou une recherche sincère et humble des bons éléments dans d' autres cultures et civilisations pour emerger.

Toute personne familière avec la Bible et le Coran et qui a lu les nombreuses histoires, mythologies, et philosophies du monde voit que la Bible et le Coran sont les réceptacles de plusieurs histoires sacrées de l' humanité et que quelque chose manque aussi en eux. Donc, pour que les réponses arrivent, il faudrait non seulement rechercher Dieu en eux avec un oeil toujours nouveau mais aussi regarder á l'extérieur d' eux.

Loin est l' intention de dire que tout est parfait et meilleur en dehors de la Bible et du Coran. L' exhortation pour le chercheur des êtres divins est de simplement considérer toutes les évidences pour Dieu et les dieux et travailler sur ces évidences avec les parties les plus sublimes de l' âme. Que le moins intelligent deviennent plus intelligent! Que le moins aimant donne plus d' amour! Que le faible devienne fort et que le moins sage devienne plus sage!

Le gnosticisme: un amour pour la sagesse et le mysticisme et le développement du dualisme

Une chose qui peut être mise sur le compte du gnosticisme est son amour pour la sagesse divine, pour la philosophie religieuse, et son encouragement á la détection des divinités á travers l' expérience personnelle. Le gnosticisme donne une idée de la valeur de l' herméticisme et du néo-platonisme, deux systèmes de pensées spirituelles qui valent la peine d' être explorés.

Les gnostiques ont laissé un héritage fait de presque toutes sortes d' idées concernant les divinités. Le chercheur peut ne pas être d' accord avec elles toutes, cependant en éliminant l' obstacle de leur terminologie complexe, il/elle ferait un voyage risqué mais extraordinaire dans l' univers de la sagesse.

Selon Manly P. Hall, plusieurs théories des anciens gnostiques surtout celles concernant des sujets scientifiques ont trouvé une justification dans la recherche moderne. Le gnosticisme est le courant spirituel qui en dehors du zoroastrisme façonna fondamentalement le dualisme avec un grand nombre d' écoles internes, de penseurs, et d' arguments. Ses idées sont parfois très illuminantes pour l' âme. Par exemple le rejet du Dieu de l' Ancien Testament peut sembler idiot, mais en dessous, il y a une leçon pour celui ou celle qui ouvre suffisamment les yeux et les oreilles.

Valeur des autres mouvements théistes, de l'agnosticisme, et de l' athéisme

La divination est une des forces du Shintoïsme et des religions traditionnelles africaines. Leur voix devrait être entendue afin de parvenir á une exploration complète du potentiel divin. Emmanuel

Swedenborg a offert une expérience unique en dehors du corps physique qui augmente le champ d' analyse du chercheur. Malgré des parties qui ne sonnent pas justes, son message a un potentiel rarement égalé pour aider á une bonne vie spirituelle. *Le Ciel et l' Enfer* est juste un de ses messages. Plusieurs autres peuvent être hautement recommendés si le risque d' errance philosophique est évité.

Avec la théosophie et le Temple du Peuple, la philosophie spirituelle s' est considérablement développée. Bien entendu, le livre *Knowledge of the Higher Worlds [Connaissance des mondes supérieurs]* de Rudolph Steiner doit être lu par tout chercheur sérieux. Le New Age est entrain de suivre les traces de la théosophie et tente d' arriver a un meilleur résultat. Son acceptation des bonnes idées d' où qu' elles viennent est très honorable.

Les mouvements ésotériques semblent avoir plus d' informations sur les divinités; mais leurs enseignements sont secrets. L'agnosticisme et l' athéisme ont posé des questions fondamentales au théisme. Leur caractère séculier ne rend pas leur sophos ou sagesse insignifiant. En défiant la théologie, la spiritualité, et la religion, le laïcisme devrait les améliorer. Il y a deux types de sciences: celle physique et celle spirituel. Les deux appartiennent á la science sacrée comme René Schwaller de Lubicz l' a reconnu; ou simplement á la science tout court.

Chapitre 10

L'épistémologie et les divinités

L'EPISTEMOLOGIE est la branche de la philosophie qui
étudie la nature de la *connaissance*, ses présuppositions et fondations, son étendue et sa validité. Selon une certaine perspective, il existe la connaissance individuelle et la connaissance collective. Comment donc une personne vient-elle á la certitude de l'existence des divinités et comment la société humaine dans son ensemble atteint-elle le même résultat? Telle est la question fondamentale á laquelle ce chapitre propose une réponse.

La religion, la science, la spiritualité, et la philosophie sont les voies par lesquelles l'existence ou non des divinités peut être prouvée. Le degré de validité de chaque méthode est différent. Une combinaison des quatre mène á l'établissement d'une position solide.

La religion comme un moyen de connaître les divinités

La religion a été et demeure le moyen le plus commun de connaître les divinités. En tant qu' un *ensemble de croyances et de pratiques*, elle transmet des enseignements le plus souvent de nature dogmatique au chercheur. Ce dernier est appelé á suivre le chemin tracé par d'autres [fondateurs, saints, dirigeants, etc...] presque sans poser de questions.

Le problème avec la religion est qu' elle reste un *système de croyances et de pratiques* pour la majorité des gens. Très peu ont l' opportunité de vivre la félicité, les expériences mystiques, et les perceptions psychiques qui donnent l'assurance de la connaissance du monde subtile. Plusieurs personnes religieuses opposent la foi á la connaissance déclarant que la foi est ce qui est nécessaire en religion tandis que la connaissance est en rapport avec la science. Ils affirment que les tentatives pour expliquer la religion et de façon plus importante Dieu, sont vaines, sans sagesse, et ne devraient pas être essayées.

Le résultat est l' absence de progrès religieux significatifs, l'existence de conflits au sein et entre les religions, etc... Une des choses les plus tristes dans la religion est que les fidèles abandonnent une grande partie de leurs droits et de leur volonté pour se trouver manipulés par d' autres humains qui ne sont en rien supérieurs.

Stephen Pepper, dans *God in Contemporary Thought: A Philosophical Perspective [Dieu dans la Pensée Contemporaine: une Perspective Philosophique]* déclare qu' un grand nombre d' individus dans les pays "civilisés" ont refusé d' appartenir aux religions classiques surtout á cause de l' attitude dogmatique de la religion qui demande une foi implicite et une croyance incontestable dans les rituels et règles et qui offre une sécurité qui n' est pas vraie.[25]

La religion a été une des plus terribles formes d' exploitation de l' homme par l' homme; ce qui a presque effacé le travail des personnes sincères, humbles, sages, et compatissantes dans ce domaine de la vie. Les dommages causés par certains hommes religieux sont si nombreux que d' autres individus originellement inclinés vers le surnaturel se détournent le coeur rempli de peine et d' amertume et deviennent parfois des adversaires féroces de la religion.

La religion recherche l' unité avec le divin. Cependant, cette unité ne doit pas être nécessairement obtenue á travers une foi aveugle. Qu' importe combien heureuse ou bénie une personne est en ayant ce genre de foi, il demeure vrai que la connaissance et la raison sont meilleures. *Une décision basée sur la connaissance, la raison, et la compréhension inspire toujours plus confiance qu' une foi aveugle.* En réalité il y a un genre de foi associé á la connaissance et á la raison appelé réelle assurance ou inébranlable confiance. *Celui ou celle qui connaît ne peut être converti; c' est celui ou celle qui croit qui peut l' être.*

Tout ceci est pour dire que la *religion devrait être la science des choses divines plutôt qu' un ensemble de croyances et de pratiques.* Alors, peut-être que le mot 'religion' pourrait regagner sa valeur.

La croyance peut émerger seulement lorsque la science spirituelle est bloquée. L' on peut sentir une vérité spirituelle, y croire, et travailler pour la prouver comme le font les chercheurs en matière de science des choses physiques. En effet ces scientifiques aussi ont leurs croyances. Ce qui ne doit jamais être fait est d' empêcher les

---

[25] Sebastian A. Matczak, God in Contemporary Thought: A Philosophical Perspective: a Collective Study (Philosophical questions series, 10. New York: Learned Publications, 1977), 985.

autres de dormir á cause de *croyances*. Même la connaissance requiert une transmission prudente.

Il est bien connu que 'science' ou 'connaissance' est synonyme de 'pouvoir.' La science spirituelle renferme un pouvoir encore plus grand. Originellement, comme dit plutôt, la religion concernait les choses physiques aussi bien que les choses spirituelles. Mais comme tout pouvoir, dans de mauvaises mains, elle détruisit et ne construisit pas. Par conséquent la théurgie, la magie, la divination, l' alchimie, ainsi que d' autres disciplines sont devenues des éléments négatifs interdits dans plusieurs passages de l' Ancien Testament tels Deutéronome 18: 9-12 et Lévitiques 19: 31.

Une lecture réfléchie de la Bible amène á l'acceptation du fait que Moïse, Jésus, un voyant comme Balaam, Daniel, et Paul ont utilisé exactement le même pouvoir appartenant aux disciplines spirituelles juste citées. La différence réside dans comment et pourquoi ils l' utilisèrent. Le Dieu de l'Ancien Testament interdit certaines pratiques, mais au même moment il les enseigna á ses fidèles. Exode 28: 30 montre que ce Dieu donna des instruments de divination, l' Urim et le Thummin, au Grand Prêtre d' Israël. Le but était de s' assurer que la puissance soit bien utilisée.

Pourquoi le Dieu de l'Ancien Testament est-il si contre les autres dieux et interdit les cultes centrés sur eux? C' est parceque ces dieux comme celui connu sous le nom de Baal enseignèrent une façon maléfique d' utiliser le pouvoir. Le sacrifice d' enfant est une des plus importantes raisons expliquant l'opposition du Dieu de l'Ancien Testament aux dieux [Lévitiques 18: 21, Deutéronome 18: 10, 2 Rois 23: 10].

Il est dit dans plusieurs écritures religieuses et spirituelles que de nombreux anges déchus enseignèrent des disciplines spirituelles aux femmes et aux hommes. Le problème, toujours selon les écritures est qu' ils désobéissaient á Dieu. La puissance est neutre et donnée par le Dieu Suprême qui créa les êtres spirituels et physiques. Lorsque ces êtres décident de mal l'utiliser, ceci est le mal. La conclusion est qu'il n'y a pas de raison d'avoir peur de s'investir dans la science spirituelle comme beaucoup l'ont fait sous l'inspiration de Dieu "Lui-même." La difficulté réside dans le fait de pouvoir trouver un bon enseignant et d'utiliser la connaissance de manière constructive.

Selon un fameux dicton, le pouvoir et l'argent corrompent. Il faut être donc d'une forte moralité théorique et pratique pour les dominer et éviter d'être leur esclave. *En 1 Jean 4: 1, il est demandé de tester les esprits, pas seulement les faux prophètes humains, mais aussi leurs manipulateurs, les anges déchus. Selon ce verset, il existe des personnes qui adorent des anges.*

On ne peut tester les esprits que si l'on a une certaine connaissance ou science. Personne ne boit un verre d'eau en *croyant* simplement qu'il est propre et sans danger mais parce qu'un tel acte est basé sur les preuves de bonne odeur, de bonne couleur, sur l'abscence de débris visible etc…Ce genre de jugement, de connaissance, ou de discernement est aussi nécessaire pour les actions spirituelles comme Paul l'admet en 1 Corinthiens 2: 12-15.

L'histoire montre qu'il y eût plus d'échecs que de succès dans la quête spirituelle. Ceci est une raison expliquant pourquoi doucement la science spirituelle a été rejetée et la religion est devenue seulement un ensemble de croyances avec les conséquences décrites brièvement plus haut.

En clair, la religion telle qu'elle est actuellement ne peut trop aider dans la connaissance des divinités incluant le Dieu Suprême parce que la connaissance est différente de la croyance. Les succès ne peuvent qu'être rares et lorsqu'ils surviennent, il est difficile de convaincre d'autres de leur validité.

La religion trouve sa vraie place, son sens réel, et son véritable but après que la recherche spirituelle systématique et rigoureuse ait attribué de valeur á ce qui doit être pratiqué. *La religion serait alors définie comme la* <u>science</u> *du développement spirituel humain et de l'union avec le divin, en particulier le Dieu Suprême.*

Il est utile que la recherche spirituelle et la religion soient deux disciplines séparées car le développement spirituel réel et l' union avec le divin ne doivent pas être fondées sur des croyances qui seront montrées comme fausses dans le future. Plusieurs personnes religieuses incluant des prêcheurs ont vécu l' expérience de défendre vigoureusement une croyance á un moment donné et d'avoir une compréhension différente ultérieurement avec des conséquences négatives importantes pour ceux qui les avaient suivi au moments de leur errance idéologique. C' est pourquoi la croyance et la religion dans sa forme la plus répandue n'est pas suffisamment fiable pour que le divin soit vraiment connu.

La science des choses physiques ou physicalité comme méthode de connaissance du divin

Le débat peut vite être fermé en disant que la physicalité connue comme "Science" est en opposition á la spiritualité et que comme résultat elle ne peut aider d' aucune manière á connaître Dieu ou les dieux. Ceci serait une énorme erreur et correspondrait á une ignorance de la réalité.

Karen Kelly dans *The Secret of 'The Secret' [Le Secret du 'Secret']* présente la réticence du professeur Barry Sanders á établir des correlations entre physique quantique et mysticisme ou entre l' énergie quantique et l' énergie spirituelle ou ki [chi]. Sanders affirme que les lois de la physique quantique n' ont rien á voir avec l' énergie mystique. Son point de vue est compréhensible si l' on tente de se mettre dans ses chaussures. Mais quelqu' un comme Chercheur qui a l' expérience de l' énergie mystique n' est pas aussi catégorique et préfère que plus de recherche scientifique á la foi dans les domaines spirituel et physique offre une meilleure réponse.

Karen Kelly cite aussi Fred Alan Wolf qui déclara qu' il y a des chercheurs spirituels qui n' ont aucune idée de ce qu' est la science. Elle décrit le *charlatanisme quantique* comme caractérisant des intellectuels qui ne sont pas des scientifiques mais qui utilisent les théories de la mécanique quantique qu' ils/elles ne comprennent pas pour faire des déclarations sur toutesles choses qui existent sous le soleil.

Il faut cependant rappeler qu' il y a des intellectuels dans des disciplines dites non scientifiques qui savent quand même ce que la science ou la physicalité signifie. Chercheur par exemple, malgré qu' il soit un théologien est aussi médecin. Il aurait pu embrasser n' importe quelle discipline scientifique, mais il choisit la médecine. Les premières années de l' école de médecine appronfondissent les connaissances des étudiants dans diverses branches de la physique incluant la biophysique ainsi que différentes sortes de chimies incluant la biochimie.

Il serait difficile d' affirmer que la médecine qui combine plusieurs disciplines scientifiques n' est pas scientifique. Au contraire, elle utilise la "science" pour comprendre la nature et la fonction du corps et de l' esprit humains, pour prévenir leur dysfonction, et pour aider á restaurer leur équilibre lorsqu' il est rompu. Chercheur peut ne pas être un pur physicien mais l' aptitude de lire et de comprendre la physique quantique de base peut lui être accordée quand il est question de la structure et de la fonction des êtres humains au moins.

Le système d' éducation moderne donne beaucoup de valeur á la connaissance gagnée dans les institutions officielles mais depuis la nuit des temps, nombreux sont ceux qui ont reçu des connaissances á travers l' auto-éducation, l' étude de livres, et l' analyse de leurs expériences. Ceci est pour dire que s' il est possible qu' il y ait des gens qui parlent de choses qu' ils ne comprennent pas, il y a aussi d' autres qui savent de quoi ils parlent au contraire.

En matière de physique quantique et de mysticisme ou de spiritualité, les lois complexes ne sont pas ce qui est requis premièrement. Comprendre que la matière est de l' énergie comme Albert Einstein l' a déterminé et savoir que les particules les plus petites sont des blocs d' énergie est une clé. Parler de nano-anatomie ou de fento-anatomie pourrait bien convenir. Chercheur pense que les intellectuels dits non-scientifiques sont capables de comprendre le niveau de physique quantique nécessaire pour tirer leurs conclusions qui peuvent être vraies ou fausses si leurs analyses ne sont pas complètement rigoureuses.

Un enseignant cher au Temple du Peuple affirma que la compréhension du mystère de l' univers viendra grâce á une étude multidisciplinaire. Il encouragea les étudiants á s' intérresser á autant de disciplines que possible pour établir les connections nécessaires. Chercheur comprit et essaye de suivre ce conseil. C' est une bonne chose donc que les intellectuels dits non-scientifiques s' intéressent á la mécanique quantique.

Ce qu' il faut espérer est de voir plus de "scientifiques" examiner aussi les questions théologiques et d'assister á la disparition de l'ostracisme de ceux qui font cette démarche. Un groupe composé de pareils scientifiques réuni par la Fondation Nour aux Nations Unis en Automne 2008 a reconnu cette situation d' exclusion et parfois de persécution comme l' a admit aussi Harvey Irwin dans *An Introduction to parapsychology [Une Introduction á la Parapsychologie]*[26].

Avec le terrain ainsi préparé, la présentation suivante qui n' est pas une tentative de distorsion de la physique mais une pour comprendre l' univers á partir de plusieurs angles, peut être faite.

---

[26] Harvey J.Irwin, *An Introduction to Parapsychology* (Jefferson, N.C. [u.a.]: McFarland, 1999), 71.

Il existe une substance physique ainsi qu' une substance spirituelle. Les définitions du mot 'esprit' sont nombreuses. Certaines
seront utilisées au moment opportun. Celle qui est intéressante ici
est 'esprit' décrit en religion ou en spiritualité comme la substance du
monde spirituelle et dont la personne intérieure de l' homme ou de la
femme est faite.

En réalité, la matière est unique mais avec des formes et des
degrés différents comme l'enseigne le Temple du Peuple. Il y a la
matière physique et il y a celle spirituelle. Elle comprend une partie
visible et une partie invisible. Quand la matière est visible á l' oeil
humain, elle est appelée solide, liquide, et dans certains cas gaz. La
matière invisible ne peut être vu á l' oeil nu. Elle comprend certaines
formes de gaz, les micro-organismes, ainsi que différentes sortes de
particules et d'ondes. Les plus petites formes de la matière pour
lesquelles la science dispose d' évidences sont les électrons, les
protons et neutrons, et au delá d' eux les quarks et les photons de
lumière.

*La matière invisible comprend á la fois de la matière spirituelle et
de la matière physique que l' oeil physique ne peut percevoir sans l'
aide d' instruments. Ainsi, la notion d' invisibilité varie avec les
progrès de la science des choses physiques ou physicalité. Des
éléments ayant appartenus au règne invisible passent progressivement dans le règne visible grâce á la médiation des instruments. Il
apparaît donc que l' invisibilité est une notion relative et n' est pas
exactement synonyme de la spiritualité.* En fait de nombreux éléments autrefois considérés comme spirituels ont déjá trouvé une
place dans les sciences des choses physiques comme quiconque
ayant étudié un peu la spiritualité Dogon peut se rendre compte.

Un jour, Chercheur était assis sous un arbre dans une place publique de New York lisant un livre. Un homme passa et son téléphone
portable sonna. Il prit l' instrument moderne de communication et
commença á parler. Ce petit événement qui n' a rien d'extraordinaire

pour la plupart des êtres humains du 21ème siècle déclencha en Chercheur une expérience méditative qui lui rappela que de nombreux êtres et phénomènes ne sont par perçus á l' oeil nu.

Il se souvint qu' un vidéophone se base sur le mouvement des ondes de son et de lumière et parfois des ondes radio et télé d' un interlocuteur vers un autre pour remplir sa fonction. Il se rappela également que le cerveau aussi émet des ondes dont quatre sont connues de la physicalité: beta, alpha, theta, et delta. Les ondes theta sont associées par certains á la venue de bonnes idées et par d' autres á la méditation. Les ondes beta sont associées avec le processus de la pensée.

La télépathie est définie comme le transfer d' information sous forme de pensées et de sentiments entres individus par un moyen autre que les cinq sens physiques. *Chercheur se demanda si les ondes beta et/ou theta ou toute autre sorte d' onde cérébrale n' étaient pas le support de la télépathie tout comme les ondes de son et de lumière servent de support á l' information verbale et visuelle. La télépathie serait donc une fonction spirituelle, différente de celle remplie par les cinq sens physiques, mais en connection avec eux.*

Plusieurs idées, rêves, et visions qualifiés d' hallucinations ou d' illusions et considérés comme imaginaires et non-réels sont néammoins des composantes réelles de l' univers probablement portées et transmises par des ondes d' une nature particulière. Les images qui apparaissent sur 'l' écran mental' peuvent être originales venant du voyant ou du rêveur ou projetées dans son âme par une source extérieure.

Pour comprendre le phénomène, on pourrait considéré une photo ou un enregistrement vidéo qui est authentique et une qui est fabriquée. Dans les deux cas, le produit final est réel mais l' un résulte d' un processus "naturelle" et l' autre d' une distortion du "naturelle" ou d' une pure imagination qui est implantée, ou encore un mélange de déformation et d' idées extérieures. Cette compréhension explique les différentes sortes de rêves que les gens font.

L' origine ou la source des *idées, visions, ou rêves* pourrait être des êtres qui vivent dans les sphères mentale ou spirituelle; que ces êtres soient bons ou mauvais. La source pourrait être aussi physique, par exemple un sorcier. Ce genre d'explication peut être rejeté et considérécomme le genre d' histoire qu' on ne peut trouver que dans les films de science fiction comme *Harry Potter*. Mais une explication scientifique de la transmission de la pensée requiert que l' on parle d' émetteur et de récepteur.

S' il y a un receveur [le voyant, l' idéologue, ou le rêveur], et si le phénomène d' onde au niveau de la pensée est plus qu' une hypothèse, alors la possibilité de l'existence d' une source ou d' un emetteur comme décrit dans les "histoires" n' appartient plus seulement au monde de l' imagination et de la fiction.

Puisque les substances physique et spirituelle sont sur la même échelle, il doit y avoir au moins un degré intermédiaire de substance qui connecte les deux et leur sert de médiateur. Les états solide, liquide, et gazeux sont les degrés de la matière physique. Il n' est pas impossible que la matière spirituelle aussi ait plusieurs degrés qui expliquent, au moins partiellement et sous réserve de confirmation expérientielle, les différents cieux ou plans spirituels décrits dans de nombreuses théologies, ontologies, et cosmogonies.

Certaines religions et écoles spirituelles enseignent qu' il n' y a pas de différence fondamentale entre la substance physique et la substance spirituelle. La substance physique est de la matière hautement concentrée ou en bas état vibratoire tandis que la substance spirituelle ou esprit est de la matière duliée ou en état vibratoire élevé.

La substance spirituelle ou esprit peut être contenue dans la substance physique de la même manière que du gaz peut être contenue dans du liquide. L' eau gazéifiée et le sang riche en oxygène sont deux exemples illustratifs. Les scientifiques de la physicalité ont ainsi une base pour comprendre pourquoi la spiritualité et la religion enseignent que le corps physique contient un corps spirituel ayant la même forme. Parfois la matière est décrite comme ayant sept degrés, même quarante neuf, voire plus. Une école comme le Temple du Peuple considère la matière comme de l' énergie, de l' électricité, ou du feu.

Vue ces explications, il ne devrait pas y avoir de frontière entre la "science" et la religion ou plus exactement entre la physicalité et la spiritualité. Le lit ontologique [la théorie de la nature des êtres] est ainsi dressé pour aborder sereinement la question de l' épistémologie [moyen de connaître] et les divinités.

Il a été dit, á juste titre, que la science physique était jadis unie á la science spirituelle et que plusieurs de ses disciplines ont émergé de la science sacrée. De nombreux grands hommes ont travaillé dans ces deux sphères faisant des découvertes impressionantes qui ont changé le cours de l' histoire. Paracelse, Isaac Newton, Pythagore, et Thalès sont justes quelques uns. La physicalité a développé la capacité d' évaluer et de poursuivre leurs travaux dans le domaine physique mais n' a pu faire de même en ce qui concerne leurs travaux spirituels.

Ceci ne rend pas ces travaux spirituels faux ou inutiles. Avec la création de nouveaux genres d' instruments, il est très possible comme le suggère le Temple du Peuple que la physicalité rassemble les évidences démontrant l' existence de réalités jusqu' ici inconnues. Telle a été l' histoire de la science physique et il ne serait pas raisonnable d' affirmer que cela n' est plus possible.

La jonction entre les deux sortes de sciences sera certainement établie un jour si elle ne l' est déjá. L' électromagnétisme semble un domaine très prometteur pour atteindre cet objectif. Cependant il est important de souligner que l' instrument par excellence n' est autre que l' être humain même. C' est pourquoi de nombreux enseignements moraux, éthiques, philosophiques, religieux, et spirituelles proposent des méthodes de développement pour rendre les humains capables de percevoir et de vivre des réalités jusque lá inconnues.

La physicalité pure ne peut encore donner de preuve directe de l' existence des divinités, mais transportée par les ailes de la philosophie, elle peut fournir des orientations très interressantes comme il sera prouvé dans la dernière section de ce chapitre ainsi que dans les chapitres 15 et 16 dédiés á la discussion sur l' existence de Dieu et des dieux.

La science spirituelle et l'épistémologie du divin

Comme il a été déjá montré, la science spirituelle fit partie de la religion á l' Ouest dans le passé. Elle est toujours un élément d' une religion comme l' hindouisme qui vient de l' Est et se retrouve aussi dans plusieurs religions traditionnelles de l' Afrique. Ceci explique l'attraction d' un nombre de personnes de plus en plus grand vers ces religions. Comme la science physique, la science spirituelle a plusieurs disciplines. Une discipline peut être très fortement développée dans une religion donnée tout en étant faible en une autre.

Dans l' hindouisme et dans les religions traditionnelles africaines, la science spirituelle est synonyme de pouvoir, tout comme la science physique. *Une volonté maléfique ayant du pouvoir que ce soit physique ou spirituelle peut endommager la nature et causer du tort aux êtres humains. Une religion basée sur la foi aveugle peut maintenir les gens dans l' ignorance ou dans l' esclavage mentale et spirituelle.* Quand une force spirituelle telle une incantation, un rituel, ou une attaque directe par un esprit est ajouté, le pouvoir destructeur de la science spirituelle est encore plus remarquable.

C' est une des raisons qui expliquent pourquoi la science spirituelle a été rejetée et a fait sa sortie des religions officielles dans l'
Ouest. Cependant, Aucun chrétien ne peut raisonnablement nier que
Jésus était un scientifique spirituel de premier ordre même s' il est
impossible de trouver aujourd' hui des personnes de cette trempe
dans les religions qui se réclament de lui. Jésus et plusieurs autres,
certains nommés dans la Bible, ont utilisé leurs pouvoirs pour le bien
en guérissant et en réconfortant; mais d' autres utilisèrent les leurs
pour détruire.

La vraie question est de savoir si l' humanité peut maîtriser la
science spirituelle ou pas. Tel est le problème posé par Lawrence
Watt-Evans dans son roman *The Summer Palace [Le Palais d' Eté]*.
Watt-Evans est aussi l' auteur du livre de fiction *Touched by the
Gods [Touché par les Dieux]*.

Il y a tellement d' auteurs, de romans, de dessins animés, et de
films dans le genre de la fiction spirituelle et le nombre de lecteurs,
de cinéphiles, et de spectateurs incluant des sceptiques et des athés
est si grand! On pourrait se demander si la conscience ou l' inconscient collectifs ne sont pas solidement attachés au surnaturel comme
le célèbre psychologue Carl G. Jung [1875-1961] le reconnu dans
son oeuvre *The Archetypes and the Collective Unconscious [Les
Archétypes et l' Inconscient Collectif]* et dans *Psychology and Religion [La Psychologie et la Religion]*[27].

Pour Jung, *les rêves et les états psychotiques de certains patients prouvent que le psychisme ou l' âme de l' être humain n' est
pas limité a sa conscience.* Parce que ces rêves et ces états psychotiques sont incontrôlables, ils ne peuvent avoir leur origine dans la
conscience mais dans une partie de l' âme qui est appelée incons-

---

[27] Carl G. Jung, *The Archetypes and the Collective Unconscious* (Bollingen
series, 20 [Princeton, N.J.]: Princeton University Press, 1968), 275, 282, et
289.

cient. La conscience se développe á partir de l'obscurité de l' inconscient, dit Jung. Le processus de la pensée existait longtemps avant
que l' homme soit capable de dire *Je penses,'* ajoute-t-il. Si ceci n'
est pas une déclaration religieuse dans un language différent, qu' est
ce donc? Jung rejoint ainsi Descartes pour associer les concepts de
pensée et d' être.

Jung affirme que l' inconscient est la mère du conscient et juste
comme une mère humaine peut seulement produire un enfant
humain dont la nature la plus profonde reste cachée durant son
existence en elle, de même l' inconscient ne peut être entièrement l'
accumulation chaotique d' instincts et d' images. Il est aussi évident
que *l' inconscient fonctionne spontanément,* affirme t-il.

Normalement, l' inconscient collabore avec le conscient continue
t-il, sans pertubations ni conflicts de telle sorte que l' individu n' est
même pas conscient de son existence. Mais quand la personne ou
un groupe social dévie trop loin de ses fondements instinctifs, il/elle
reçoit l' impact total des forces inconscientes. Ces éléments dans le
discours de Jung sont très proches des notions de péché, de culpabilité, et de justice ou punition divines.

L' inconscient fonctionne donc avec intelligence et but. En Inde, il
est appelé superconscience rappelle Jung qui ajoute que *les manifestations de l' inconscient montrent destraces de personalités* ou
archétypes. Les archétypes existent au sein de l' inconscient dans
les rêves, visions, fantasmes, illusions, etc…Jung distingue deux
sortes d' inconscients: l' inconscient personnel et l' inconscient
collectif. Les archétypes de l' inconscient collectif sont selon lui
connectés aux idées mythologiques complètement inconnues du
profane.

Pour Jung, les mythes en psychologie sont, tout comme les
déclarations religieuses, des manifestations de l' inconscient avec la

différence que les déclarations religieuses sont plus intenses[28]. *Le psychisme est le musée de son histoire phylogénétique tout comme le corps est le musée de la sienne.*

Carl Jung continue sa description du psychisme inconscient disant qu' il est non seulement immensément ancien mais aussi capable de croissance dans un future également très lointain. L' état d' auto-contrôle et d' ecstase dont jouissent certains maîtres est pour lui l' état inconscient ou la *conscience universelle.* Mais l'aspect négatif de ceci est qu' il survient une diminution de clarté et des détails dit-il avant de conclure que la conscience devient capable de tout embrasser mais est par la même occasion nébuleuse ou floue.

Au total, on peut voire que la notion d' inconscient, de conscience collective, ou de superconscience de Jung est proche du concept de Dieu et que les archétypes qu' il lie á la mythologie correspondent aux dieux, déesses, ou anges.

Jung, á la différence d'autres psychologues influents tels Sigmund Freud reconnaît que les éléments spirituels sont importants dans l' économie du psychisme. C' est pourquoi il souhaita coopérer avec les théologiens afin que chaque partie bénéficie de l' autre.

Maintenant, il est approprié de montrer comment la science spirituelle peut amener des preuves de l' existence de Dieu et des dieux. Ces évidences peuvent se trouver dans le monde religieux mais très rarement. Elles ne peuvent qu' être expérientielles et scientifiques dans leur nature pour vraiment satisfaire. Ceci amène á l' introduction du concept d' *expériences spirituelles authentiques.*

Lorsque les gens naissent dans le monde physique, ils/elles vivent plusieurs expériences et utilisent leurs intelligences, créativités, et imaginations pour influencer leurs environements. Mais il y a une limite á ce que l' imagination peut faire. Qu' importe combien intelli-

---

[28] Carl G. Jung, *Psychology and Religion* (The Terry lectures. New Haven: Yale University Press, 1938), 300.

gent ou connaisseur un individu est, il/elle ne peut créer certaines réalités de ce monde. Plusieurs choses existent indépendamment de la volonté des êtres humains.

Mêmement, sur le plan spirituel, il y existe une réalité faite de substance spirituelle. Tout comme il y a de la vie, des choses, et des lois dans le domaine physique, il y a aussi de la vie, des choses, et des lois spirituelles. Comme dit plus haut, de nombreuses vies, choses, et lois longtemps inconnues de la physicalité et des senses physiques deviennent progressivement manifestes á ces sens.

La science spirituelle affirme que plus encore est possible; qu' il existe des formes subtiles de vie, de choses, et de lois auxquelles la physicalité ne peut encore accéder mais qui sont évidentes pour les scientifiques spirituels. Par conséquent, *une expérience spirituelle authentique* n' est pas quelque chose d' imaginée ou une hallucination d'aucune sorte comme certains l' accusent d'être. Encore qu' une chose imaginée ou une hallucination est une réalité d' un certain genre. Il y a une relation entre 'imagination' et 'réalité'. L' 'imagination' peut influencer la 'réalité' mais un très grand nombre de réalités bien que parfois modifiables par l' imagination ne lui doivent pas leur existence. Cette explication sur les expériences spirituelles authentiques peut ne pas être suffisamment claire pour certains, mais pour ceux qui les ont vécu, il n' y a pas de doute.

La science physique est un moyen par lequel l' imagination influence la réalité physique. Rudolph Steiner explique comment de manière similaire, l' imagination peut être aussi utilisée dans la science spirituelle pour influencer la réalité spirituelle. Mais sa méthode, malgré qu' elle soit sûre, semble lente pour certains. C' est certainement la raison pour laquelle les rituelles existent: pour créer des changements spirituels rapides qui á leur tour influencent la réalité physique. Les rituels poussent á l' action des puissances [êtres et lois] dans la sphère spirituelle que le maître de cérémonie ne maîtrise pas toujours comme Manly Hall remarque dans *The*

Secret Teachings of All Ages [Les Enseignements Secrets de Tous les Ages].

En général, c' est l' environnement personnel, l' espace sacré, inviolable par les autres, qui est transformable plus facilement et en premier lieu. Le centre de cet espace est la personne elle-même. Il est connu qu' un bon régime alimentaire, l' activité physique, les soins de santé, etc..., façonnent le corps physique d' une certaine manière et sont combinés avec le potentiel génétique [héréditaire] et un bon environnement social pour permettre á l' individu d'obtenir des résultats extraordinaires dans ses activités.

Par exemple, pour se qualifier aux Jeux Olympiques comme coureur sur courte distance, un athlète a besoin de condition favorables dans tous ces domaines. Il doit être né dans une famille où le potentiel génétique autorise la croissance jusqu' á une certaine taille. Ensuite, l' entraînement et les soins du corps sont nécessaires. Si des conditions favorables d' entraînement ne sont pas réunies dans un pays, il n' y a pas de possibilité réelle de se développer; et si le sport n' est pas encouragé comme dans les meilleures nations dans la discipline, il sera dure á l'athlète de réaliser ses rêves. Bien entendu il existe des exceptions dans lesquelles une qualité est si développée qu' á travers elle seule le rêve devient concret.

De manière similaire, les réalisations spirituelles ont besoins de conditions favorables comme une bonne famille et une bonne société mais aussi de l' auto-discipline. Steiner et plusieurs écoles spirituelles ou religions ont mis l' accent sur cette auto-discipline. Naître dans une famille ou dans une société de scientifiques spirituelles peut aider á une croissance spirituelle rapide.

Si une société est spirituellement avancée mais dominée par des volontés malfaisantes, il sera difficile á de nouvelles personnes d' atteindre la maîtrise comme le dit Watt-Evans dans *Summer Palace [Le Palais d' Eté]*. Des étudiants talentueux et prometteurs peuvent tout simplement être victimes de prédécesseurs qui désirent rester les seuls connaisseurs, cachant le savoir. Ceci ne concerne pas les enseignants guidés par le noble désire de protéger leurs étudiants qui veulent marcher trop rapidement le chemin. Il s' agit de ceux qui refusent de délivrer la connaissance aux candidats qui sont prêts; soit pour maintenir une suprémacie personnelle ou parce que les candidats refusent de compromettre leur dignité ou leur bonté.

Un exemple typique d' attaque sur la dignité ou la bonté personnelle se trouve dans l'extraordinaire série *Babylon 5* que l'on peut regarder sur internet. Dans la dixième épisode de la cinquième saison, les quinzième et seizième minutes montrent une situation dans laquelle Bexter, le chef d' une organisation légale donna un ordre illégale et immorale á son protégé qui doit obtempérer s' il veut rencontrer des gens importants et jouir de grands privilèges.

Donc, "progresser" peut demander l' éteinte ou la corruption de la personnalité, ce qui est tout simplement impossible pour certains qui par conséquent ne reçoivent pas souvent ce qui devrait être leur. Les égos des individus et des institutions qui sont en compétition peuvent empêcher une personne de se développer harmonieusement.

Un des enseignants de Chercheur un jour lui dit ainsi qu' a un des ses collègue, après une expérience en 2008: *'Vois-tu maintenant que le monde n' est pas blanc ou noire mais gris?'*

Une deuxième situation où la dignité est en danger est quand un recru décide d' être sélectif dans l' apprentissage. Le résultat peut être l' irritation de l' enseignant. Prenons un autre exemple de la vie de Chercheur. Un jour, il décida d'obtenir plus de connaissance dans l' art de guérir par des méthodes enseignées dans son pays natal. Ces méthodes sont différentes de celles du pays de Sinkun que Chercheur avait déjá étudié.

Grâce á un ami, il contacta un des guériseurs de son pays. L' ami prit sur lui d' offrir un grand présent á leur hôte qu' il connaissait en tant que patient. Il expliqua au guérisseur pourquoi il avait conduit

Chercheur vers lui. Le thérapeute accepta la proposition mais posa une condition initiale: le sacrifice d' un animal pour mettre en mouvement les puissances spirituelles qui vont assister Chercheur tout au long de son apprentissage et au-delá.

Cependant, Chercheur qui voulait faire beaucoup de sacrifices pour acquérir la connaissance en question n' était pas prêt á une offrande de sang. C' était tout simplement contre son code spirituel personnel. Mais le guérisseur expliqua que le sacrifice de sang était une condition nécessaire pour la tranmission de son savoir et Chercheur fut obligé d' y renoncer. Plutard, il apprit qu' il y avait des thérapeutes qui ne demandent pas une offrande de sang mais il était occupé á faire autre chose en ce moment.

Un objectif de ce volume et d' autres á venir est de promouvoir un message d' espoir pour toutes sortes de personnes jouant un rôle quelconque dans les histoires narrées; un message qui contribuera á enlever plusieurs obstacles et permettre un meilleur développement des scientifiques spirituels.

Revenant á la manière dont on peut connaître les êtres surnaturels, les *théophanies* [manifestions de Dieu ou des dieux visibles ou perceptibles aux humains] *sont les preuves les plus directes*. De nombreux cas ont été décrits dans la Bible et d' autres textes religieux ou même scientifiques comme le montrent les travaux de plusieurs psychologues[29].

Ces travaux décrivent des expériences en dehors du corps et des expériences dans un état proche de la mort. Un livre de témoignage remarquable sur ce sujet dans le style Emmanuel Swedenborg est *Guided Tour to the Afterlife[Visite Guidée vers l' au-delá]* par Harriet Carter qui est une avocate intéressée par les questions spirituelles et ésotériques.

---

[29] Nevill Drury, *The New Age: Searching for the Spiritual Self* (New York: Thames & Hudson, Inc, 2004).

La majeure partie de ces expériences spirituelles authentiques est survenue en dehors d' un processus scientifique rigoureux qui puisse être facilement multiplié. Au lieu de cela, ces expériences arrivent "au hazard" comme c'est souvent le cas dans la connaissance physique avant que la raison ne vienne les organiser en une science. Cette science s'est déjá développée jusqu' á un certain niveau sous le nom de science spirituelle ou science sacrée.

L' accent mis sur la religion et les croyances plutôt que sur la science a rendu les expériences spirituelles authentiques rares, mal comprises, et pas souvent réplicables á souhait. La science spirituelle telle que développée jusqu' ici a ses règles. Il est de notoriété publique que pour qu' il y ait vision, la chose ou l' être á voir doit exister et les moyens ou éléments de perception doivent exister également et en bon état.

Rudolph Steiner rappela dans *Connaissance des Mondes Supérieurs* que l' acquisition de bon yeux se fait dans le sein maternel mais que ces yeux ne sont utilisés qu'après la naissance dans le monde extérieur.

Selon les scientifiques spirituelles, la glande pinéale [ou troisième oeil] et la glande pituitaire jouent un rôle important dans le développement de la capacité d' obtenir des informations de la dimension invisible. Ces glandes peuvent être artificiellement stimulées par des substances telle la DMT [dimethyltryptamine] comme le montre la 7ème partie du premier volume du documentaire *Spiritworld [Monde spirituel] sur* Youtube. Cependant, la méthode n'est pas simple et peut être très dangereuse.

La grande capacité vibratoire du troisième oeil lui permet de jouer le rôle de jonction ou d' intermédiaire connectant la sphère physique á celle spirituelle en matière de perception. Chercheur vécut des expériences qui l' ont aidé á être d' accord que la plupart des descriptions de la glande pinéale dans le Yoga sont dignes de confiance.

Les hindous et les Yogis connaissent beaucoup á propos du corps subtile tout comme les anciens égyptiens. Les deux spiritualités mettent l' accent sur le troisième oeil représenté sur le front physique entre et légèrement au-dessus des yeux. Elles parlent aussi du corps énergétique, des chakras, et du kundalini [une sorte de force vitale]. Les témoignages sur la connaissance du corps subtile sont aussi nombreuses dans les religions traditionnelles africaines. *Ce qui est en plus nécessaire est que les enseignants de théologie systématique, les philosophes, les anthropologues, et les chercheurs spirituels conduisent plus de travaux dans ces religions africaines afin de mettre leur connaissance spéciale sous une forme écrite, significative, et utile.*

Les scientifiques spirituels affirment que le corps subtile tout comme le corps physique prend un certain temps pour se développer. Pour eux, si 9 mois environ sont nécessaires pour que le corps physique soit prêt á vivre en dehors de l' utérus, il faut en moyenne une vie terrestre entière pour que le corps spirituel soit prêt á vivre dans l' au-delá après avoir développé les organes et les sens spirituels.

Quand il eut 23 ans, Chercheur commença á avoir des expériences spirituelles qui lui prouvèrent la réalité de l'existence des chakras et d' une énergie similaire au kundalini. Il remarqua pour la première fois des phénomènes extra-physiques au niveaux de son être á partir de l' âge de 20 ans.

Plusieurs méthodes pour le développement des organes et sens spirituels ont été décrites. Certaines sont rapides et d'autres lentes. Certaines sont sans danger et d' autres avec danger. Certaines méthodes sont morales et d' autres immorales; tout comme dans la science des choses physiques. Lorsque les organes et sens physiques ne sont pas adéquats, certaines expériences physiques peuvent être impossibles ou dangeureuses.

L' exemple de l' homme aveugle s' aventurant dans la jungle est très illustratif. Parce que les yeux ne sont pas ce qu' ils devraient être, la personne ne saisit pas entièrement la réalité de la jungle. Il pourrait être impossible de percevoir certains habitants de la forêt qui peuvent être dangereux pour la vie. C' est pourquoi des écoles spirituelles retardent certains enseignements.

Manly Hall présente le *Livre de Thoth [Book of Thoth]* de Hermes Mercurius Trismegistus dans son *Enseignements Secrets de tous les Ages [Secret Teachings of All Ages]* comme contenant le savoir qui conduit en la présence des dieux. Selon lui, Hermès suivit les instructions secrètes du Temple et libéra graduellement sa conscience des chaînes des sens physiques et sa nature divine lui révéla alors les mystères des sphères transcendentales.

Hall poursuit affirmant que *les pages du Livre de Thoth [Book of Thoth] sont dites être couvertes d' étranges figures et symboles hiéroglyphiques qui donnèrent á ceux qui sont familiers á leur utilisation le pouvoir sur les esprits de l' air et les divinités soute-raines. Lorsque certaines régions du cerveau sont stimulées par le processus secret des mystères [qui inclue l' usage de certaines substances], la conscience de l' être humain s' étend et il lui est permit de contempler les Immortels et d' entrer en la présence des dieux supérieurs.* Pour Hall, ceci était la 'clé de l' Immortalité.' La Kabbale est aussi une méthode utilisée pour contacter les dieux ou immortels appelés anges.

Selon la légende continue-t-il, le *Livre de Thoth [Book of Thoth]* était gardé dans une boîte dans le sanctuaire interne du temple. Le parallèle avec l'*Arche de l' Alliance*, le *Tabernacle*, et le *Temple* de l' ancient Israël est saisissant si l' on se rapelle que *le Seigneur parla face á face avec Moïse comme on parle á un ami [Exodus 33: 11].* Il n' y avait qu' une seule clé qui était en possession du 'Maître des Mystères,' l' initié le plus élevé de l' Arcane Hermétique [correspondant á Aaron et les Grand Prêtres d' Israël]. Lui seul savait ce qui était écrit dans le livre secret.

Manly Hall ajoute qu' aucune autre information sur le *Livre de Thoth* ne peut être donnée au monde et que la succession apostolique depuis le premier hiérophante initié par Hermès lui-même reste ininterrompue jusqu' á ce jour. Ceux qui sont pariculièrement adaptés á servir les immortels peuvent découvrir ce document précieux s' ils/elles cherhent sincèrement et sans fatigue assure Hall.

Pour lui, Hermès dans son *Livre de Thoth* révèle á toute l' humanité la "Voie Unique" [parallèle avec Jésus] que *durant des âges, les sages de chaque nation et chaque confession ont atteint l' Immortalité par la "Voie" établie par Hermès* au milieu de l' obscurité pour la rédemption [un autre mot fréquent dans la philosophie du salut par Jésus] de l' humanité.

D' aucuns peuvent ne pas être d' accord que l' homme doit servir les dieux. Lorsque l'on lit le *Corpus Hermeticum* d' Hermès tel que traduit par Clément Salaman dans *The Way of Hermès [La Voie d' Hermès]*, l' impression qui se dégage n' est pas un service des dieux.

Il se peut qu' Hermès ait enseigné ailleurs que l' être humain doit servir les dieux, mais dans le *Corpus Hermeticum*, il mentionna seulement le rôle important que jouèrent les dieux dans la création des humains[30] et son disciple Asclepius ajouta que pour Hermès, *le destin signifie que presque tout les êtres humains sont guidés par les dieux qui ont aussi la charge des étoiles*[31]. Il ajouta que l' irrévérence aux dieux est la plus grande offense contre eux[32]. *Même Asclépius parla de respect et non de service*. Il ajouta aussi qu' *il y a un très petit nombre de personnes qui se libèrent de l' influence des*

---

[30] Hall, The Secret Teachings of All Ages.
[31] Ibid., 77.
[32] Ibid., 76.

*puissances spirituelles et qui sont directement sous le contrôle de Dieu Lui-même principalement á travers leur **raison**.*

De façon plus importante, Hermès déclara[33]: *'En effet, si nous devons audacieusement dire la vérité, le vrai homme est au-dessus des dieux ou au moins complètement leur égal en matière de pouvoir.'* Aussi dans *The Secret Teachings of All Ages [Enseignement Secrets de tous les Ages]*, Manly Hall lui-même donne une information qui va á l'encontre du service des dieux. Il déclare[34] que dans les anciennes sociétés d' Egyptes, d' Assyrie, et de Babylone, *l' élite philosophique s'abstint de participer á des cérémonies idolâtres mais pensa que ces pratiques étaient bonnes pour le genre d'âmes que possédaient la masse de la population.*

Parlant de l' "*Initiation du Pyramide*," Manly Hall informe qu' il est donné á l' initié le *pouvoir de connaître son esprit gardien et de séparer son corps spirituel du corps physique.* Il rapporte aussi que l' initié reçoit le Nom Divin, secret, et inexprimable de la Divinité Suprême par la connaissance de laquelle l' *homme et son Dieu s' unissent consciemment.*

Hall ainsi que plusieurs autres écrivains reconnaissent le rôle joué par l' ingestion de substances spécifiques dans le processus de contact des humains avec le monde spirituel. Ils confirment que ces substances ont parfois des effets secondaires négatifs. .

Caitlìn et John Matthews ont décrit dans *Walkers Between the Worlds [Voyageurs entre les Mondes]*, tout comme Rudolph Steiner, une méthode de méditation pour ouvrir la porte entre les mondes physique et spirituel et pour contacter les dieux. Ils insistent comme Hall sur la tradition d' Hermès de même que sur la sagesse et le développement d' un corps de lumière. Il existe plusieurs écoles, instituts, ou fondations dédiés á la recherche spirituelle même de

---

[33] Ibid., 51.
[34] Ibid., 157.

nos jours et une navigation rapide sur internet basée sur ces mots revient très riche et orientant.

Il n' est pas raisonnable que les scientifiques des choses physiques essayent de vérifier les affirmations des scientifiques des choses spirituelles en utilisant uniquement des règles et lois des sciences physiques. Leur nature scientifique devrait les inciter á conduire des investigations selon une méthodologie précise développée par les scientifiques spirituels. Il serait bien qu' ils se souviennent que la science physique faisait partie d' un ensemble de connaissances imprègnées par la spiritualité. Sinon le résultat ne serait qu' un dialogue de sourds. C' est á ce point que la philosophie intervient pour créer un pont ou une atmosphère favorable entres les deux sortes de sciences.

La philosophie comme un moyen épistémologique pour connaître le surnaturel

Le but de la philosophie est double: organiser l' information sur le connu de manière á en dégager du sens et enquêter sur le possible á partir du connu.

Les possibilités sont ce que les croyances sont en réalité et ceci montre la vraie nature de la foi dans sa définition religieuse la plus commune. Par conséquent, la foi peut être prouvée vraie ou fausse. Quand elle est prouvée vraie, elle devient la connaissance positive ou la connaissance par affirmation ou confirmation souvent simplement appelée connaissance. Lorsqu' elle est prouvée fausse, elle est de la connaissance négative ou la connaissance par infirmation.

Normalement, personne ne doit gêner les autres á cause d' une connaissance possédée. Ceci est encore plus vraie pour ceux qui ont seulement la foi. Souvent, la "foi" est décrite comme 'pensée positive' ou 'pouvoir de l' intention' comme exprimé par Karen Kelly dans *The Secret of "The Secret"* [Le Secret du "Secret"], ou encore comme l' équivalent du 'souhait positif.'

Il n' est pas nécessaire de supplier quelqu' un pour qu' il boive et reste en vie sauf par amour raisonné et même dans ce cas, il y a une limite á ne pas dépasser. Un devoir et droit fondamental de l' être humain est de faire des choix fondamentaux personnels. La plupart des gens ont le sens de jugement nécessaire pour boire ayant la conviction non seulement de la nécessité de l' action mais aussi de sa bonté. Deux erreurs de la religion ont été d' attribuer la même valeur philosophique á la connaissance et aux croyances et d' harceler les gens pour leur faire du bien. Si la religion ou la spiritualité est si bonne, ceux qui ont une intelligence moyenne y viendront naturellement sans harcèlement.

Il y a une forme de foi dont il n' est pas souvent fait mention; une foi connue de certaines écoles spirituelles qui n' est pas la croyance, pas même la certitude de la connaissance, mais une foi au-delà d' elles. Ce genre de foi est une forme de volonté, de désir, et finalement et plus exactement une forme de *commande*. La commande souvent utilisée par les scientifiques spirituels vient de l'unité du souhait et de la connaissance ou de l'unité du souhait et de la croyance. Il est évident que la première sorte de commande est plus puissante et plus efficace que la seconde. Ceci est un aspect important de ce que Jésus voulait exprimer en disant de bouger la montagne par la foi. *Vous savez ce que vous faites, pourquoi vous le faites, et comment vous le faites.*

Il est important qu' une personne accepte le travail d' un scientifique spirituel pour que certains résultats soient obtenus. C'est pourquoi beaucoup a été écrit sur les pactes avec le Diable. Le quatrième principe de la magie noire rapporté par Manly Hall[35] illustrate bien ce point.

Les êtres malfaisants utilisent des attaques, le harcèlement, et des mensonges raffinés pour obtenir l'association volontaires des gens. Sylvia Browne, la voyante gnostique appelle ce genre d' individu les 'entités sombres.'[36] Mais les bons scientifiques spirituels montrent seulement des preuves de leur connaissance, intention, et pouvoir. Néammoins une mauvaise personne peut toujours devenir bonne en faisant des efforts et en recevant de l'aide.

De façon ultime, il est bien de laisser les individus choisir librement leurs destins même si cela est risqué pour eux. *Aucun homme ou femme n'a le droit de protéger un autre homme ou femme de luimême ou d'elle-même en inventant systématiquement des mensonges.* Il y a plusieurs manières d'aider; et si rien ne marche, la tentative aura au moins été faite d'une bonne manière. S'il était complètement possible de protéger les gens contre eux-même, il n'y aurait pas de suicide.

En fait plusieurs cas de suicides physiques ou mentaux n'auraient pas été commises si les suicidaires n'avaient pas été trompés ou victimes de mensonges. *Un système éducatif bien élaboré qui transmet le savoir physique et spirituel au moment adéquat est la vraie réponse.* Il est cependant compréhensible que dans l'exercice de la profession médicale il soit évité de donner au patient des informations qui pourraient entraîner une crise cardiaque ou un saignement dans le cerveau par hypertension par exemple.

Si une telle personne qui est fragile insiste pour connaître une vérité choquante, son attention doit habilement être dirigée vers d'autres sujets et activités, jeux, histoires, et films intéressants de

---

[35] Hall, *TheSecrets Teachings of All Ages*, 318.
[36] Sylvia Browne and Lindsay Harrison, *Phenomenon: Everything You Need to Know About the Paranormal* (New York: Dutton, 2005), 87-90.

sorte que la personne fragile n' ait pas le temps de revenir au sujet dangereux. Si ceci échoue, alors mentir juste pour ne pas tuer cette personne est acceptable avec la restoration de la vérité dès que la santé s' améliore.

Une situation résultante possible á éviter est que des personnes s' auto-proclament médecins et déclarent d' autres capables ou incapables de porter la vérité. Les médecins qui doivent donner leur opinion sont ceux qui possédent vraiment l' art de guérir connaissant les règles de la profession et capables de poser le diagnostic scientifique d' une fragilité du corps et/ou de l' esprit.

Le terme 'médecin' ici n' est pas pour désigner exclusivement quelqu' un formé á la médecine allopathique développée en Occident et exportée, mais tout professionel capable de guérir sans nuire quelque soit la région d' origine, qu' il/elle vienne d'une université ou pas, capable de suivre une méthodologie rationelle précise [allopathique, homéopathique, traditionnelle, etc...] pour obtenir des guérisons multiples et reproductibles. Tout médecin non officiellement entraîné devrait au préalable rendre publique ses méthodes et présenter des preuves de leur efficacité devant un comité ad hoc de santé et devant la société en générale.

Que le patient suspecte quelque chose ou pas malgré la performance convaincante du "menteur," le dommage serait inférieur á l'effet que produirait sur lui la vérité directe. En dehors d' une telle raison médicale, mentir dans quelque situation que ce soit ne devrait pas être accepté. Le contraire est au mieux une faillite du système éducatif qui doit être rapidement corrigée et au pire le mal institutionalisé.

En cas de déficience de connaissance sur un sujet, la déficience devrait être reconnue sans honte et le champ ouvert á la recherche. Cette reconnaissance attirera l' attention de plus d' âmes intelligentes et permettra á des personnes talentueuses de trouver des réponses aussi vite que possible. Si le problème est caché, les âmes talentueuses ne seront pas au courant et la solution prendra du temps pour apparaître. Ceci peut causer des souffrances inutiles á beaucoup.

Si un étudiant pose souvent des questions dont les réponses ne sont données qu' á des niveaux supérieurs d' éducation, les lois de la patience, de la digestion ou de l'assimilation de la connaissance devraient lui être enseignées ou rappelées. Au même moment, l' étudiant devrait bénéficier d' un program d' éducation adapté á ses besoins tout comme dans les institutions qui permettent de sauter certains niveaux d' éducations ou de prendre part á des apprentissages particuliers.

Il n' est pas bien de garder une relation avec quelqu' un grâce á des mensonges. Ceci n'est ni authentique, ni durable. En cas de mésentente profonde, la raison ou la sagesse individuelle et collective devrait aider [l' usage adéquat de l' amour fait partie de la raison ou de la sagesse]. Lorsqu' il n' y a pas suffisamment de raison pour mettre fin á la différence, il devrait y en avoir assez pour qualifier la question de vitale pour la vie commune ou pas.

Lorsqu' un désaccord concernant un sujet vital que la raison ou la sagesse disponible ne peut régler appraît, les personnes devraient se séparer et rechercher des âmes qui ont la même vision. La violence ne devrait jamais être une option. Ceci explique la joie que le Dieu de l'Ancien Testament reçut en relation avec les humains qui sont á son image [Genèse 1:31], pourquoi Adam était content de voir Eve [Genèse 2: 23], et pourquoi leur Dieu fut obligé de se séparer temporairement d'Adam et Eve dans Genèse 3: 24.

C' est le genre d' attitude que promeut Fritz Perls, un psychiatre et psychothérapeute fameux du 20ème siècle lorsqu' il dit: *'Tu fais ta chose et je fais la mienne.'* Jusqu' á ce que la vérité complète soit établie, l' unité du monde ne devrait pas être espérée et même dans ce cas, il faudra gérer les difficultés de sa mise en application.

Après ce genre d' éducation élevée, les individus en viendront á percevoir la dimension réelle les uns des autres ainsi que celle de l'univers et construiraient des relations authentiques et convenables. Avant cela, *'tu fais ta chose'*, *'avec ceux qui sont comme toi si tu veux'*, *'pourvu que cela ne cause du tort á personne.'* C'est á ce niveau que doivent intervenir la loi et la justice. Quand l' éducation s' améliore, la loi et la justice s' améliorent aussi et vice versa. Quand l' éducation devient meilleure tant en théorie qu' en pratique, moins de tort est causé et moins de justice est nécessaire jusqu á ce que l' état parfait d' éducation soit atteinte. C'est l' idée exprimée dans Jérémie 31: 33 et Hébreux 8: 10.

Lors d' un cours de théologie auquel Chercheur assista un jour, une dame parla du fait que Dieu utilise des personnes sages pour créer des choses et faciliter la vie aux êtres humains á la fois physiquement et spirituellement. Cette déclaration est vraie mais les guides devraient aussi éviter d' utiliser leur connaissance pour dominer ou réduire les autres en esclavage.

Dans le travail du mal, la destruction d' un individu est plus prononcée lorsqu' il/elle donne son accord parce que cela autorise l' atteinte du centre même de sa personne á savoir l' âme ou le psychisme. Les êtres malfaisants travaillent librement et facilement au sein de personnes qui leur ont accordé leur foi ou leur confiance. Cette observation est valable également pour Dieu et les êtres intelligents, bénéfiques, visibles ou invisibles.

C' est une raison qui explique pourquoi Jésus disait á ceux qu' il aidait que leur foi les a sauvé. C' est la manifestion de la liberté individuelle. Puisque la vie sociale nécessite que l' on croit en des gens, il est préférable que la confiance soit placée en des personnes *réellement* bonnes. Encore une fois, comme l' affirme plusieurs écritures religieuses, par exemple 2 Peter 3: 9, une personne maléfique peut travailler sur son être et devenir bonne.

Une personne qui doute est le champ de bataille entre les forces du bien et celles du mal. Chaque camp essaye de la gagner de son côté. *Mais même des gens réduits en esclavage ou en dépendance physique, spirituelle, ou mentale peuvent changer á tout moment surtout lorsqu' une bonne opportunité se présente.*

Si les personnes religieuses et spirituelles rendent leurs disciplines suffisamment attrayantes, il est possible que les individus les plus sceptiques et athés viennent á leur école disant: *'Pouvez-vous m' enseigner plus afin que je puisse enseigner d' autres, peut-être même mieux que vous?'*

Graham Hancock et Michael Cremo, deux éminents scientifiques des choses physiques, après s' être immersés un certain temps dans les enseignements des civilisations anciennes, en sont venus á la conclusion qu' il existe une dimension au-delá du monde physique[37]. Michael Cremo a même commencé á croire en Dieu.

L'on ne peut terminer une description sur la place de la philosophie dans la quête de la connaissance sur les divinités sans rappeler que toutes les grandes âmes philosophiques de l'antiquité grècque reconnaissaient l' existence de Dieu et/ou des dieux.

Le rôle de la philosophie n'est pas de directement montré les divinités mais d' orienter vers elles. Le travail final est la responsabilité de la science spirituelle.

Ce chapitre a offert une vue générale sur les possibilités de connaître le divin. Les prochains chapitres aborderont les questions théologiques majeures de la religion, de la spiritualité, et de la philosophie séculière faisant un usage ample de la Bible de même que d' autres écritures ainsi que de la raison.

---

[37]http://www.youtube.com/watch?v=o6Za8fMjo8U and http://www.youtube.com/watch?v=_zwec9sdQUo&feature=PlayList&p=E73 5768B8DB1C231&playnext_from=PL&playnext=2&index=42 (accès le 4 Avril, 2010).

Chapitre 11

Evidences logiques et scripturaires que Jésus n'a pas eu une existence angélique avant sa naissance; sens de sa divinité

J ESUS est sans doute l'une des personnes les plus populaires

sinon la plus populaire de l' histoire humaine. Que le calendrier occidental soit centré sur lui est significatif. Au cours de sa recherche, un chercheur peut tomber sur un document ou deux niant que Jésus ait jamais existé. A l' opposé, existe une masse impressionnante de données historiques incluant celles d' origine non religieuses témoingnant que Jésus était une personne réelle qui vécut sur terre. Ce sujet est souvent discuté par les érudits, principalement ceux qui sont théologiens sous le titre de *L' Historicité de Jésus.*

Des chercheurs comme Manly Hall [20ème Siècle], Jordan Maxwell [20ème - 21ème siécles], et d' autres expliquent preuvent á l'appui que les évangiles sont de l' astrothéologie déguisée. Dans le fond, l'astrothéologie remonte á l' ancienne civilisation mésopotamienne et figure dans la plupart des anciennes formes de spiritualités et de religions. Dans la forme, le mot 'astrothéologie' n'apparaît dans les écrits spirituels qu' au 18ème siècle selon wikipédia.

Hall, Maxwell, et les autres ont par exemple remplacé dans la version en anglais des évangiles le mot 'son' [fils] par 'sun' [soleil] et ont obtenu un autre message ayant un sens astrologique. Pour eux, Jésus représente le soleil et ses douze disciples représentent les douzes signes du zodiac avec Judas symbolisant le signe du scorpion.

Ils ont declaré que selon Jésus, le prochain grand travail de Dieu se déroulera dans l'Age du signe du Verseau, environ 2100 ans après le début de l'Age du signe du Poisson durant lequel les enseignements de Jésus ont prévalu. Pour eux, le fait qu'il ait dit á ses disciples en Marc 14: 3/Luc 22/10 de suivre le porteur d'eau est son indication que le Verseau [le signe du porteur d' eau] sera le prochain Age pour une prochaine providence divine. En effet le Verseau est le signe dans lequel le soleil entre en quittant le Poisson selon la précession des équinoxes et le poisson est reconnu par beaucoup comme le symbole de Jésus. Donc pour Hall, Maxwell, et les autres, Jésus n'est pas simplement le soleil, mais le soleil en Poisson.

Même lorsque son historicité est reconnue, les récits sur la vie de Jésus varient et sont parfois contradictoires. Certains écrits apocryphes et institutions comme le *Jesus Seminar* défient même une partie de sa description présentée dans le Nouveau Testament.

Que Jésus soit un personnage ayant réellement existé, qu' il ait été inventé juste pour faire passer des leçons d'astrothéologie, ou qu' il soit une personne réelle qui a incarner dans sa vie des principes astrologiques, le fait demeure que de nombreux religieux ont compris le Nouveau Testament comme décrivant des événements qui se sont vraiments produits et donc accordent une grande importance aux sujets de l'existence antérieure de Jésus et de sa divinité dans leur vie quotidienne et dans leurs plans pour le futur.

La question de la préexistence de Jésus est un sujet á la fois théologique, philosophique, et scripturaire. Celle de sa divinité est un autre sujet fondamental que l' humanité doit arriver á finalement clarifier. En effet elle a été le centre de l'opposition entre de nombreux chrétiens et musulmans. Les premiers le considèrent souvent comme divin même si les modalités de sa divinité varient tandis que pour les seconds, il est un prophète de Dieu.

Pour raison de clarté, le sujet de la préexistence ou pas de Jésus sera discuté ici tandis que celui de sa divinité fera*surtout* partie du chapitre 16.

Formulation de la thèse de la préexistence de Jésus

Il y a des théologies qui présentent Jésus comme un être divin avant sa naissance sur terre. Dans plusieurs de ces théologies comme celle du gnostique Euthyme Zigabène et celle des Témoins de Jéhovah, il est introduit comme l'archange Michel. Plusieurs passages bibliques et des arguments sont avancés pour soutenir cette déclaration. Pour les catholiques, Jésus fut engendré et pas créé comme Michel. L'argumentation des Témoins de Jéhovah est présentée de la manière suivante:

1.   Des cieux, Dieu transféra la vie de son puissant fils spirituel dans le sein de Marie [Galates 4:4]. Avant sa naissance, il avait un corps spirituel invisible á l' homme [Jean 4 :24] et occupait une position dont il parla souvent [Jean 17 :5, 8 :23, 6 :62, 8 :58, 3 :13, et 6 :51].

2.   Avant sa venue sur terre, son nom était 'La Parole.' Ce titre indique qu' il servait dans les cieux en tant que porte-parole de Dieu.

3. Il est appelé le premier-né de Dieu et son fils unique [Jean 1:14, Jean 3:16, Hébreux 1:6]. Ceci signifie qu' il fut créé avant les autres fils spirituels de Dieu et qu' il est le seul directement créé par Dieu.

4. Selon la Bible, ce fils premier-né coopéra avec Dieu pour créer toutes les autres choses [Colossiens 1:15-16]. Ainsi lorsque Dieu dit: *'Créons l' homme á notre image'*, il parlait á ce fils [Genèse 1:26] qui vivait avec lui depuis un nombre d' années inconnues [Proverbes 8: 22, Jean 1:3].

Qu' est-ce que la Bible? Quelle est sa responsabilité dans la polémique théologique, et quelle est sa dimension réelle?

Avant de montrer ce qui cloche dans la théorie de la préexistence de Jésus et avant d' offrir une alternative, il est important d' établir certains faits á propos de la Bible. Cette présentation aurait pu trouver une bonne place dans le précédent chapitre sur l' épistémologie et la connaissance des divinités surtout dans sa seconde partie traitant de la religion.

Une présentation sur la Bible est plus appropriée ici parce qu' elle a une application directe, la détermination de la vérité sur un aspect particulier de la nature de Jésus qui a été un sujet de controverses pendant des siècles. Parler de la définition et de l'origine de la Bible aiderait á comprendre pourquoi des personnes différentes basées sur elle ont été en désaccord pendant si longtemps avec de terribles conséquences pour la société humaine.

Dans *The Lost Symbol [le Symbol Perdu]*, surtout dans ses derniers chapitres, Dan Brown présente la Bible comme un grand et important livre que les gens doivent lire. Il a absolument raison. Cependant, d'autres écritures sont aussi importantes comme il a été

déjá montré et elles doivent être lues pour obtenir une vaste éducation spirituelle. Plus encore, les chercheurs doivent garder dans
l'âme que ce grand livre peut avoir des défauts. Les paragraphes
suivantes introduiront certains d'entre eux.

Le dictionaire libre [free dictionary] donne cinq définitions de la
Bible qui sont intéressantes pour cette section et qui sont présentées
comme suit:

1.

a. Le livre sacré du christianisme, une collection d' anciens
écrits incluant les livres á la fois de l'Ancien Testament et du Nouveau Testament

b. Les Ecritures Hébreuses, le livre sacré du Judaïsme

c. Une copie particulière de la Bible

d. Un livre ou une collection d' écrits constituant le texte sacré d'
une religion

2. Tout livre considéréré comme faisant autorité dans sa discipline

La raison qui explique probablement la définition 1-a est que le
terme même de 'Bible' est célèbre á cause de la religion chrétienne.
Dans ce contexte, elle est une collection de livres organisés sous la
forme de l' Ancien Testament [AT] et du Nouveau Tesatament [NT].
L' AT est le nom donné á la Bible Hébreuse par les chrétiens et c'est
ce que la seconde définition essaye de reconnaître en parlant de
Bible Hébreuse.

Ce sens hébreux aurait pu être le premier donné si les éditeurs
du dictionaire libre avaient d'abord considéré les âges des deux
sortes de Bibles: celle des chrétiens et celle des hébreux.

La Bible Hébreuse parle d' événements remontant loin dans l'
histoire humaine jusqu' á ceux survenus quelques siècles avant
Jésus. Une chose importante á savoir est qu' une partie des écrits

de la Bible Hébreuse ou AT étaient l'enregistrement de faits comme l' *histoire* des rois de l'Ancien Israël au moment même où d' autres enregistrements bibliques sont le récit de faits longtemps passés avant la naissance de ceux qui les ont enregistrés.

Par exemple, plusieurs croient que le livre de la Genèse fut écrit par Moïse. Mais ce livre parle d' événements concernant Adam et Eve qui se déroulèrent des milliers d'années avant Moïse et ses dernières pages racontes des faits datant de 400 ans environs avant lui. Certains appellent ce genre de récits des *révélations concernant le passé* faites par Dieu á Moïse. D' autres pensent que Moïse a tiré une partie de la Genèse de documents ayant existés avant lui et d' autres encore ont l' idée que plusieurs parties du premier livre biblique n' auraient pu avoir été écrites par Moïse.

Enfin, il y a ceux qui pensent que la valeur de la Bible Hébreuse pour le développement humain est si importante qu' il est acceptable de ne pas savoir qui á écrit quelle partie et quand. Puisque la recherche derrière le présent volume n' a pu résoudre le problème des auteurs des différentes parties de la Bible Hébreuse et puisque le but est de parler de faits réels ou au moins logiques ou raisonables, il apparaît sage de s'engager dans l' analyse théologique de l'AT en gardant á l' âme ces limites.

En dehors de l' histoire et de l' information concernant le passé, la Bible des hébreux contient d' autres formes d' écritures. Ceux sont des *révélationsconcernant des futures possibles et des exhortations* lancées á des individus et peuples á bien se comporter afin de rendre ces futures aussi bonnes que possible; c'est le *méssage prophétique.* Il y a aussi des rassemblements de pensées sur les événements de la vie et leurs sens; c' est la *sagesse ou philosophie* qui apparaît dans des livres comme l' Ecclésiate, les Proverbes, et Job.

Enfin, il y a des parts de la Bible Hébreuse qui sont des enregistrements de *croyances et de pratiques* incluant l'adoration, des rituels, des commendements, des prières, des chansons comme celles des Psaumes etc...

Les chrétiens adoptèrent cette Bible Hébreuse parce qu' ils crurent qu' elle explique tout ce que Dieu a fait avant Jésus et parce qu' ils y trouvèrent des justifications pour plusieurs passages du NT. Ainsi, ils appelèrent la Bible Hébreuse AT et en firent la Bible tout simplement en y ajoutant le NT. Le NT est aussi sujet aux mêmes handicaps que l' AT. Par exemple les choses que Jésus a dites et faites furent mises sous forme écrite seulement plusieurs décennies après sa crucifixion. Plusieurs de ces documents furent les oeuvres de personnes qui n' étaient pas des disciples de Jésus durant la période qu' elles ont couverte. Marc, Luc, et Paul sont parmi elles.

Au temps du NT, l' AT existait déjá après des siècles de compilation de livres qui avaient une importance pour la spiritualité ou la religion. Les livres qui feront plutard partie du NT avaient en plus des versions différentes pour certains récits.

La manière dont Jésus rencontra ses premiers disciples est différente lorsque l' on considère l' Evangile de Mathieu et l' Evangile de Jean. En ce qui concerne la cérémonie de la Communion, ce fut Paul et Luc qui n' avaient même pas participé au Dernier Repas qui dirent que Jésus demanda que cette cérémonie soit répétée en mémoire de lui [Luc 22: 19, 1 Corinthiens 11: 24]. Paul et Luc étaient des compagnons qui ont travaillé ensemble comme le montre plusieurs passages du livre des Actes.

Matthieu et Marc ne firent mention de rien de tel alors que Jean ne parla même pas du partage du pain et du vin. Il parla néammoins de Jésus comme le pain descendu du ciel, dont le corps doit être mangé, et dont le sang bu [Jean 6: 53]. Peter Ouspensky écrivit dans *In Search of the Miraculous [A la Recherche du Miraculeux]* que selon George Gurdjieff, ce fut le sang réel et le vrai corps de Jésus qui furent bu et mangé en petites quantités par tous les participants du Dernier Repas dans une cérémonie magique en vue

de garder une connection et une relation avec lui après sa mort[38].
Gurdjieff, á un moment de sa vie s' appela un chrétien ésotérique.

Un troisième problème avec le NT est la présentation de déclarations théologiques et de doctrines inexactes. Certaines parmi elles viennent de Paul. Ces erreurs peuvent être traitées en détail dans un autre volume.

Malgré le fait que tout ce que Paul a dit n' est pas faux, il fit de nombreuses déclarations qui ont beaucoup influencé le monde mais qui se trouvent ne pas être vraies après une analyse profonde. Une illustration se trouve en 1 Corinthiens 15: 47-49 où il affirme qu'Adam n' avait pas un corps spirituel mais un corps animal au contraire de Jésus qui avait acquis un corps spirituel.

Selon la définition du mot 'esprit,' on ne peut s' imaginer qu'Adam n' avait pas de corps spirituel. En plus, le souffle de vie que Dieu souffla dans ses narines [Genèse 2: 7] était l' esprit. 'Souffle' et 'esprit' sont souvent des terms synonymes comme le témoigne le passage de l' introduction du *Livre Tibétain des Morts* cité plutôt au niveau de la section consacrée aux divinités du bouddhisme et aussi dans le poème *'Les Morts ne sont pas Morts'* de Birago Diop. Ecclésiaste 12: 7 confirme qu' avant Jésus et son travail et avant Paul des gens étaient au courant qu' il existe un esprit dans l' être humain qui retourne á Dieu après la mort. La nature de cet esprit sera examinée dans le chapitre suivant ainsi que dans le prochain volume.

Bien que la Bible soit un livre faisant autorité selon la cinquième définition, elle présente additionnellement l' handicap d'avoir plusieurs versions issues des différentes traductions surtout en anglais. La raison derrière ces variations réside dans les erreurs de copiage

---

[38] Peter D.Ouspensky, *In Search of the Miraculous: Fragments of an Unknown Teaching* (New York: Harcourt, Brance & World, 1949).

et de plus en plus dans les différences de compréhension des divers traducteurs et/ou des éditeurs.

C' est pourquoi la troisième définition parle de la Bible comme une des copies d' une collection de textes spirituels. 'Version' est un autre mot pour 'copy' qui introduit mieux la part de subjectivité humaine impliquée dans la création de cet important document. Certains pensent que la Bible a été dictée á ses auteurs; d'autres préfèrent parler d' inspiration; et d'autres encore de révélation ou de vision.

En dernier lieu, quelques mots devraient être dits sur comment la Bible fut finalement constituée. La première compilation de la Bible fut l' oeuvre du **gnostiqueMarcion**[85-160 C.E.] qui resta long-tempts un chrétien avant d' être excommunié. Marcion était un homme financièrement riche, évêque et fils d' évêque selon certains, et avait eu les moyens pour rassembler les textes sacrés.

Dans sa tentative, *il rejeta l' AT sur la base que le Dieu de ce testament est cruel et différent du Dieu qui fut révélé par Jésus.* Appréciateur de Paul, il inclua seulement ses lettres [les premiers écrits chrétiens] et l' Evangile de Luc dans sa Bible. Ceci est compréhensible car comme Hyam Maccoby et le professeur de Nouveau Testament de Chercheur l'ont dit, le méssage de Paul a des connotations gnostiques.

En désaccord avec Marcion, les autres autorités de l' Eglise Chrétienne Primitive ont graduellement élaboré leur propre version officielle de la Bible y mettant plus de livres que Marcion. Ils re-jetèrent néammoins des livres connus aujourd' hui comme apo-cryphes. Récemment, plusieurs de ces livres devinrent plus accessibles aux chercheurs spirituels et de nombreux érudits ont perçu de la sagesse dans certaines de leurs parties.

Le but de cette section n' est pas de dire que Dieu n' a pas "parlé" aux gens. Le but est d'attirer l'attention sur les biais impliqués [pas forcément par mauvaise intention] dans l' écriture de la Bible;

biais qui sont susceptibles d'avoir une incidence sur la nature même de l' impact d'un message divin.

C' est pour dire que pour la manifestation de la vérité, toutes les versions doivent être considérées et analysées et aucune d' entre elles ne devrait revendiquer le monopole de la révélation divine. Paul lui-même recommanda aux chercheurs d' utiliser leur bons sens [2 Thessaloniciens 2:2/ version française Louis Segond]. Dans le 21st Century King James Version [Version du Roi Jacques Revisé au 21ème siècle], ce verset demande au lecteurs de ne pas être ébranlés dans leurs âmes intelligentes. Paul demanda aussi dans 1 Thessaloniciens 5: 19 [New American Standard Version, English Standard Version, 21st Century King James Version, Louis Segond] de ne pas étouffer ou éteindre l' esprit.

L' esprit qui ici ne doit pas être étouffé n'est pas le Saint Esprit mais l' esprit ou âme intelligente d' un être humain. La preuve est que deux versets plus loin, Paul ajoute qu' il faut tester ou examiner toute chose qui est dite retenant ce qui est bon. En d'autres termes, Paul encourage l' utilisation du sens critique. Aussi, les chercheurs d'aujourd'hui apparaissent mieux équipés que ceux des anciens temps tels ceux du peuple de Bérée [Acts 17:10-11] peut-être parce qu'ils disposent de plus d' information et de l' avantage du recul historique pour analyser l' histoire chrétienne et l' histoire générale des 2000 dernières années.

A la lumière de cette explication, la doctrine de la préexistence de Jésus sera considérée sans donner l' autorité absolue á une *version* quelconque de la Bible. Cette discussion fera appel á l' écriture accompagnée du bon sens et aussi de l'âme critique ou raisonnable.

Chercheur sait que parfois les *croyants* peuvent se retrouver prisoniers de mots ou de philosophies religieuses entières. La principale raison est que malgré leurs doutes internes, les individus sont enclins á rester collés á leurs systèmes de croyances parce que quelque chose de bon en elles les avait originellement attiré et ils ne savent que faire d'autre s' ils abandonnaient ces idées.

En tant que personnes religieuses, ils savent au plus profond d' eux que quelque chose ne va pas dans le monde dans lequel ils vivent et que la solution ne peut venir de la simple science des choses physiques. Ils se sentent obligés d' appartenir á une communauté religieuse ou spirituelle pour faire face aux horreurs de la vie et bâtir non seulement un monde meilleur mais aussi offrir une possibilité de libération éternelle á ceux qui souffrent.

Après un temps de pratique de leurs systèmes de pensées, les croyants cristallisent leurs psychologies et, comme dit dans le chapitre introductif, deviennent très difficiles á changer. Heureusement pour certains, ils se cristallisent en incluant dans leurs pensées personnelles l'ouverture d' esprit. Ce sont ces chercheurs qui les premiers brisent l'attachement émotionel á leur confession d'origine pour donner droit de citer á la raison ou du moins á une raison supérieure.

Dans plusieurs cas, les gens ne peuvent imaginé un futur á l' extérieur de leur religion et abandonnent la lutte sur plusieurs sujets espérant que ces problèmes seront résolus plutard ou dans l' au-delà. Parfois certains sont si attachées á leur confession que questionner une doctrine centrale met tout simplement leur vies en péril même sur le plan économique. Amis, familles, carrières, et autres sont en jeux. Ces éléments sont si essentiels á la vie que peu osent se laisser aller á penser raisonablement par peur de les perdre.

Chercheur sait combien confortable il pourrait être de ne pas avoir á combattre ce genre de combat. Ce que les chercheurs de tous niveaux, avancés ou débutants devraient comprendre est qu' ils doivent d'abord obtenir une information religieuse, spirituelle, et philosophique complète et ensuite choisir la voie qui leur semble la meilleure. La nécessité d' un livre parfait ou d' une connaissance parfaite pour guider dans la vie fait croire á beaucoup qu' un tel livre

existe déjá sous la forme de la Bible. Mais la vérité est que l' humanité cherche encore.

Pourquoi la préexistence de Jésus est une théorie incorrecte

Galates 4:4 ne dit pas que Dieu transféra la vie de son puissant
fils spirituel dans le sein de Marie mais que Dieu *envoya* son fils; ce
qui est très différent. Avant d' *envoyer* Jésus, Dieu avait envoyé des
prophètes comme Elie [Malachi 4: 5]. Aucun d'entre eux n' a été
tansféré du ciel dans le ventre d' une femme mais sont nés comme
tout le monde. Jésus fut envoyé de la même manière comme il le dit
lui-même [Matthew 21:34-37].

Si Galates 4: 4 ne plaide pas en faveur de la thèse de la préexistence de Jésus, d' autres versets comme Jean 17: 5, Jean 6: 62,
Jean 8: 58, Jean 3:13, Jean 8: 23, et Jean 6: 51 le font. Les trois
premiers *peuvent* permettre d' affirmer que Jésus a eu une existence
antérieure et les trois derniers ajoutent que cette existence était dans
le ciel. Commençons l' analyse par le second groupe de versets.

*Jean 3:13 'Personne n' est jamais monté au ciel excepté celui qui
vint du ciel—le fils de l' Homme qui est dans le ciel.'*

*Certaines Bibles omettent la dernière partie 'qui est dans le ciel.'
Ceci change l' analyse que l' on pourrait faire du verset. En effet
cette denière partie peut faire pencher la conclusion en faveur ou en
défaveur de la thèse de l' existence antérieure de Jésus dans le ciel
selon qu' elle figure dans le verset ou qu' elle soit omise. La consultation d' une large variété de versions bibliques en anglais comme
en français montre que certains traducteurs n' omettent pas 'qui est
dans le ciel' tandis que d' autres le font. Parmi ceux qui ont omit
cette partie dans leurs traductions, certains précisent qu' il existe des*

manuscripts anciens avec cette partie. La raison de la différence des traductions par rapport á ce verset réside dans le fait que les textes d'origine en language grècque furent perdus et aussi parce que le Nouveau Testament fut reconstitué á partir de citations et de commentaires que certains écrivains avaient faites se basant sur les documents originaux. Le problème est que le verset Jean 3: 13 apparaît dans certains de ces manuscripts avec la partie 'qui est dans le ciel' et pas dans d'autres. Ce qui entraîna que selon les citations et commentaires utilisées, les traducteurs modernes aboutissent à une version avec ou sans cette partie. Néammoins tout espoir de régler le problème n'est pas perdu puisque le verset s'inscrit dans une philosophie ou cours d'idées générale du Nouveau Testament. Si le chercheur spirituel ou le philosophe arrive á produire d'autres versets du Nouveau Testament qui vont dans le sens du maintient de la dernière partie de Jean 3: 13, cela constituerait la preuve que cette partie devrait être maintenue et donc ferait pencher l'analyse en défaveur de la thèse de l'existence antérieure de Jésus. De plus, la permière partie peut permettre á elle seule une analyse concluante. Ce travail a été fait de façon satisfaisante par Chercheur. Ce qui lui permet dans un premier temps d'analyser le verset avec la dernière partie en montrant comment elle penche la balance en défaveur de la préexistence de Jesus, dans un second temps de montrer comment la première partie toute seule oriente dans la même direction, et en troisième lieu de démontrer comment cette compréhension s'harmonise avec d'autres passages bibliques tandis que la l'existence antérieure n'est ni en harmonie avec eux ni en accord avec le bon sens ou la logique tout court.

Le mot 'ciel' a plusieurs définitions. Pour le présent besoin, trois parmi elles seront utilisées.

    a.   Espace visible au-dessus de nos têtes

    b.   Demeure du divin, des âmes des justes après la mort

c. Dieu, pouvoir divin

Ces sortes de ciel peuvent aussi respectivement être appelés firmament, monde spirituel, et divinité [bonté, pureté, amour, pouvoir, justice, ainsi de suite].

De quel genre de ciel parle Jean 3: 13? Puisque la question en discussion est de nature spirituelle, la première définition ne peut être considérée. Analysons le verset sur la base du sens b. La déduction est que Jésus descendit du monde spirituel positif pour s'incarner dans le sein de Marie et que pendant qu'il vivait sur terre, il vivait aussi en même temps dans le ciel d'où il était venu. C'est ce sens qui corrobore la pré-existence de Jésus.

Selon l'écriture, les anges visitent la terre depuis le ciel et y retournent une fois leurs missions terminées. Quand ils protègent les gens, ils sont souvent invisivbles. Ils se montrent parfois sur la terre mais n'y ont pas leurs domiciles.

Aucun ange ne s'est jamais incarné dans le sein d'une femme. Lorsque les gens sur la terre meurent, ils quittent la terre pour le monde spirituel. Certains a l'instar de Paul [2 Corinthiens 12: 2-4] ont eu l'opportunité de visiter le ciel et de revenir. Personne n'a jamais vécu dans les deux mondes simultanément comme ce verset le laisserait entendre si le sens b était choisi pour le terme 'Ciel.' Ceux qui ont des corps physiques vivent sur la terre [corps et esprits], prennent soin des affairs terrestres et peuvent occasionnellement avoir des contacts avec le monde et les êtres spirituels. Jésus vécut de la même manière.

La transfiguration était un des moments où il contacta directement le monde spirituel. La plupart du temps, il s'occupa des affairs terrestres dans son ministère. Il avait la double vision et pouvait accomplir des miracles, mais Moïse et d'autres avaient ces mêmes caractéristiques et aucun ne vint comme un ange transféré. Ainsi, l'argument que le corps de Jésus vivait sur terre tandis que son esprit vivait dans le ciel n'est pas valable.

Au début du verset soumis á l' analyse, Jésus affirme que personne n' est jamais allé au ciel. *Si le ciel dont il est question est le monde spirituel, la déclaration ne serait pas vraie puisque des passages bibliques mentionnant des humains dans le ciel avant le temps de Jésus existent.* Le prophète Elie est un exemple [2 Rois 2: 11]. La transfiguration de Jésus [Luc 9: 28-36] qui montre Elie et Moïse discutant avec lui est une confirmation qu' Elie alla réellement dans le monde spirituel.

La présence de Moïse dont la mort physique [Deuteronomy 34: 5] n' est pas voilée dans un lange imagé ou symbolique contrairement á celle d' Elie [2 Rois 2] témoigne qu' Elie appraissant en même temps que Moïse de façon spirituelle prouve qu' il était aussi décédé physiquement et qu' aller au ciel en 2 Rois 2 signifie mourrir. Cette façon de décrire le décès d' un illustre personnage n' est pas limitée au contexte biblique. Au Bénin par exemple, la culture Fon pour dire que le roi est mort utilise la paraphrase *'Le roi est allé á Allada;'* le premier sens de 'Allada' étant un lieu géographique bien connu. Les chariots des dieux hindous peuvent aussi aider á comprendre le sens du chariot qui enleva Elie au ciel.

Tous ces arguments démontrent que le sens b pour 'ciel' dans Jean 3: 13 ne peut également pas être accepté.

Quand le verset est lu avec le troisième sens en tête, il n' y a rien d' illogique et seulement du symbolisme comme fréquemment employé par Jésus. Le verset signifie que Jésus a une nature divine. Ceci ne fait pas de lui un être á existence antérieure surtout lorsque le sens b a été rejeté. Jésus déclara en au moins une occasion qu' il était un avec Dieu. Ici il répète le même message d' une manière différente.

Le sens correct de Jean 3: 13 est: 'Personne n' a jamais été divin sauf celui qui vint du divin, *le fils de l' Homme qui vit une vie divine.'* La dernière partie est la plus importante car elle met l' accent sur les réussite pratique de Jésus.

Jean 8: 23 Mais il continua, 'Vous êtes d' en-bas; je suis d' en-haut. Vous êtes de ce monde, je ne suis pas de ce monde.'

Quand Jésus utilise le terme 'monde' ou 'du monde', il veut dire 'profane', 'pas sacré', et 'pas divin.' Il utilise le mot 'monde' ou l' expression 'en-bas' en opposition á 'ciel' ou 'en-haut' comme le fit Hermès lorsqu' il dit: *'Je suis reconnaissant á Dieu de mettre ne serait-ce qu' un aperçu de la connaissance du Bien Suprême dans mon intellect parce que ce Bien ne peut exister dans le monde.*[39] *'*

Par conséquent Jean 8: 23 ne fait que confirmer Jean 3: 13 précédemment analysé.

Jésus déclara aussi que ces disciples n' étaient pas de ce monde tout comme lui-même ne l' était pas [Jean 17: 14]. Cela ne veut pas dire que les disciples étaient aussi des anges incarnés mais qu' ils appartenaient avec Jésus á une sphère spirituelle et idéologique différente.

Jean 6:51 'Je suis le pain vivant descendu du ciel. Si quelqu' un mange de ce pain, il vivra pour toujours. Ce pain est ma chair que je donnerai pour la vie du monde.'

Pour résoudre ce mystère, il est bien d' étudier le chapitre 6 de l' Evangile de Jean dans sa majeure partie et d' ajouter Jean 4: 34. En effet, Jésus commence le discours sur le pain á partir du verset 32 de Jean 6 et le termine au verset 63. Dans les versets 35 et 40, il montre que manger du pain de vie signifie *venir á lui et le suivre.*

---

[39] Clement Salaman, and Hermès. *The Way of Hermès: Translations of The Corpus Hermeticum and the Definitions of Hermès Trismegistus to Asclepius* (Rochester, VT: Inner Traditions, 2000), 38.

Voilá comment sa chair est mangé et son sang bu. Dans le verset 63, il met l'accent sur le fait que sa parole est esprit et vie. Si la parole comme le pain donne la vie, il y a une possibilité que le pain mentioné dans Jean 6: 51 soit la parole. Cela devient plus qu' une possibilité lorsque l'on sait que suivre Jésus [manger sa chair et boire son sang] ne peut se faire qu' en écoutant son enseignement, voix, ou parole [Jean 5: 24-25].

Une autre indication que le pain est la parole se trouve dans Jean 4: 34. Jésus y déclare que sa nourriture est d' accomplir la volonté de Dieu. Or la volonté de Dieu est exprimée par sa Parole qui est un attribut de la Divinité. Donc la parole est de la nourriture.

Finalement Matthieu 4: 4 et Deutéronome 8: 3 enseignent que la parole est le pain spirituel symbolisé par la manne envoyé du ciel et différent du pain ordinaire.

En Jean 6: 51 Jésus utilise comme ailleurs le mot 'monde' comme pour dire 'sans vie', 'pas divin.'

Cette explication permet d' éviter une croyance dans le cannibalisme comme voie de salut qu' importe combien sacrée la chair en question est. Par conséquent, Jean 6: 51 signifie que Jésus représente la parole divine qui donne la vie au monde profane qui est sans vie [sans vie divine].

L'autre groupe de versets pouvant être compris comme en faveur de l' existence antérieure de Jésus est: Jean 6: 62, Jean 17: 5 et Jean 8: 58

Jean 6: 62 *'Et si vous voyez le Fils de L' Homme monté lá où il était auparavant!'*

Jean 17: 5 *'Et maintenant, Père, glorifie moi auprès de toi avec la gloire que j' avais avec toi avant que le monde commença.'*

Jean 8: 58 *'En vérité, en vérité je vous le dis,'* repondit Jésus, *'Avant qu' Abraham fût, je suis.'*

Les versets ci-après sont du même genre: *Jean 1:1-17, 1 Colossiens1:15-18, Proverbes 8: 22, Psaumes 33:6, Hébreux 1: 13.*

En Hébreux 1: 6, il est dit que Jésus est le premier-né de Dieu. Mais en Colossiens 1: 15, il est ajouté qu' il est le premier-né de toute la création. Par conséquent, *il est aussi une créature de Dieu* comme l'avait affirmé Arius l'ancien prêtre égyptien d'Alexandrie [256 C.E.-336 C.E.]. Romains 8: 29 et Hébreux 1: 9 déclarent que Jésus est le premier-né entre plusieurs frères tandis que Philippiens 2: 5-9 et Hébreux 5: 5-7 disent que c' est á cause de la qualité de sa vie que Dieu l' a oint. Il est devenu l'auteur du salut ayant été rendu parfait [Hébreux 5: 9-10]. Il peut ainsi être appelé Dieu [Hébreux 1: 8-9], supérieur aux anges [Hébreux1: 4], et peut s' asseoir á la droite de Dieu [Marc 16:19].

Si Jésus existait vraiment avant la création et si toute chose fut faite par et pour lui, il aurait dû être supérieur aux anges et être á la droite de Dieu dès le début et n' aurait pas attendu l' incarnation pour cela. Le fait que l' archange Michel est supérieur aux autres anges ne peut servir d'argument car le livre des Hébreux et d' autres passages du Nouveau Testament parlent des humains et de Jésus et non des anges et de Michel. Hébreux 5:1 par exemple parlant de Jésus dit qu'un souverain sacrificateur est pris parmi les hommes pour les hommes. Le verset ne dit pas 'pris parmi les anges pour les hommes.'

Dans 2 Chroniques 18, le roi Salomon reconnait que l' entièreté des cieux ne peut contenir Dieu. Comme il sera montré au niveau du chapitre sur les divinités anthropomorphes, le Dieu Suprême n' a ni droite, ni gauche au sens littéral. Une explication correcte de 'l' Ancien des Jours' assis sur son trône sera alors donnée.

Dieu est au-delà de l' espace et du temps. Par conséquent Jésus n' aurait pu s' asseoir á sa droite. Etre á la droite signifie simplement être le numéro 2après Dieu ou son bras droit. Il s'agit d' une manière symbolique de dire la même chose que Jean 3: 13. Jésus est alors capable de partager la gloire de Dieu. Etant un vrai héritier, toute chose appartenant á Dieu lui appartient.

Que ce soit Dieu Lui-Même et non un fils probable qui ait créé le monde est évident lorsque l' on lit Ephésiens 3: 9, Jérémie 51: 15, et Hébreux 2: 10-11. Il créa seul [Esaïe 44: 24] ce qui signifie que les éventuels artisans ne sont pas les vrais créateurs. Comment donc peut-on comprendre que Dieu créa tout par Jésus comme il est écrit dans Jean 1: 3 et Colossiens 1: 16?

Genèse 1 affirme que Dieu créa en *disant*. En d' autres mots, Dieu créa en utilisant sa Parole [un attribut ou trait, pas une personne]. La création par la Parole est confirmée par Hébreux 11:3 et Psaumes 33:6. Parce que Jésus représente la Parole, le pain du ciel, on peut dire et écrire que toute chose faite par la Parole de Dieu fut faite par lui. Jésus n' est pas la Parole de Dieu au sens littéral. Cette Parole lá est l' expression de l' Ame Divine sous forme de pensées ou de mots. Cette Parole est la Raison Suprême comme le dit Manly Hall. Il est bien de donner plus d' explication sur la Raison, la Loi, ou le Logos de Dieu.

Proverbes 8: 7-8 montre dans son contexte que la Sagesse ou l' Intelligence de Dieu est exprimée á travers sa Parole. La Sagesse, l' Intelligence, la Science, la Réflexion, et la Justice sont étroitement liées [Proverbes: 8:10, 12, 18, 27, 28, 29, 30, 31, 32]. Dire que Dieu créa par sa Parole est la même chose que dire qu' il créa par sa Sagesse. Proverbes 8: 22 informe que la sagesse était au commencement avec Dieu avant toute autre chose qu' il créa et en Proverbes 3: 19 il est écrit que par la sagesse Dieu fonda la terre.

La Parole et la Sagesse ne peuvent être au commencement avec Dieu qu' en faisant partie de Dieu, comme ses attributs.Ainsi, point n' est besoin d' expliquer qu' au commencement il y avait trois personnes en un seul Dieu et que Dieu le Père parlait a l' un des deux autres en Genèse 1: 26.

Un lien indéniable avec Jean 1: 1 a été établit. Puisque la parole exprime la sagesse, tout apparaît clair. La sagesse, la compréhension, la connaissance, et la science étaient toutes impliquées dans l' acte de création de Dieu [Proverbes 3: 19-20].

Le schéma suivant illustre comment la Sagesse et la Parole sont des attributs de Dieu et pas des anges ou membres d' un Dieu Trinitaire. *Même si un ange particulier peut incarner un attribut particulier de Dieu, cet ange n' est pas cet attribut.* Il est écrit que Dieu donna une grande sagesse a un ange qui plutard se rebella et chuta [Ezekiel 28]. Même si cet ange symbolisa la Sagesse de Dieu, sa sagesse était différente de la Sagesse Divine Elle-Même. Il est aussi certain que ce ange déchu n' est ni Jésus ni Michel.

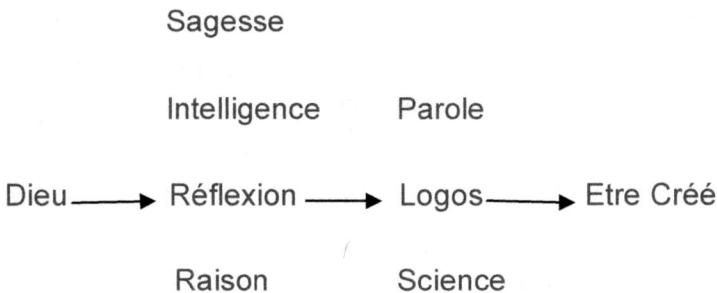

Sagesse

Intelligence   Parole

Dieu⟶ Réflexion ⟶ Logos⟶ Etre Créé

Raison   Science

En une phrase, il peut être dit que Dieu parle selon sa sagesse après avoir raisonner afin de créer. *Chaque être humain a aussi une sagesse qui est exprimée á travers une parole avec utilisation de la raison ou de l' intelligence.* **Les intelligences, les sagesses, les paroles, les connaissances, et les philosophies de certains êtres humains sont meilleures, au moins temporairement par rapport á celles d' autres.**

La sagesse, la raison, la philosophie, et la parole de Jésus étaient et sont toujours meilleures que celles de beaucoup d' êtres humains mais restent inférieures á celles de Dieu. C' est pourquoi Jésus lui même avoue ne pas connaître tout comme les anges le moment de son retour sur terre [Mathieu 24: 36, Mark 13: 32]. C' est pourquoi, il jugea meilleure de faire la volonté de Dieu plutôt que la sienne propre [Jean 4: 34]. Toute sa vie terrestre, Jésus essaya de distinguer la Parole de Dieu par rapport a la sienne propre comme le montre sa prière dans le jardin de Gethsémané [Mathieu 26: 39].

Donc il y a suffisamment de raison pour dire que Jésus fut comparé a la Parole de Dieu parce que sa propre parole était proche de celle de Dieu au moins aux yeux des rédacteurs du Nouveau Testament.

Hébreux 1:2 montre que c' est par le cannal de l' héritage que dans un sens toute choses furent créés par et pour Jésus. On peut dire cela de tout être humain qui suit Dieu au moins autant que Jésus. De la même manière, Jésus avait une gloire avec Dieu avant que le monde ne commence et il était [symboliquement] avant qu' Abraham ne fût comme dit par les unificationistes.

Une autre façon de comprendre pourquoi Jésus était avant Abraham est de considérer Jérémie 31: 9 qui déclare que le Seigneur est le Père d' Israël et qu' Ephraïm est son premier-né.

Selon l' histoire de la Genèse, Ephraïm était le second fils de Joseph qui était lui-même le onzième fils de Jacob. Mais Jacob, aussi appelé Israël, éleva Ephraïm non seulement au rang de fils mis de premier fils malgré la prédiction que la lignée du quatrième fils Juda jouerait un rôle politique majeure et que celle du troisième fils Levi s' occuperait de la prêtrise. Si Jésus est premier-né de Dieu comme expliqué, alors il est avant Abraham.

L' affirmation de Jésus *'Avant qu' Abraham ne soit, je suis'* est aussi correcte vu d' un autre angle d'analyse encore. Dieu, l' Etre

Originel est 'Je suis' selon Exode 3: 14. Par conséquent, *Je suis* existe avant Abraham.

Aussi, le mythe babylonien de la création, l'Enuma Elish, montre clairement que Marduk qui pourtant est un dieu de cinquièe génération est devenu le premier-né, roi, et seigneur accepté par les autres dieux y compris par ses ancêtres Enki, Anshar, et Anu. Donc, par l'envergure de ses capacités et réalisations, un descendant peut être considéré comme prééminent ou premier-né de tout le lignage. C'est l'enseignement que répète Jésus en se comparant à Abraham et c'est que l'auteur du Livre des Hébreux admet.

Les humains furent faits pour gérer la nature [Genèse 1: 26-28, Genèse 9: 1-3], inferieurs pour un temps aux anges [Psaumes 8:5], mais destinés á grandir et á les surpasser comme l' *homme* Jésus le fit [Hébreux 2: 5-8]. L' homme a aussi l'autorité de jugé les anges [1 Corinthiens 6:3]. Selon Hébreux 2: 5 Dieu n' a pas mit le monde sous la gestion des anges mais sous celle des hommes.

L' enseignement de Sylvia Browne concernant un conseil d' êtres humains avancés gardés par les anges les plus avancés corrobore la prééminence humaine. Il est logique que l' humanité soit prééminent ayant la possibilité de vivre une vie spirituelle éternelle comme les anges et la vie physique comme les animaux. Comme Browne le dit contredisant Swedenborg, les humains et les anges appartiennent á deux espèces différentes. Ils sont en effet deux espèces spirituelles différentes tout comme il existe diverses espèces animales. Ceci constitue une preuve additionnelle sérieuse que Jésus n' était pas un ange incarné et pas l' archange Michel mais il reste plus de preuves scripturaires fournissables.

Le Coran parle de l' homme [Adam] comme du surintendant de Dieu que les anges doivent saluer [Coran 17: 61]. Tous les anges saluèrent sauf Iblis. Cette idée est absente du livre de la Genèse et semble aussi absente de la Bible entière mais elle trouve confirmation en Hébreux 1: 6. Le verset dit que Dieu introduisit le premier-né de nouveau dans le monde. Le premier-né que les anges doivent révérer ici est Jésus.

L' expression 'de nouveau' suggère qu' un premier-né avait été introduit précédemment. Cet autre premier-né aurait pu être Jésus mais avec toutes les preuvent fournies, il est plus sensé de dire que ce premier premier-né est Adam. Si Jésus avait une existence antérieure, et fit tout, il n' aurait pas été introduit dans le monde même une fois. C'est le monde qui aurait été introduit á lui. Ces explications sont aussi la base pour 1 Pierre 1: 20, Jean 3: 3, et Jean 3: 34. Ici apparaît un autre argument contre le concept chrétien de la Trinité.

Jésus travailla dure essayant d' incarner la Parole, la Volonté, et les Enseignements de Dieu. Adam selon le Coran [2: 30-34] s' était montré digne du respect des anges parce qu' il avait été capables de produire les noms des choses que Dieu lui avait enseigné. Puisque selon le Sikhisme les Enseignements de Dieu peuvent être con-sidérés comme ses Noms, il apparaît qu' *Adam avait atteint une connaissance avancée sur les choses divines et qu' il chuta d' une position élevée. Chaque être humain a le potentiel d' atteindre le même niveau qu' Adam ou Jésus et même d'aller au-delá comme Jésus le dit clairement dans Jean 14: 12.*

Si Jésus est pemier-né, alors il fut avant Abraham; ce qui signifie qu' il a atteint un niveau de maîtrise ou de divinité supérieure á celui obtenu par Abraham.

Puisque Jésus n' eut pas d' existence antérieure, á qui parlait Di-eu dans Genèse 1: 26? Plusieurs fois dans la Genèse il est clair que l'Ange du Seigneur le représenta et apparut á certaines personnes. Mais une lecture attentive montre que *même lorsque Dieu est mentionné directement, c' est toujours un être avec les caractéristi-ques d' un ange, ou tout simplement un ange qui apparaît, parle, marche, ou agit.* Ainsi, l' utilisation du pluriel dans *Genèse 1: 26* est cohérente: *un ange représentant le Dieu Suprême parlait á d' autres anges.*

Ce point recevra plus d' attention dans le chapitre sur le Dieu anthropomorphe. Il existe plusieurs preuves scripturaires, logiques, et expérientielles qu' il y a un Dieu au-delá des anges, le Très Haut, Incomparable dont il sera question dans les chapitres 12, 13, 14, et 15. Il suffit ici de présenter *Job 38: 7* comme preuve que toute chose faite durant le processus de la création était sous l' autorité directe de Dieu.

Les anges assistèrent Dieu de plusieurs façon. Et puisqu' *ils doivent leur existence même á Dieu [Néhémie 9: 6, Psaumes 148: 2-5, Ezéchiel 28: 13]*, Celui-ci reste l' auteur de tout quelque soit l' angle [*l' ange*] considéré. Que les *Dieux agissants* de l'Ancien Testament soient en fait des anges pourrait expliquer certaines erreurs des religions et des écoles de spiritualité. *Les anges ne sont pas des démons mais ils peuvent faire des erreurs en essayant de suivre la volonté de Dieu.*

Les Juifs du 1er siècle furent émerveillés par la connaissance de Jésus qui n'avait pas étudié selon eux [Jean 7:15]. Mais Jésus répliqua que sa doctrine était de Dieu [qui l'avait enseigné comme Adam]. Comment reçut-il son enseignement de Dieu? Certains pourraient être satisfaits par l' explication du Saint Esprit [Jean13:10].

D' autres pourraient insister qu' il étudia avec des maîtres des mystères égyptiens et d' autres qu' il fut influencé par l' hindouisme d' Inde ou que Jean Baptiste l' enseigna. La vérité est probablement qu' il étudia mais avait un don du Saint Esprit unique, sans oublier de possible révélations angéliques comme dans le cas du prophète Daniel. Il est très possible que d' autres êtres humains á la place de Jésus auraient utilisé le même esprit reçu différemment.

Finalement Jésus n'est pas l' archange Michel pour la raison additionelle scripturaire que la mort entra dans le monde par un *homme*[Adam] et était supposé être éliminée par un *homme* Jésus [1 Corinthiens 21, 1Timothée 2 :5, Romains 5 :19]. Si Jésus était un ange incarné, ceci signifierait que les humains comme Adam ne peuvent accomplir l' oeuvre pour laquelle Dieu, l' Etre Suprême, dans sa Sagesse Infinie, les a créé. *Tout souverain sacrificateur est pris du milieu des hommes pour les hommes dans le service de Dieu [Hébreux 5: 1]*.

Ce qui a été discuté dans ce chapitre est le fait qu' un ange soit devenu humain ou pas; pas la possibilité que les êtres humains á leur mort deviennent comme des anges ou carrément des anges comme mentionné dans les écrits de Swedenborg.

Chapitre 12

Pourquoi le Saint Esprit de la Bible n' est pas une personne et pourquoi le concept de Trinité est correcte philosophiquement mais pas théologiquement

L E Saint Esprit est une notion religieuse et spirituelle. Cependant la présente discussion devrait aussi intéresser les agnostiques et les athés au moins parce que les explications seront offertes en des termes avec lesquels ils sont familiers.

Les écoles de pensées spirituelles peuvent êtres classées en deux catégories selon leurs points de vue sur le Saint Esprit. Il y a celles pour qui le Saint Esprit est une personne et d' autres qui pensent qu' il s' agit une energie ou force divine. Avant d' introduire ces deux principaux concepts, certains termes fréquents dans les jargons théologiques, psychologiques, et philosophiques devraient être expliqués. Si cette définition de termes n' est pas correctement faite, il sera difficile que la connaissance authentique sur le Saint Esprit quitte le nuage de confusion qui l'entoure.

Quelques prérequis: explications sur esprit, âme, nous, conscient, inconscient, superconscient, subconscient, préconscient, mémoire, rêve, bien, mal, intuition, inspiration, aperçu, énergie, matière, et personne

Dans le chapitre sur l' épistémologie et les divinités, précisément dans la section sur la physicalité ou science des choses physiques, une définition du terme *'esprit'* a été donnée. L'esprit était alors défini comme un état de substance à vibration élevée ou à faible concentration en opposition à la substance physique communément appelée matière. Il fallait donc comprendre 'esprit' comme 'énergie.' Mais deux autres définitions doivent ici être ajoutées.

La première est 'esprit' comme 'personne.' Dans le monde physique, il existe une organisation particulière de la substance sous la forme du corps humain reconnue comme une personne. De même, il y a une compréhension du mot 'esprit' comme une organisation particulière de la substance ou matière spirituelle sous la même forme que le corps physique mais dans une dimension invisible. Cet être est aussi reconnue comme une personne, pas physique mais spirituelle, par la religion et la spiritualité.

La seconde nouvelle définition pour 'esprit' est: principe(s) come dans esprit de sagesse, esprit de compréhension, esprit de conseil, esprit de force, esprit de connaissance, esprit de crainte du Seigneur [Esaïe 11: 2].

Lorsque le dictionnaire Merriam-Webster consultable sur internet définit l' *âme,* il donne une définition qui montre son équivalence avec l' esprit comme principe(s). En effet *l' âme y est décrite comme un principe immatériel qui anime, une part essentielle active dans les êtres rationnels mais liée aussi a la nature émotionelle et morale de l' être humain.*

L' âme dans d'autres contextes peut signifier 'une personne après la mort.'

Le dictionnaire libre sur internet [free dictionary online] a aussi une belle définition du terme: *'l' âme est le principe animant et vital au sein des êtres humains avec les facultés de penser, d' action, d' émotion, et souvent conçue comme une entité immatérielle.* Il est important de remarquerla présence dans cette définition du qualificatif 'Vital' qui veut dire 'supportant la vie' et celle de l' intellect, de l' émotion, et de la volonté.

Ainsi, il est clair que les termes 'esprit' et 'âme' peuvent être interchangeables désignant la même chose ou ayant des sens différents selon le contexte.

Il est aussi nécessaire de donner ici une clarification sur le *'nous.'* Dans la version de Jonas Hans de la vision d' Hermès Trismégiste, ce terme décrit Dieu, un être humain, aussi bien que d' autres êtres. Le superlatif 'Nous' est pour Dieu comme montré dans le début de la 6ème section du texte: *'AlorsPoimandres me dit: ...Cette lumière est Moi, Nous, ton Dieu....'* Dans la 16ème section, Jonas Hans fait de 'nous' et 'âme' des termes équivalents. Dans la version de Manly Hall, 'nous' est directement rendu comme 'âme intelligente' dès le début.

Dans le texte du Poimandres, les fonctions du nous montrentclairement qu' il s' agit de l'âme. Ainsi Dan Brown est correcte quand dans le roman *The Lost Symbol*, il explique le terme *'noetic'* en traduisant sommairement 'nous' comme 'connaissance intérieure' ou 'conscience intuitive.' Cependent l'expression 'connaissance intérieure' désigne une réalité plus grande que celle de 'conscience intuitive.' A son tour, la connaissance intérieure est une réalité plus petite que l' âme comme il sera montré dans les lignes suivantes. C'

est probablement pourquoi Dan Brown parle de traduction som-
maire.

Jonas Hans présente le Nous comme Lumière et Vie dans les
sections 6, 9, et 12 de sa version du texte de *Poimandres* mais
Manly Hall fait une différence entre Lumière et Ame [Nous, Intelli-
gence]. Pour lui les deux éléments sont deux attributs distincts de
Dieu. Les deux approches, celle de Hans et celle de Hall, sont
correctes lorsque la 'lumière' est comprise au sens figuré par exemple comme l'opposé de l' ignorance ou une chose positive ou bien.

Mais dans le sens litéral, il existe une différence dans les deux
versions. Le mot 'Lumière' ne suffit pas pour décrire l'Ame á cause
de son imprécision. Aussi d' autres réalités comme la Parole sont
connues même par Jonas Hans comme pouvant être lumineuses.
Par conséquent l'Ame ne peut être réduit á la Lumière. L'Ame ne
peut être présentée comme la Lumière si l' on veut être très précis et
éviter la confusion. La précision requiert que la Lumière soit décrite
comme une réalité séparée connectée á l'Ame ou á d' autres entités
comme la Parole. C' est pourquoi la version de Hall est plus claire.

Cependant, les mots de Hall soulèvent une question fondamentale: celle de savoir si la Lumière est co-eternelle á l'Ame en tant que
son "corps" comme il semble indiqué ou si est elle le "produit" de
cette Ame, généré par son activité comme certains peuvent penser
en lisant Genèse 1: 1-3. *Dans son sens le plus restrictif*, l' âme est
une réalité plus qualitative que quantitative. Par conséquent, la
Lumière au sens littéral qui est une réalité quantitative n'est pas un
produit de l'Ame mais un autre attribut de Dieu.

Il existe plusieurs sortes de lumières et une forme de lumière
peut générer une autre. Donc, la lumière de Genèse [une réalité
quantitative] vint de la Lumière Originelle [aussi une réalité quantita-
tive] sous l' injonction de l'Ame [une réalité qualitative]. Que la
Lumière Originelle soit co-éternelle á l'Ame Universelle peut être
déduit de *Psaumes 104: 2 et 1 Timothée 6: 16*. Mais ceci est un

argument scripturaire et religieux plutôt que logique ou philosophique.

Avec l' introduction de l ' âme, d' autres notions comme le conscient, l' inconscient, le subconscient, le préconscient, et la mémoire
se présentent et demandent á être expliqués.

Le *conscient* est la partie de l'âme humaine qui est éveillée ou au
courant comme le montre la définition de John Locke donnée au
niveau du chapitre introductif. L' *inconscient* est la partie qui n'est
pas éveillée. L' âme anime et guide les personnes physique et
spirituelle par l' intermédiaire á la fois du conscient et de l' inconscient.

L' information circule entre le conscient et l' inconscient dans les
deux sens. Une personne pourrait être au courrant de certaines
choses en un moment donné et ne pas l' être un autre moment
plutard. Il est dit alors que la personne a oublié. Les psychologues
diront qu' elle est devenue inconsciente par rapport á cette chose
spécifique. Dans le sens contraire, il y a des choses que l'individu n'
a jamais vécues ou apprises et qui viennent dans son conscient, pas
en provenance de l'environnement naturel ou humain. Les rêves
sont connus comme pourvoyeurs de telles informations qui sont
capables de s' effacer á nouveau dans l' inconscient.

C' est la même âme qui anime et guide le corps physique qui
anime et guide le corps spirituel. Seulement, des fonctions spécifiques sont au travail dans chaque cas comme lorsque le même
cerveau influence des parties différentes du corps physique á travers
la production d' hormones variées.

Lorsqu' un humain naît, l' animation et la guidance des corps
physique et spirituel est d'abord plus inconsciente que consciente.
Avec le développement de la personne, la partie consciente de l'
âme s' élargie á la fois concernant les réalités physiques et les
réalités spirituelles.

Quand l' âme est plus inconsciente que consciente, sa fonction est plus automatique, a moins de volonté libre, et moins d' inclinaison vers les erreurs et le mal. Mais lorsque l' âme devient plus consciente ou plus au courant, son libre arbitre augmente et elle anime et guide selon sa propre compréhension et volonté ouvrant la voie aux erreurs et au mal lorsque ces erreurs sont trop grandes ou causent volontairement trop de tort.

Il y a l'intellect, l' émotion, et la volonté conscientes et il y a leur contreparties au niveau de l' inconscient. Une âme maléfique utilise ces traits négativement. L' intellect maléfique est orienté vers le complotage du malheur, la destruction, et l' affaiblissement ou le désohnneur des autres. L' émotion maléfique est très jalouse dans le sens négatif, désire ce qui ne doit pas l' être, et est très égoïste. La volonté maléfique est prompte á agir contre autrui.

Mais ce que l' âme maléfique ignore souvent est que toutes ses actions ont des conséquences négatives sur elle-même. *Aucun homme mauvais n' aime le deshonneur par exemple, mais c' est la conséquence incontestable de ses actions.* Les bonnes âmes n' apprécient pas la mauvaise et au plus profond d' elles, les autres âmes maléfiques n' apprécient pas l' âme mauvaise non plus.

Une des définitions que le free online dictionary donne au terme *'mémoire'* est: 'faculté de l' âme qui enregistre et rappel les expériences, les sensations, les pensées, les connaissances passées, ainsi de suite.'

Tout ce qui est enregistré a été une fois dans le conscient qu' il provienne des expériences avec le monde extérieur ou du monde intérieur. Trois genres d'informations existent dans la mémoire lorsqu'elle est considérée á partir de la perspective du temps: celles dont on peut se souvenir rapidement, celles dont on se souvient avec efforts, et celles dont il est difficile de se rappeler et qui reviennent dans le conscient lorsqu' une circonstance particulière déclenche leur réémergence. On pourrait ajouté une quatrième catégorie: celle des informations dont on ne souvient jamais. Mais si l'on garde dans l'âme que la circonstance déclenchante n' a pas encore été opérationelle, les trois premières catégories suffiraient.

Ainsi, si l' individu naît avec un certain "pourcentage" d' inconscient qui régresse progressivement comme dit plutôt, cet inconscient est aussi enrichi par sa vie terrestre grâce au conscient et á la mémoire. La mémoire apparaît donc occuper un "territoire," une place, á la fois dans le conscient et l' inconscient.

Certains pourraient inclure dans la mémoire les informations venant de l' inconscient qui n' ont jamais été dans le conscient et parler de la mémoire des vies passées introduisant le concept de réincarnation, mais la réincanation est une notion tellement complexe qu' il est préférable de ne l' évoquer que dans un autre livre.

Ce que la compréhension de la mémoire introduit est la confirmation de la possibilité de l' enregistrement des événements de la vie dans l' âme comme le disent les enseignants spirituels avocats de la réincarnation ou de la résurrection. Il est aussi enseigné que cet enregistrement est projeté comme un film lorsqu' une personne meurt et va dans le monde spirituel. Les ondes radio, télé, et vidéos qui transportent l' information et qui peuvent êtres stockées sur des clés *mémoire* USB montrent que cette déclaration n' est pas étrange.

Les informations de la mémoire dont on se souvient avec effort sont classées comme faisant partie du *préconscient*. Il apparaît donc que la mémoire a en fait trois territoires: l' inconscient, le préconscient, et le conscient.

Comme dit plus haut, ce fut le psychologue Carl Gustav Jung [1875-1961] qui élabora le concept d'inconscient. Il parla d'un inconscient personnel et d' un inconscient collectif appelée *supercons-cient* en Inde. Cependent, la définition du superconscient semble plus proche de celle de Dieu que celle de l' inconscient collectif de Jung. Dans un autre écrit, Jungajoute que cet aggrégat des inconscients personnels a une intelligence propre.

En réalité, le Superconscient est la Conscience Universelle dans le sens d' être au courant de tout. Il est une personne avec un Intellect, une Emotion, et une Volonté et pas simplement un ensemble d' informations. Le Superconscient indien est Dieu comme le montre encyclopedia.com.

Le *subconscient* quant-á lui est un terme utilisé par Sigmund Freud [1856-1939], un autre psychologue très respecté et enseignant de Jung. Le subconscient est parfois défini comme l' absence d' éveil [sur freedictionary.com] faisant de ce terme un équivalent de l' inconscient de Jung. Mais le subconscient est aussi défini comme 'pas totalement conscient, partiellement conscient ou conscient de façon imparfaite' et est ainsi similaire au préconscient. Ainsi, selon le contexte, le subconscient peut signifier soit le péconscient, soit le conscient, soit les deux.

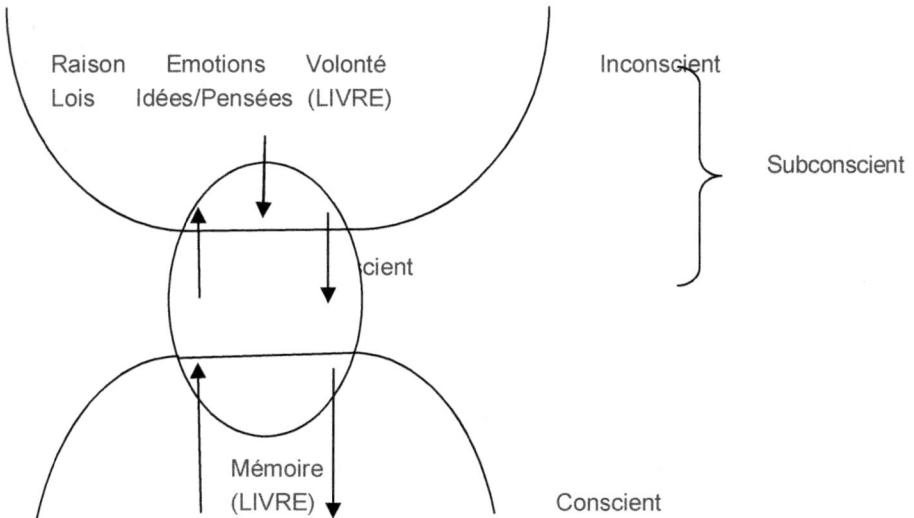

Raison   Emotions   Volonté   Inconscient
Lois   Idées/Pensées (LIVRE)

                                                    Subconscient

                        cient

        Mémoire
        (LIVRE)   Conscient

Symbole ou représentation illustratif de l' âme humaine: le scarabée

Il est étrange que ce diagramme représentant l' âme ressemble au scarabée qui a un sens dans plusieurs enseignements spirituels. Cette représentation montre qu' en cas de mort, ce qui se sépare du corps physique est plus que 'le conscient pure' comme Brown semble suggérer[40] sauf si le fameux auteur a utilisé une définition particulière du conscient différente de celle présentée dans ce volume. Cette remarque est importante car la clarté dans la terminologie permet la clarté dans la compréhension et rend la quête spirituelle un peu moins difficile. L' âme est plus que le conscient pure.

Selon la description du scarabée par egyptianmyths.net, durant et suivant la période du Nouveau Royaume dans l' Ancienne Egypte, des amulettes de scarabée étaient souvent placées sur le coeur des décédés momifiés. Ces scarabées du coeur étaient destinés á être pesées contre la plume de la vérité pendant le jugement final.

Parlant de *L' Au-delá Egyptien et de la Plume de la Vérité*, egyptian-history.suite101.com ajoute que ce qui est mesuré est en réalité le coeur de l' âme. Ecrivant sur Insects.org, Yves Cambefort dans son article *Beetles as religious symbol [Les Scarabées comme Symboles Religieux]*, rappel á ses lecteurs que pour les anciens égyptiens, le scarabée sacré était le symbole de l'âme immortelle.

Dans la philosophie de l'Ancienne Egypte, puisque le scarabée est la puissance qui fait bouger la boule d'excrément qui est comme le soleil, il doit y avoir un dieu, une âme puissante qui fait bouger le soleil. Le nom de ce dieu était prononcé de la même manière que celui de scarabée et était: Khopri ou Khepri. Le levé du soleil chaque matin symbolisait la résurrection et l' immortalité. Il existe une vaste

---

[40] Brown, *The Lost Symbol*, 399.

littérature qui va dans le sens de la correspondence entre l'âme humaine et le scarabée.

Bien entendu, il serait correcte de comprendre Aksak, le grand scarabée, créateur du monde décrit par Cambefort, comme la Grande Ame ou l'Ame Universelle ou Dieu. De plus, Khopri est le nom sous le quel le dieu Atum était connu. Or dans le mythe de la création de l' Egypte ancienne, Atum était seul au commencement et créa tout á partir de lui-même. Donc, les anciens égyptiens avaient un concept de Dieu créateur, originellement seul qui est l'Ame de l' Univers.

L' Ame de Dieu est différente des autres âmes dans le sens qu' Elle connaît toutes les lois, idées, pensées, volontés, émotions, et raisons. Par conséquent Dieu n' a pas d' inconscient et est au courrant de tout ce qui a été, est, et pourrait être. Dieu est le Conscient Universel ou Superconscient.

Venant au phénomène du *rêve*, le free online dictionary fournit á nouveau, certainement comme d' autres dictionnaires, une belle définition. En effet, il décrit le rêve comme une série d'images, d' idées, d'émotions, et de sensations se manifestant involontairement dans l' âme pendant certains stades du sommeil. On peut aussi ajouté une série de "sons et paroles" entendus non pas par les oreilles physiques mais par les oreilles de l' esprit et de l' âme.

Les rêveurs, même les plus sceptiques et les plus athés, reconnaîtront qu' en réalité, ils/elles entendent et voient dans leurs rêves mais pas avec les organes physiques des senses. Les images et les sons sont toujours présents dans l'âme dans plusieurs cas après le réveil du rêveur. C'est comme cela que les gens se souviennent de leurs rêves.

Il est important de mettre l' accent sur le caractère involontaire des rêves même si la possibilté de rêve volontaire existe et devrait être exploré. Ceci montre que le conscient dans plusieurs cas subi le rêve. Parfois, les rêves sont connectés aux choses vécues et á d'

autres moments ils ne sont connectés a rien que le rêveur se souvient avoir vécu. Ainsi, le rêve est une activité de l' âme impliquant á
la fois le conscient et l' inconscient.

Plusieurs personnes spirituelles voient dans les rêves basés sur
l' inconscient un moyen que des entités spirituelles et parfois Dieu
utlisent pour enseigner. Le Dieu d'Abraham le contacta de cette
manière en plusieurs occasions.

Une explication sur l' âme ne peut pas être satisfaisante sans
que quelques mots ne soient dits sur l' intuition, l' inspiration, et l'
aperçu.

Beaucoup définissent l' *intuition* comme la compréhension, la
connaissance, ou la perception de la vérité *sans un effort apparent
ou sans utilisation de la raison*. Cette définition pose l'important
problème de la vérification et de l' assurance qui se produit seulement au niveau du conscient. En excluant le conscient et la raison,
toute vérification et toute assurance devient impossible. Ce qui vient
de l' inconscient est par définition inconnu et ne peut être accepté
comme compréhension, connaissance, ou vérité.

Celui qui perçoit dans cette circonstance intuitive qui exclut la
raison n' a aucun moyen de savoir la vraie nature de ce qui est
perçu.

Par conséquent, c' est l' une des définitions du free dictionary qui
considère l' intuition comme une *impression* qui apparaît la plus
appropriée. Ce terme montre bien le caractère peu fiable de l'
intuition. Donc, si un conseil doit être donné, il serait de renforcer le
conscient et la raison et ne pas se centrer principalement sur l'
intuition.

Le concept d' *inspiration* implique qu' il y a un inspirateur ou une
inspiratrice que ce soit Dieu, un esprit, une autre personne physique,
un livre etc…

L' *aperçu* est la faculté de percevoir clairement et ne devrait pas
être considérée comme l' intuition qui n' est juste qu' une impression.

Il existe une relation entre les trois sortes d' esprits définis jusqu' ici. L' esprit comme principe(s) [âme] peut être porté par l' esprit en tant qu' énergie qui peut être porté par ou organisée sous la forme de l' esprit en tant que personne. L'Ame Universelle et les âmes individuelles, l' Esprit Universel et les esprits individuels, de même que le Corps Physique Universel et les corps physiques individuels s' influencent mutuellement.

Le Saint Esprit dans l' Ancien Testament

Très peu de passages dans l' Ancien Testament associent les mots 'Saint' et 'Esprit.' Ceux que cette recherche a pu identifier sont:

Psaumes 51: 11 *'Ne m' éloigne pas de ta présence et ne m' enlève pas ton Saint Esprit.'*
[versions anglaises, mais pas les trois versions françaises con-sultées].

Esaïe 63: 10 *'Mais ils ont été rebelles, ils ont attristé son esprit saint.'*
[versions anglaises et les trois versions françaises consultées]

Dans ces deux passages, il n' y a pas d' indication que l' esprit saint en question est âme, corps spirituel, ou énergie.

Heureusement, plusieurs autres parties de l'Ancien Testament aident á forger une opinion. Plusieurs fois *l' Esprit de Dieu* est mentionné.

Dans les livres bibliques précédant celui de Nombres 'Esprit' dans l' expression 'Esprit de Dieu' signifie généralement 'Divinité.' Mais une nouvelle notion apparaît en Nombres 11: 16-29. Le Seigneur descendit, parla avec Moïse, prit de l'esprit qui était sur ce dernier, et le mit sur 70 anciens et leaders d' Israël afin qu' ils puissent porter la charge du peuple avec lui. Lorsque le Seigneur fit ceci et que l' esprit demeura sur eux, ils commencèrent á prophétiser. Josué, l'assitant de Moïse était jaloux pour lui, mais Moïse lui répondit que son souhait était que tous aient l' esprit de Dieu et soient prophètes. Ceci est la parole d' un véritable homme de Dieu.

Un saint n' utilise pas la sagesse, la connaissance, et la puissance pour réduire les autres en esclavage ou les diriger sans arrêt même si cela signifie qu' il n' aura personne á diriger. La déclaration de Moïse en dit long non seulement sur le type de société qu' il faut mais aussi sur son propre désire de se décharger du fardeau du peuple. *Un véritable homme de Dieu comprend qu' il dirige un peuple seulement parce que ce peuple n' est pas encore mûr comme Dieu le souhaiterait et il fait tout pour atteindre cet objectif au plus tôt pour redevenir lui-même le simple citoyen qu' il aurait dû être depuis le début.*

L' opération qui consista á mettre l' esprit sur les 70 anciens est un transfer d' énergie et de puissance. Le pouvoir qui rendit Moïse capable de faire tout ce qu' il fit était maintenant donné aux 70 mais dans une moindre mesure pour faire un travail moins important mais très utile. Que le pouvoir en question implique de l' énergie est évident dans le fait qu' il resta sur les anciens et qu' il rendit le visage de Moïse luisant [Exode 34: 29-35].

Toute chose faite par l' Esprit de Dieu ou l' Energie Divine est faite par Dieu. Dieu et le Saint Esprit ne peuvent êtres séparés. Le Saint Esprit est un attribut de Dieu, un trait de sa personne et non une autre Personne Divine. Si le Saint Esprit doit être mentionné comme Personne, il est préférable de parler de Dieu directement pour éviter la confusion sur le chemin de l' éducation spirituelle et philosophique.

Que le Saint Esprit de Dieu soit énergie et puissance est évident dans Juges 13: 25 [comme de la puissance électrique], Juges 14: 6

[force], Juges 14: 19 [puissance], 1 Samuel 10: 10 [don de prophétie], 1 Samuel 11: 6 [indignation], 2 Samuel 23: 2 [parole divine], 2 Rois 2: 9, 15 [énergie et pouvoir transférable], 1 Samuel 17:14-16 [peur et dépression calmée par la musique].

Le fait que le Dieu de l'Ancien Testament ait soufflé dans les narines de l' homme Adam [fait d' argile] pour qu' il deviennent un être vivant montre comme dit plus haut que le souflle est tout ce qui est requis au niveau subtile pour qu' un être humain vive de façon autonome.

Le Saint Esprit dans le Nouveau Testament et les erreurs concernant la Trinité

En considérant les Galates comme dépourvus de sens [3: 1-5] et en leur disant qu' ils n' ont pas reçu le Saint Esprit et les miracles en obéissant aux lois de Moïse mais en croyant dans le message sur Jésus, Paul démontre une ignorance ou un oubli en matière d' existence et de manifestation du Saint Esprit dans l' histoire biblique. En effet, le Saint Esprit avait été donné plusieurs fois au temps de l'Ancien Testament.

Un exemple important qui précède et qui établit un parrallèle avec la Pentécôte d' Actes 2 est la Pentécôte [réception collective du Saint Esprit] de Nombres 11: 26-29 au temps de Moïse. Une raison qui explique pourquoi Paul ne remarqua pas ce phenomène en son propre temps est que les israélites avaient désobéi á leur Dieu plusieurs fois et étaient tombés de grâce. Il était particulièrement difficile de voir des gens comme Moïse se faire remarquer au sein des juifs du 1er siècle.

Mais, contrairement au croyances de Paul, en obéissant á la Loi les gens peuvent recevoir le Saint Esprit. Des personnes comme Moïse et Jésus sont juste des cannaux de transmission de la Loi et de la Parole de Dieu afin qu' elles atteingnent ceux qui ont besoin de croissance spirituelle et philosophique sans créer des dommages. C' est pourquoi la qualité de ces individus en tant que serviteurs et amoureux de Dieu et de l' humanité est importante.

Ils servent de tampons qui rendent la divinité plus accessible au commun des gens. Ils travaillèrent dure pour être capables de porter la voix de Dieu et voir sa lumière en vue d' aider d' autres á faire de même. Mais en réalité c' est la Parole, la Loi, la Sagesse, la Raison de Dieu [comme Hermès suggéra], ultimement Dieu, qui crée, recrée, et restaure.

Si Paul savait ou s' était rappeler de toutes ces choses, il n' aurait pas développé sa théologie de la manière que l' on connaît.

Les parallèles qui expliquent la nature du Saint Esprit comme énergie et pouvoir sont partout dans le Nouveau Testament. La Pentécôte d' Actes 2 correspond á celle de Nombre 11. Les autres dons du Saint Esprit sont répandus mais Paul les résume en 1Corinthiens 12: 7 [sagesse, connaissance, foi, guérison, prophétie, discours en langue étranges, interprétation]. Le Saint Esprit est aussi associé dans le Nouveau Testament au feu [Mathieu 3: 11.], á l' inspiration [Luc 12: 12], aux flammes et langues de feu [Actes 2].

Un exemple du don de guérison par le Saint Esprit se trouve en Luc 8: 43-48 où une femme qui saignait toucha Jésus avec l' intention, le souhait, le désir, la foi, la commande mal comprise, de guérir. Une force sortit de Jésus et la guérit sans produire un effet similaire sur les d' autres personnes qui le touchaient aussi mais involontairement et sans but particulier.

Le pôle plus était déjá établi en Jésus. La femme établit en elle-même au moment de sa guérison le pôle moins pour que la force se déplace et Jésus reconnut cela en lui disant que sa foi l' avait sauvé. La foi de la dame n' était pas complètement aveugle car la réputation de Jésus en plus de son grand désir de guérrir avaient donné des yeux á sa foi qui devint une connaissance laissant peu de place au doute.

Si le Saint Esprit n' est pas une personne, pourquoi donc Jésus demanda en Matthieu 28: 19 de baptiser dans le nom du Père, du Fils, et du Saint Esprit?

Un tel baptisme ne signifie pas nécessairement que le Saint Esprit est une personne. Le fait que certains parmi les premiers chrétiens comprirent les choses de cette manière ne change pas la réalité. L' on ne devrait pas être impressionné par le terme 'nom' pour faire des erreurs théologiques. Jésus a un nom. Les animaux ont des noms [Genèse 2: 19-20] et les choses ont aussi des noms. Que le Saint Esprit ait un nom n' en fait pas nécessairement une personne.

En réalité, aucun chrétien ou membre du Mouvement de l' Unification n' a jamais sérieusement essayé de donner un nom au Saint Esprit qui est supposé être une personne féminine. On pourrait s' attendre qu ' un nom comme Débora ou Sara lui soit donné, mais personne n' a sérieusement essayé parmi les chrétiens et les unificationistes. La déesse hindoue Shakti remplaçant Brahma est une bonne candidate pour la position de Saint Esprit mais la réalité est que Shakti est une personnification de l' énergie.

L' importance donné au Saint Esprit dans Matthieu 28: 19 est pour mettre l'accent sur son rôle dans le bien être de l' humanité. En Jean 3: 5, Jésus associe l' Esprit et l' eau comme essentiels pour la renaissance et le salut. En Matthieu 3: 11, il est question du baptisme avec de l'eau et du baptisme avec le Saint Esprit. Dans ce dernier verset, Matthieu ajoute simplement 'Saint' á 'Esprit' avec raison. Basé sur ces deux passages, la Dualité de 'l' Esprit et de l' eau' peut être justement constitué [les deux étant des choses]. Mais ce serait faire la même erreur théologique que ceux qui ont mis en place la notion de Trinité.

Il a été montré comment le Saint Esprit transforme les gens et les rend meilleurs. C' est ainsi qu' ils renaissent. Le Saint Esprit renouvelle les personnes [Tite 3:5]. Jésus étant proche de Dieu peut utiliser la puissance de Dieu comme la sienne. La renaissance pour Jésus est symbolique, pas littérale.

Les Unificationistes ont évité l' idée d' un père et d' une mère physiques pour la renaissance mais ont déclaré nécessaires un père et une mère spirituelles en la personne de Jésus et du Saint Esprit; tombant dans un autre piège. En effet Jésus après sa mort reste une personne tandis que le Saint Esprit n' a jamais été une personne contrairement a l' affirmation selon laquelle ce serait un esprit feminin. L' association de Jésus et du Saint Esprit ainsi définis dans la renaissance est une erreur théologique. Les binômes Dieu – Jésus, Ame Universelle - Saint Esprit, et Parole-Energy [pas Jésus - Saint Esprit] ont plus de sens dans la théologie de la renaissance.

L' eau renouvelle les choses et les gens en les lavant et le baptisme avec l' eau est associé á la *répentence* et aide les individus á *se débarraser de la culpabilité et se pardonner eux-mêmes*. Ceci est le lavage de l'âme et de l' esprit, un lavage de la robe a un certain degré. Mais il faut plus.

Pour un vrai renouvellement, les idées, les énergies, et les sentiments négatifs comme la haine doivent être éliminés mais aussi remplacés par des idées, énergies, sentiments positifs comme l' amour, la vraie prophétie, la sagesse, ainsi de suite. Cette activité est aussi supportée par le Saint Esprit directement ou indirectement á travers des personnes comme Hermès, Jésus, Moïse, les bon livres, etc…

D' un autre point de vue, si le Saint Esprit était une personne et membre de la Sainte Trinité, il serait illogique qu' "Elle" n' occupe que la troisième position parce que son rôle correspondrait á celle d' une mère. Pouquoi un fils serait-il inférieur á son père et supérieure á sa mère? *Le Saint Esprit est mentionné après le Père et le Fils pour montrer l' ordre d' intervention des Attributs Divins dans le processus de création ou de recréation: Ame-Parole-Energy ou Père-Fils-Saint Esprit. Ceci est le salut.*

L' Ame Universelle travail á travers la Parole pour que les personnes reçoivent le Saint Esprit ou énergie revivifiante. Depuis le temps de l' Ancien Testament, Dieu travaillait d' une telle manière. C' est pourquoi même un non-israélite comme Balaam fut rempli de l' Esprit de Dieu et se comporta avec droiture. Balaam reçu des paroles de Dieu tout comme les israélites. Dieu n' attendit pas le temps du Nouveau Testament pour envoyer la Parole et l' Esprit. Ce salut avait toujours été disponible et Jésus essaya de l' améliorer.

Le Père-Fils-Esprit dont Jésus parla est l' équivalent du Nous-Parole-Lumière ou Ame-Parole-Lumière d' Hermès.

Parlant de Jésus dans le chapitre précédent, il fut démontré que la Parole est un attribut de Dieu et non la personne de Jésus qui était aussi un receveur de cette Parole. Conséquemment, la Trinité Père-Jésus-Esprit n' est pas une notion théologique correcte. Elle n' a de sens que philosophiquement. De la constitution d' un trinôme á la déclaration que ce trinôme est Dieu, il y a un grand pas qui n' aurait pas dû être franchi.

Le concept de Dieu-Parole-Esprit de Blavatsky n' est pas théologiquement vraie non plus car la Parole et l' Esprit sont des attributs de Dieu et ne devraient pas être des éléments d' une Trinité qui inclue Dieu.

Finalement, même la Trinité Ame-Parole-Lumière n' est pas Dieu. Selon la vision d' Hermès, la Parole qui est la Raison est un résultat de la Réflexion ou de la Pensée. Donc la Réflexion a le droit d' être incluse dans une Trinité avant la Parole et si la Parole doit faire partie d' une notion quelconque de Dieu, ce Dieu ne serait pas une Trinité mais une "Quatuornité". Si l' on décidait de reconnaître tous les attributs de Dieu, il serait alors préférable de parler d'

Infinité. Par conséquent, le concept de Trinité n' est pas théologiquement important.

Browne, tout comme d' autres associe clairement et correctement la Lumière et le Saint Esprit; par exemple lorsqu' elle décrit le Dark Side [Côté Sombre] dans son livre *Phenomenon [Phénomène].*

Le Saint Esprit dans le Coran

Le Coran parle du Saint Esprit comme auteur de révélations [16:102] et aussi de l' ange Gabriel comme Saint Esprit et auteur de révélations [2:97]. Il y a deux manières de comprendre ceci. Le premier est que le Saint Esprit est l'ange Gabriel dans le sens que Gabriel est un esprit qui est saint. Le problème avec cette vue est qu' elle n' est pas satisfaisante lorsqu ' on lit des versets lié á la Bible [2:87, 2: 353, et 5: 110].

En effet, il est difficile d' accepter basé sur la Bible par exemple que ce fut Gabriel qui descendit sur Jésus sous la forme d' une Colombe ou que ce fut lui qui se divisa sur les gens lors de la Pentecôte. La façon dont cette contradiction peut se résoudre est d' accepter deux sens pour 'Saint Esprit' dans le Coran: un qui correspond á l' ange Gabriel, un esprit qui est saint et l' autre qui correspond au Saint Esprit décrit dans la Bible. Les deux sortes d' esprits peuvent faire des révélations; donc il n' y a pas de contradiction.

Le Saint Esprit dans d' autres traditions religieuses et spirituelles

Pour les anciens égyptiens, Amun est une *force* invisible dans le vent, le souffle de vie. Dans la mythologie du Taoïsme, le Seigneur Céleste Primordial, Yuanshi Tianzu, existait dans le vide galactique pendant des millions d' années sans changement et est décrit par certains comme Cause Première, l' esprit primordial sans commencement et sans fin, la source de toute vérité dont la doctrine conduit á l' immortalité et qui fut formé á partir du *souffle originel [qi]*. Le qi chinois est traduit comme *flot d' énergie*, force vitale, force de vie.

Ainsi donc, il est correcte de déduire que les mystères de l'Ancienne Egypte et le Taoïsme connaissaient la réalité du Saint Esprit. Les descriptions de Brahma, Shakti, Agni, Vayu ,et Indra montrent que la religion et la philosophie hindoue ont la connaissance de la force ou énergie vitale qui est invisible et á la base de toute la création.

Dans *Isis Unveiled* [Isis Révélée] de la théosophie, le chercheur est informé que l' aether est le souffle du Père, un principe qui donne la vie. Le Temple Du Peuple composé de théosophes enseigne que *le Saint Esprit est le Feu Sacrée, les langues de feu, un feu consumant, prana, force de vie, une forme d' énergie électrique, le feu créateur.*

Le marché de l' énergie spirituel: Bien et Saint Esprit contre mal et la poussière

Simon le magicien fut capable de voir la différence entre le Saint Esprit qui aidait les apôtres de Jésus et la source de son propre pouvoir. Mais il commit l' erreur de penser qu' il pouvait l' acheter [Acts 8: 18] certainement tout comme il avait acheté son propre pouvoir négatif. Les forces du mal ont une connaissance de la constitution de l' univers [ils avaient jadis contribué au processus de la création]. Ils savent comment opérer les conversions d' énergies. Puisqu' ils ne peuvent plus avoir un accès direct á la lumière de

Dieu, le Saint Esprit, ils sont devenus des mangeurs de poussières [Genesis 3: 14].

Une forme maléfique de conversion et de transfer d' énergie est le sacrifice humain. Il existe plusieurs histoires de pactes avec le Diable dans le monde occidental comme précédemment dit. Dans l'Afrique Sub-Saharienne, certaines personnes sont au courant de promesses faites par des magiciens aux forces du mal et de la fréquentation de cimetières par ces magiciens pour gagner du pouvoir grâce á d' étranges rituels. C'est une raison qui explique pourquoi le Dieu des anciens Israélites leur interdit de ne pas adorer les dieux en imitation des Canaanites qui pratiquaient le sacrifice d'enfants [Deuteronomy 18: 10-14].

Dans leur *Pearls of Sikhism [Perles du Sikhisme]*, les Sikhs affirment que les miracles accomplis par les Yogis et les Sidhas sont différents de l' intervention divine. Si le pouvoir des Yogis est acquise comme décrit ci-dessus, alors les Sikhs ont raison. Mais si c'est le Saint Esprit du Dieu Suprême qui est á l' oeuvre, alors l' affirmation Sikh n' est pas correcte. Plusieurs Yogis prient, jeûnent, et respectent autrui comme Jésus fit. Il est possible qu' il y ait aussi des Yogis maléfiques tout comme il existe des bons et des mauvais dans toutes les religions, écoles spirituelles, et disciplines scientifiques.

Les chakras et le kundalini qui sont des éléments de base du corps spirituel peuvent être activés á travers des procédures maléfiques. La poussière [Genèse 3: 14] est une forme inférieure d' énergie. Dans le monde du Diable, rien n' est donné gratuitement. C'est le business spirituel qui prévaut.

'Si tuveux quelque chose que je peux accomplir, tu paye avec quelque chose que tu as, peux avoir, peux voler, ou peux accomplir.'
'Tu vis dans un monde de forte concentration d' énergie. Je vis dans un monde où les gens savent comment influencer les événements de ton monde. Tu veux que des choses se réalisent pour toi. Je veux

*de l' énergie venant d' en-bas puisque je ne peux pas l' avoir depuis
le haut. On fait affaires?'*

L' explication du livre d' Hénoc qui dit que des anges déchus ont enseignés des sciences spirituelles diverses et la description de la spiritualité sumérienne comme d' un buisness entre les dieux de Sumer et leurs adèptes confirment le scenario ci-dessus présenté.

Dans ce système, seuls les hauts gradés, ceux qui sont très proches du Diable, peuvent voir le fond de la marmite lorsqu' ils sont déjá suffisamment corrompus pour ne pas être dégoutés par ce fond répugnant. La plupart des partenaires d' affaires sont laissés dans l' ignorance ou sont couverts de mensonges aux propotions tellement gigantesques et raffinées que les âmes simples ne s' aperçoivent pas du tout de la réelle condition du monde.

Le Diable tient ses plus proches collaborateurs en otage. Ceux-ci á leur tour tiennent leurs collaborateurs en otages, ouvertement ou pas, jusqu' a ce que la plus innocente âme aspirant au bien mais mal informée serve l' empire visible et invisible du mal. Simon le magicien pensa qu' il pouvait acheter le Saint Esprit d' une manière ou d' une autre. Faire affaire.

Selon les écritures, la science spirituelle est universelle et vient du Dieu Suprême qui l'avait transmit aux anges jusqu' á un certain point. Mais certains se retournèrent contre Dieu et commencèrent á utiliser leur connaissance dans l'anarchie. Ils mirent en jeu tout ce qu' ils avaient pour établir au plus vite un empire maléfique sur terre. Au temps du déluge, toutes les inclinaisons des coeurs humains étaient vers le mal. Le Saint Esprit ne peut être acheté mais est donné de plus en plus abondemment grâce á une vie de dévotion au Dieu Suprême, le Propriétaire Ultime; une dévotion á la justice, á la sagesse, á la paix, á l'amour etc…

L' expérience spirituelle authentique particulière de Chercheur avec le Saint Esprit

Le yoga et l' hindouisme enseignent á propos du corps vital ou énergétique avec leurs importantes composantes que sont les chakras et les nadis. Ils parlent du kundalini comme d' une énergie vitale logée á la base de la colonne vertébrale qui monte á travers le principal et central nadi et les sept principaux chakras.

Chercheur a eu la confirmation expérientielle de l' existence des chakras et de certaines de leurs caractéristiques, fonctions, et relations avec la glande pinéale. Dans ses expériences, la force vitale ne monte pas depuis le septième chakra, mais se manifeste sous forme d' une énergie vitale électrique de nature douce qui vient le remplir á partir du sommet de la tête [le premier et principal chakra] jusqu' á la base de la colonne vertébrale suivant une trajectoire presque central mais légèrement á droite et de sens opposé au kundalini. Parfois la force reste seulement sur le sommet de sa tête comme dans les images de pentécôte.

Une sensation donnée par l' énergie est la joie et l' ecstase, différente de l' ecstase sexuelle, mais vraiment merveilleuse. Dans cet état de béatitude, chercheur comprend comment Jésus était rempli de joie grâce au Saint Esprit [Luke 10: 21]. D' autres sensations sont la force, l'assurance, et l' amour altruiste.

Une autre expérience vécue par Chercheur est l' immense pouvoir de l' amour á partir du chakra du coeur comme celui représenté dans l' image du Coeur Sacré de Jésus. Il sait que le lotus tournoyant n' est pas qu' un symbole mais aussi une réalité litérale [au niveau spirituel] et que la description de Rudolph Steiner comporte beaucoup d' informations vraies.

Ainsi, Chercheur a eu et continue d' avoir des preuves expérientielles qu' il y a beaucoup de choses vraies et réelles dans les enseignements des religions et des scientifiques spirituels. Son témoignage vaut ce qu' il vaut; á accepter ou á rejeter. Certains scientifiques des choses physiques pensent que les expériences attribuées á Gautama Bouddha, Jésus, aux Yogis, aux anciens égyptiens, ainsi qu' á d' autres, sont de simples réactions physiologiques.

Mais Chercheur sait que cela n' est pas vraie car ses expériences ont été décrites avec grande accuité par la religion et la spiritualité tandis que la science des choses physiques, la médecine, et la physiologie ne disent rien sur elles. Peut-être qu' un jour les scientifiques des choses physiques seront capables de prouver ces faits. Cela ferait partie du processus de jonction de la spiritualité et de la physicalité.

Dans le documentaire *KGB psychic files [Les Dossiers Paranormaux du KGB]*, sur youtube, une sorte d'énergie responsable de phénomènes paranormaux á été photographiée dans certains êtres vivants particulièrement au niveau des mains d' humains dotés de pouvoir. Chercheur sait que ceci n' est ni une invention, ni une imagination.

Il veut comme Moïse que tous les êtres humains vivent les choses qu' il a vécut et plus. Ainsi, il pourrait apprendre d' eux. Il est conscient que plus de progrès doivent êtres faits par tous.

Un côté formidable de ses expériences est qu' elles sont souvent réplicables á volonté.

Chapitre 13

Sur l'anthropomorphisme de Dieu et des dieux

DEPUIS la nuit des temps, la question de l' anthropomorphisme de Dieu a été présente dans les âmes humaines. L' image du *viel homme assis sur son trône* a nourrit l' imagination et la conscience de milliards d' êtres humains. Cependant, d' autres voix ont parlé de Dieu comme *Principe(s) ou Ame Universelle*, une puissance universelle imprégnant tout l' univers. Des formulations de cette seconde façon de comprendre Dieu se trouvent comme la première dans la Bible mais aussi dans les enseignements d' Hermès Trismégiste. Ces enseignements sont chers aux hermétistes et aux néo-platoniciens.

Aujourd' hui, ces deux idées de Dieu sont en compétition dans les âmes des hommes et des femmes de toutes les religions et de toutes les écoles spirituelles. Il existe une différence de taille entre ces deux sortes de "Dieux." La relation d' un être humain avec l'

Ancien des Jours assis sur son trône serait certainenment différente de sa relation avec un Dieu *sans* forme humaine, une Ame Universelle imprégnant tout.

Arguments pour et contre un anthropomorphisme littéral [physique ou spirituel] des divinités

Les panthéons les plus anciens ont décrit les divinités sous la forme d' hommes et de femmes quelque soient leur rangs. Pour les anciens sumériens, égyptiens, grecs, et mayas, les dieux étaient comme des êtres humains y compris les plus puissants d' entres eux ou ceux qui commencèrent les premiers á exister. Apsu, la divinité sumérienne primordiale fut tué par Enki, le dieu de la sagesse et les deux avaient une forme humaine. Marduk, le dieu le plus puissant de ce panthéon fut engendré par le même Enki et sa femme Damkina. Marduk fut fait roi des dieux et est représenté sur les tablettes sumériennes comme un homme ayant approximativement entre 40 et 50 ans.

Dans la mythologie de l'Ancienne Egypte, le dieu le plus puissant, le dieu du soleil Ré était associé á Amun [la divinité primordiale, la force invisible et aussi un dieu du soleil] sous le nom d' Amun-Ré. Les images de Ré et d' Amun les montrent comme des hommes. De même, le dieu primordial du ciel du panthéon grec Uranus et Zeus son dieu le plus puissant avaient des formes humaines et se comportèrent comme des humains mis á part leur pouvoirs surnaturels.

Bien que chaque dieu ou déesse soit associé á un ou plusieurs principes de l' univers, il/elle était toujours présenté comme un être humain. Ces observations sont aussi valables pour les panthéons maya, taoïste, hindoue, et zoroastrien.

La description de la Cour de Dieu dans des livres comme Hénoc [chapitre 46], Job [1:6], Daniel [7: 9], Zacharie [3: 1-5], et Révélation [4: 1-11] a contribué á forger l' idée du Dieu anthropomorphe. Le livre d' Hénoc contient tout comme celui de Révélation des événements apocalyptiques et christocentriques si précis qu' il soulève de sérieux doutes sur son authenticité comme un livre datant vraiment du temps du patriarche Hénoc qui vécut dans un passé très lointain.

En fait, l' image de l' Ancien des Jours avec sa cour est très probablement de nature symbolique. Dans les visions et rêves, il est fréquent que les éléments montrés soient de nature symbolique et pas littérale. Comme exemples on peut citer les rêves du Pharaon expliqués par Joseph [Genèse 41], les rêves d' enfants de Joseph lui-même [Genèse 37], les rêves du roi Nebucadnetsar de Babylone expliqués par Daniel [3: 1-18, 4: 1-37], les visions de Daniel sur les quatres bêtes représentant quatres royaumes [7: 1-28], et la vision du bélier et du bouc symbolysant les royaumes de Perse [Iran] et de Grèce [Daniel 8].

Le symbolisme de l'Ancien des Jours demeure dans le fait que Dieu est la personne la plus agée, le guide le plus sage et le plus attentionné.

L'atmosphère de la cour [Zacharie 3: 1-5] avec un avocat défenseur et un procureur [Satan] est pour mettre l' accent sur les sortes de puissances qui existent dans l' univers. Qu' importe combien développé le mal est, Dieu reste le Juge Absolu et personne ne sera puni tout simplement parce que Satan l'accuse, le harcèle, ou le torture. *Dieu n' a pas besoin du Diable pour lui dire qui á fait quoi et quand. Tout être humain récolte ce qu' il/elle sème.*

En réalité, il n' y a pas de jugement littéral dans le ciel ni de Lac de Feu littéral pour la seconde mort etc...Il n' y a pas d' épée au sens littéral dans la bouche de la figure messianique présentée dans Revelation 19: 11-15. L' épée symbolise la parole comme le passage lui-même suggère.

En lisant le livre de la Genèse, on peut découvrir plusieurs circonstances où l' ange du Seigneur est clairement mentionné comme
agissant au nom de Dieu [Genèse 16: 7-12/Exode 3: 2/ Juges 13: 3].
Mais même dans toutes les autres situations, il est certain basé sur l'
écriture que ce fut toujours un ange qui agit dans le nom du Dieu
Suprême.

Le Dieu d' Abraham se montra á lui comme un ange, un être
anthropomorphe. Mais ce Dieu sous forme humaine ne fut pas décrit
comme un viellard. La preuve que le Dieu d' Abraham est comme un
homme se trouve dans Genèse 18 et celle qu' il n' était pas différent
d' un ange se trouve dans Genèse 19: 1. En effet si trois êtres
apparaissent á Abraham comme hommes appartenant á la même
espèce et si deux d' entres eux sont confirmés comme anges, alors il
y a peut de doute que le troisième était aussi un ange. Le Dieu de
Jacob était aussi un être angélique [Genèse 32: 24-30]. Un homme
lutta avec Jacob et celui-ci fut convaincu qu' il avait vu Dieu.

Parfois, les auteurs bibliques utilisent les expressions 'l' ange du
Seigneur' et 'Le Seigneur' dans le même passage comme dans
Exode 3. Dans Juges 13, malgré leur connaissance que c' était un
ange du Seigneur qui était apparu, les parents de Samson furent
convaincus que l' ange était Dieu.

Certains auteurs du Nouveau Testament montrèrent qu' ils
étaient au courant que Dieu donna la loi á Israël á travers les anges
[Acte 7: 53, Galates 3: 19]. Dieu n' apparu jamais á Jésus comme un
ange.

*Le Dieu dont Jésus parla n' a pas de forme humaine comme ce-
lui de l' Ancien Testament. Ce Dieu était en Jésus et dans les
disciples et vice versa [Jean 14: 8-11 et 16-17]. C' est porquoi Jésus
ne pouvait pas montrer le Dieu Suprême á Phillippe alors que le
Dieu de l' Ancien Testament [un ange puissant] pouvait apparaître
aux gens [Voire Exode 24: 9-11]. Le Dieu que Jésus enseigna n' est
pas le Dieu de l' Ancien Testament. Le Dieu de Jésus est de loin*

plus grand. En fait ce Dieu est le Suprême et l'Incomparable. Ceci explique pourquoi Jésus refusa de suivre certaines traditions du peuple d' Israël et insista que toute la loi se résume á deux commendements: aimer le Dieu Suprême et son prochain.

De tout ce qui précède, il peut être dit que le Dieu Suprême ne s'est **en réalité jamais montré á personne comme Jésus le certifia dans Jean 6: 46 et comme le confirme 1 Jean 4: 2.**

La seule exception pourrait être la période de l' histoire primordiale avant Abraham de Genèse 1 á Genèse 11. Cette partie de la Bible est un véritable mystère, une énigme qui peut donner des maux de tête sérieux aux chercheurs qui essayent de la résoudre. La question fondamentale ici est: *'Qui était le Dieu d' Adam, d' Hénoc, et de Noé?'*

Analysons le Dieu d' Adam par le tableau suivant basé sur Genèse 1-3.

Théories Passages	1	2	3	4
Genèse 1:1-25	Dieu Anthropo-morphe (D A)	Dieu Invisible (D I)	D I + DA	DI + DA
Genèse 1: 26-27	D A	D I	DI + (DA Démiurge-Ange Aa + Anges Ab, Ac, Ad, etc)	DI +(DA Démiu rge- Aa-L + Ab, Ac, Ad, etc…)
Genèse 1: 28-31	D A	D I	DI +(DA-D)	DI +(DA-D-Aa-L)

Genèse 2	D A	D I	DI +(DA-D)	DI +(DA-D-Aa-L)
Genèse 3: 1-21	D A # Serpent (Satan, Lucifer)	DI + DA # Serpent (Satan, Lucifer)	DI + (DA-D) # Serpent (Satan, Lucifer)	DI + (DA-D-Ab) # Aa- L (Satan, serpent)
Genèse 3: 22-23	D A	DI + DA	DI + (DA-D)	DI+(DA-*Ab*, Ac...)

Le tableau ci-dessus résume quatre cheminements que l'on peut suivre en tentant de dévoiler l'identité du Dieu d'Adam.

Selon la première théorie [renforcée par l'image de l'Ancien des Jours dans Job, Daniel, Zacharie, et Révélation], Dieu est un être anthropomorphe. "Il" a une forme comme un ange ou un humain. Cette compréhension de Dieu est bien répandue. Néammoins, elle présente un défaut important lorsque l'on reste au sein même de l'Ancien Testament.

Dans les dires du roi Salomon au sommet de sa sagesse donnée par son Dieu, il dit dans 2 Chroniques 6: 18 après avoir bâti le Temple: '*Mais quoi! Dieu habiterait-il véritablement avec l'homme sur la terre? Voici, les cieux et les cieux des cieux ne peuvent te contenir; combien moins cette maison que j'ai bâtie!*'

Un être anthropomorphe comme l'ange qui apparut á Abraham occupe une portion très petite de l'espace physique ou spirituel. La déclaration de Salomon montre que le Dieu dont il parla en ce moment précis n'est pas le Dieu qui se montra á Abraham. Lorsque l'on quitte le contexte de l'Ancien Testament, la première obstacle sérieuse á la théorie 1 se trouve dans les mots de Jésus et d'autres personnes clées du Nouveau Testament [1 Timothée 6: 16, 1 Jean 4: 12].

L' auteur de Psaume 104: 2 affirma que Dieu est habillé d' une robe de lumière et celui de 1 Timothée 6: 16 ajouta que Dieu vie dans une lumière brillante et aucun humain ne peut l' approcher. Ceux pour qui l' écriture représente une authorité importante peuvent voir ici une autre preuve que l' Ancien des Jours est un symbole. **De plus, d' un point de vue logique, l' omniprésence correspond plus á un Dieu Invisible imprègnant le cosmos entier.**

La théorie 2, Dieu comme Etre Invisible Imprégnant tout rencontre un obstacle dans l'Ancien Testament dans Genèse 1: 26 et Genèse 3: 22. Ces deux versets montrent qu' en tant qu' un être Invisible [physiquement et spirituellement], Dieu parlait á d' autres êtres intélligents. Le déroulement de cet événement ainsi que les différents acteurs doivent être mieux décrits. Donc, la théorie 2 est au moins incomplète.

Les théories 3 et 4 trouvent leur justification dans l' attractivité de l' anthropomorphisme. C' est l' idée que la forme est importante pour implémenter certains aspects du travail de la création. Cet argument est supporté par le fait que Dieu agit dans la Bible souvent á travers des anges, des prophètes, des rois, Jésus, etc...Ainsi, les supporters de ces théories voudraient voir Dieu, l' Invisible Imprégnant Tout utilisant une forme centrale [un ange très sage ou un collectif d' anges: le Démiurge des gnostiques] pour accomplir certaines oeuvres.

Un autre support pour les théories 3 et 4 est que le "Dieu" de Genèse 1: 26 est silencieux concernant la supériorité de l' être humain en comparaison aux anges. Cette supériorité, au moins en matière de prédétermination, est montrée par 1 Corinthiens 6: 3, Hébreux 1: 5-8, et par la déclaration d' Hermès Trismegiste[41]. Mais

---

[41] Salaman, *The Way of Hermès*, 51.

dans Genèse 1: 26, seule la supériorité de l' humain sur la nature est mentionnée.

L' avantage de la théorie 3 sur la théorie 4 est que le Dieu sous forme humaine qui marche et qui parle dans Genèse 3: 1-21 n' est pas Lucifer qui n' a jamais été présenté comme le principal ange du Dieu Suprême avant la chute. Dans la théorie 3, Lucifer est seulement l' un des principaux anges de Dieu en harmonie avec Ezéchiel 28, Esaïe 14, et Révélation 12. *Il n' était certainement pas une personne qui représenta Dieu* et qui dit á Adam et Eve de ne pas manger d' un certain fruit; ce qui est le cas pour la théorie 4. Le Dieu Suprême les avertit certainement á travers un autre ange membre du Démiurge qui est appelé le Seigneur Dieu.

Les anges qui représentèrent le Dieu Suprême et Invisible comme Dieux Anthropomorphes Aa, Ab, Ac, et ainsi de suite sont probablement Michel qui confronta souvent Satan au nom de l' Invisible Imprégnant Tout, Gabriel, Raphael etc... En utilisant l' article indéfini 'un,' Juges 13: 3 [Bible en anglais: Contemporary English Version, Bible en français: Louis Segond] confirme que Dieu a plusieurs envoyés qu' "Il" peut déléguer et pas seulement un.

Considérer Yahweh ou Jéhovah comme un ange á l' exemple d' Helena Blavatsky n' est pas une très bonne idée. Le nom 'Yahweh' apparut dans la Bible lorsqu' un être angélique se présenta sous ce nom au début du livre d' Exode. Puisque l' ange parla á Moïse comme Dieu et s' appela Yahweh, Blavatsky le considéra définitivement comme "l' ange Yahweh," le Dieu créateur qui marcha en Eden.

Mais une analyse différente du message de l' ange montre qu' il n' est qu' un représentant du Dieu Suprême qui est au-delà de lui. Que l' ange ait réellement voulu se faire passer pour le Dieu Suprême ou pas, le sens de 'Yahweh' dans Exode 3 semble être *'Je suis.'* Dans ce cas, le nom est trop grand pour seulement un ange. 'Je suis' ne peut être que le Dieu Suprême, le Tout, la vraie origine de tout. *Le livre de l'Exode disant que Moïse sera comme Dieu pour Aaron et leur peuple peut permettre de comprendre qu'un ange se présente á Moïse comme Dieu alors qu'il ne l'est pas en réalité.*

De toute manière, il y avait un ange très important qui présida l' oeuvre de la création incluant celle de l' homme, qui fut défié par le serpent Lucifer [un ange rebel], qui marcha dans le Jardin d' Eden, marcha avec Hénoc et Noé, et apparut á Abraham ainsi qu' á d' autres. Cet ange puissant a d' autres anges le supportant [les anges du Seigneur] et Satan peut aussi venir devant lui comme le montre Job 38: 7 et Job 1: 6-7. Ainsi, l'image de l'Ancien des Jours ainsi que l'apparition d'anges non décrits comme viellards á Abraham et á Jacob en plus de leurs leçons sur le Dieu Suprême peuvent donner des informations sur le Dieu de l'Ancien Testament qui essaya de se montrer comme Dieu tout comme Moïse le fit envers Aaron et le peuple de l'ancien Israël. Le chercheur doit donc rester vigilant devant les textes.

Une recherche extensive n' a pas été á même de déterminer de façon certaine le sens du mot 'Yahweh.'

Si ce mot signifie 'Je suis' alors il ne désigne pas un ange quelque soit sa puissance ou ses prétentions. Mais si ce mot a un autre sens alors il peut bien correspondre au Seigneur Dieu créateur de l'Ancien Testament membre du démiurge encore connu comme El-Shaddāi [Dieu Tout Puissant] ou El-Elyon [Dieu Très Haut].

Le fait demeure que l' anthropomorphisme [la forme humaine] n' est pas compatible avec l' omniprésence, l' omniscience, et l' omni-potence. **Donc, le Dieu de l' Ancien Testament n' est pas le Dieu Omniprésent, Omniscient, et Omnipotent. Ceci explique ses erreurs, pourquoi les israélites ont eu de difficulté á le suivre, et pourquoi Jésus choisit de parler du Dieu qui ne peut être montré plutôt que du Dieu de l'Ancien Testament. Mais il est aussi clair que ce Dieu est meilleur que les autres dieux dont le**

Diable qui demandent des sacrifices humains et encouragent l' immoralité.

Revenant aux théories 3 et 4, Esaïe 14: 12-15 parle d' un être, une étoile brillante, fils de l'aurore, qui voulut diriger les étoiles de Dieu et être comme Dieu. Les anges sont connus comme étant des étoiles dans les mythologies hindoue, égyptienne, et par des écoles de spiritualité comme la théosophie. Mais la leçon qu' enseigne Esaïe ne s' arrête pas lá.

L' être en question est considéré comme le roi de Babylone [Esaïe 14: 4]. Babylone est aussi associée dans Révélation 17 avec l' empire du mal et au péché. Le roi de Babylone est le représentant direct de Marduk, le dieu dont le temple principal se trouvait dans Babylone. En plus, le projet de la Tour de Babel se déroula en Babylonie [Genèse 11: 2].

Le mythe babylonien de la création parle d' une tour érigée á Esagila pour atteindre Apsu [le ciel]. Marduk [roi des dieux] et Enki [dieu de la sagesse] sont souvent associés et il est même dit que Marduk prit finalement les attributs d' Enki.

Il y a peut de doute que Marduk qui demanda aux dieux de devenir leur roi est l' étoile brillante d' Esaïe 14 représenté par le roi de Babylone dont le royaume est associé au mal dans Révélation et avec le projet dangereux de la Tour de Babel [Genèse 11: 2]. Le Dieu de l'Ancien Testament détruisit ce projet parce qu'il est dangereux que l' humanité soit organisée autour des principes maléfiques des autres dieux.

Le livre d' Ezéchiel [chapitre 28] parle d' un être qui prétendit être Dieu, le *prince* de Tyre, un homme plus sage que le prophète Daniel mais qui sera détruit. Le même chapitre continue á partir du verset 12 avec la description cette fois du *roi* de Tyre, rempli de sagesse, á la beauté exquise, un ange créé [un chérubin] qui était dans le jardin d' Eden, sans faute jusqu' au jour où le mal, la fièrté excessive, et la sagesse corrompue furent trouvés en lui. Ce roi a aussi les caractéristiques de Marduk-Enki-Serpent. Le fait qu' á la fois Marduk et Satan convainquirent d' autres dieux ou anges de travailler avec eux ne doit pas être oublié.

Deux sortes de dieux peuvent être étudiés dans l'Ancien Testament. Un nombre d' *anges* bons ou dieux á forme humaine aidèrent le Dieu de l' Ancien Testament qui était aussi un ange mais très puissant dans la création et la guidance de l' humanité. Mais *certains parmi eux conduits par Satanou Lucifer* utilisèrent ensuite une sagesse devenue corrompue pour pousser des êtres humains faibles dans l'erreur et pour établir une tradition maléfique qui rend les gens esclaves et leur apporte de la souffrance.

Lorsqu' une sagesse particulière est corrompue, seule la force peut maintenir une situation acceptable jusqu' á ce que cette sagesse soit restaurée. C' est ce qui explique l'intervention de l'armée dans certains pays moins développés. Le problème est que lorsque "la force" aussi décide de devenir égoïste, la situation est pire et peut occasionner des massacres. Par conséquent, il est préférable que la sagesse ne soit jamais corrompue ou soit restaurée rapidement, ou encore que la force maintienne une loyauté inébranlable qui aiderait avec patience á la restauration de la sagesse. *Ce qui est mieux que la force est qu' une sagesse supérieure agisse vite lorsqu' une sagesse particulière est corrompue.*

Jésus parla de l'Ame Universelle qui ne peut être vu contrairement á l' ange puissant qui agit comme le Dieu de l'Ancien Testament. En effet cet ange puissant avait été vu par Moïse et 73 anciens d' Israël [Exode: 24: 9-11].

Le Dieu de l' Ancien Testament a deux aspects principaux. Dans la vision de Daniel et dans le livre d' Hénoc, il est décrit comme vieux mais pas comme tel lorsqu' il apparut á Abraham, áJacob [qui lutta avec lui], et á Moïse etc…Donc dans l'Ancien Testament, la cour céleste peut être réelle ou symbolique comme en Révélation 4. Il est aussi possible que le Dieu de l'auteur du livre de Révélation soit toujours l'ange puissant de l'Ancien Testament puisque l'on ne peut dire avec certitude jusqu'á quel point il a compris l'enseignement de Jésus.

Ce qui est clair est qu' au moins deux hommes remarquables de l' ancien monde [Hermès et Jésus] sont á l'origine d'une nouvelle compréhension spirituelle consistant á parler d'un Dieu de loin plus important que les anges puissants, que ces derniers soient déchus ou pas, et qu' ils soient appelés Dieux ou dieux.

L'Ame Universelle ou le Dieu Imprégnant Tout est la source de tous les êtres incluant les anges puissants comme le Dieu de l'Ancien Testament. Ce Dieu Omniprésent, Omniscient, et Omnipotent aide les êtres intelligents [anges et humains] dans leurs développements. La bonté, les erreurs, et le mal dépendent de la façon dont ces êtres intelligents utilisent leur libre arbitre.

Donc, en s'associant avec d' autres anges pour créer les cieux, la terre, et l' humanité, l'ange puissant de l'Ancien Testament appelé Seigneur Dieu utilisait ses dons reçus de la Source Universelle pour aider cette Source á faire plus d' êtres concrets. C'est l'origine de l' idée du demiurge rencontrée chez les gnostiques, les théosophes, et plusieurs ésotériciens.

Dans le processus de réalisation de la Volonté de l'Ame Universelle, la hiérarchie des êtres n'est pas déterminée par leurs moments de création. Une illustration se trouve dans le faite que les humains sont meilleurs que les minéraux mais sont partiellement faits á partir d'eux. De la même manière, le fait que les anges existèrent avant les humains et aidèrent á leur création ne signifie pas qu' ils sont meilleurs qu'eux.

Les anges participèrent á la création de l'humanité comme les minéraux mais leur action est surtout remarquable au niveau de l'âme intelligente puisqu' eux-mêmes possèdent des âmes intelligentes provenant de l'Ame Universelle.

Dans leur développement, les humains commencent en ayant pas de contrôle sur les minéraux qui participent á la formation de leurs corps physiques; mais avec le temps ils font un meilleur usage des minéraux.

De la même manière, l'âme humaine se développe d'abord grâce aux anges. C'est ce qu'enseigne l'astrologie ou l'astrothéologie en montrant comment des êtres spirituelles en conjonction avec les étoiles, les planètes, etc..., orientent les comportements des êtres humains. L'astrologie ou l' astrothéologie est enseignée dans les écrits d'Hermès Trismégiste, dans plusieurs mythes de la création et anciennes écritures tout comme dans la Bible [Job 38: 31-32/ Matthieu 2: 1-2].

Encore une fois, avec le temps, les humains atteignent un niveau de croissance où ils détectent des erreurs dans la gestion des anges et ont des idées brillantes sur leur propre développement ainsi que celui du cosmos y compris les anges. Jésus se rendit compte de ceci. C'est pourquoi sa spiritualité se basa beaucoup sur le renvoi des démons ou anges déchus de corps humains possédés.

Néammoins, des écrits antérieurs á Jésus notamment dans les traditions cabalistiques et hermétiques sont les premiers á traiter du banissement d' esprits. L' originalité de Jésus consiste á commencer á banir des esprits qu' il n' avait pas lui-même invoqué á une grande échelle innovant une nouvelle manière de traiter avec les dieux. Comme Hermès, il enseigna sur le Dieu Imprégnant Tout qui est incomparable á tout esprit, ange ou démon, y compris le Dieu de l'Ancien Testament.

Aujourd' hui, les échecs des démons, les erreurs des anges, les paroles et oeuvres d' Hermès et de Jésus montrent que le potentiel humain dépasse celui des anges tels que décrits dans les écritures. Par conséquent, il est du devoir des humains d'écouter de plus en plus l'Ame Universelle pour traduire encore plus dans le réalité le potentiel de l' Etre Originel.

Autres arguments pour le Dieu Invisible Imprégnant Tout

Selon les auteurs de <u>Psaumes 104: 2</u> et <u>1Timothée 6: 16</u>, Dieu vit dans une lumière. Ceci donne une dimmension métaphysique et un aspect concret á Dieu et explique la lumière de Jean 1: 5, 6, 9, et 11 qui caractérise Dieu en premier et secondairement et par héritage Jésus. Comment Jésus est l' incarnation de la lumière á été discuté dans le chapitre 11. L' explication donnée montre la possibilité pour tout homme ou femme d' incarner aussi la lumière [lumière philoso-phique ou sagesse ou illumination ou compréhension d' un côté et l' énergie du Saint Esprit de l' autre]. Ainsi, il/elle est un vrai frère ou une vraie soeur de Jésus [Romains 8: 29, Colossiens 1: 18].

Dire que Dieu demeure dans la lumière signife que l' Ame Un-iverselle qui est la première sorte de lumière, celle plus qualitative [Intelligence, Raison, Sagesse, Amour etc...] demeure dans la deuxième sorte de lumière, celle plus quantitative [Energie du Saint Esprit, substance ou matière primordiale, lumière au sens littéral].

Les Principes Universaux du Bien, de la Sagesse, de l' Intelli-gence, de la Beauté, de l' Amour, de la Vérité, de la Volonté; bref la Divinité ou Dieu Suprême est présente dans toutes les formes de matières, y compris l'humain. Mais le degré de perception de cette présence varie comme plusieurs écoles spirituelles l' ont enseigné.

Ce language a déjá été tenu par Hermès Trismégiste en son temps. Pour lui, Dieu est l' Ame de l' Univers dont le premier trait créateur donnant la vie est le Nous ou Intellect ou Raison.

La matière physique brille moins que la matière spirituelle qui brille même moins que la matière dans laquelle Dieu réside. C' est pourquoi les humains ne peuvent approcher cette lumière, trop intense, trop brillante, et trop puissante. Si un être humain ordinaire en faisait l' exprience directe il/elle mourrait certainement comme foudroyé par un courant électrique de haut voltage. C' est pourquoi le corps physique en science spirituelle est graduellement préparé á supporter des lumières de plus en plus intenses grâce á la pratique de la vérité, de la sagesse, de la droiture, de l' amour etc...Le corps spirituel est aussi préparé.

A travers ce genre d' entraînement, l' âme humaine développe la capacité de mettre l' énergie en mouvement pour transformer la vie personnelle et l' environnement. C' est comme cela que la substance physique en vient á répondre á l' âme de plus en plus directement; par l'intermédiaire de la substance spirituelle ou énergie.

Comment la face de Moïse brilla et comment Jésus transfigura devient plus clair de même que la raison pour laquelle les forces des ténèbres ont peur de la vraie lumière.

Emanuel Swedenborg présenta une division des cieux selon leurs intensités de lumière avec le plus haut ciel correspondant á la plus grande intensité. Il illustra le devoir des humains á se préparer á supporter et vivre la lumière en rapportant comment des individus décédés qui n' étaient pas si mauvais ont voulu vivre dans un ciel plus haut que celui auquel ils avaient droit et comment ils ne purent tenir lorsque l' autorisation d' y entrer leur fut accordée.

Maintenant un problème posé par Emanuel Swedenborg doit être résolu. Il affirma que Jésus est le Dieu des cieux qui apparaît dans ces cieux comme le soleil et donne la lumière á d' autres humains qui croient en lui. Il ajouta que quiconque a une idée différente de Dieu, par exemple penser qu' Il est l' Invisible Imprégnant Tout ne peut vivre dans les cieux les plus hauts.

Deux objections majeures vont á l' encontre de ces déclarations. Premièrement, Swedenborg parla comme si Jésus n' avait pas lui-même reconnu un Dieu, son Père, son Enseignant, dont il fait la volonté et pas la sienne propre. A travers ses propos, Swedenborg rejette plusieurs passages du Nouveau Testament et donne l' impression de présenter son propre Jésus, différent de celui des évangiles.

La deuxième objection ne rejette pas l' expérience de Swedenborg mais l' explique différemment. Il est possible que son
expérience soit authentique vus la haute spiritualité de Jésus ainsi
que son sens avancé de la vérité et de l' amour. Il affirma lui-même
qu' il est possible á d' autres êtres humains d' atteindre une sagesse,
une vérité, une spiritualité, et une efficacité plus grandes que ce qu' il
a obtenu. Jésus peut apparaître comme le soleil á ceux qui n' ont
pas son niveau.

De nombreux chrétiens travaillent á réfléter la lumière de Jésus
alors qu' il est preferable qu' ils/elles deviennent eux-mêmes des
emetteurs de lumière. Un argument cosmologique montre comment
Jésus peut avoir des frères et soeurs qui lui sont égaux ayant leurs
propres lumières; étant des dieux comme lui [John 10: 34 et
Psaumes 82: 6]. Il a été démontré que le vrai désire de Dieu est que
tous les humains deviennent des prophètes ou des soleils. *Le
messianisme est un concept mal compris qui sera expliqué dans le
chapitre 16.*

Dans les temps anciens, l' univers visible n' était pas aussi connu
qu'au aujourd' hui. Dans l' ère actuelle, beaucoup savent qu' il existe
des milliards de galaxies comprenant chacune des milliards de
soleils ou d'étoiles. Le soleil est une étoile. C' est la distance loin-
taine des étoiles qui fait croire á certains qu' elles sont moins
grosses et moins brillantes que le soleil. En fait, il y des étoiles plus
grosses et plus brillantes que le soleil. Sirius A, par exemple, est 23
fois plus brillante que le soleil et considérablement plus chaud.

Si de nombreux humains avaient atteint de grands résultats spirituels, même plus que Jésus, Swedenborg aurait vu un ciel différent.
Peut-être que de telles personnes sont dans l' au-delá et que Swedenborg a seulement visité le système solaire spirituel où Jésus est
le soleil parce qu' il était lui-même un chrétien.

Dans les enseignements d'Hermès et dans la mythologie de l'
ancienne Egypte, le Soleil est le *symbole* du Créateur Suprême

Imprégnant Tout, pas de Jésus. Les étoiles symbolisent aussi les anges. La raison est certainement que des penseurs religieux avaient l' idée que le soleil était plus gros et plus brillant que les étoiles. Donc, c' est le contexte qui détermine comment un message avec de tels symboles doit être compris.

Basés sur leurs perceptions de la réalité physique, les anciens penseurs ont établit des correspondances religieuses et philosophiques. Pour les comprendre, il faudrait accéder á ces perceptions. Pour évaluer ces anciennes pensées, de nouvelles idées fondées sur de meilleures perceptions grâce au progrès et au mérite de l' âge doivent êtres exprimées. C' est pourquoi une réponse est donnée á Swedenborg ici. La lumière, le soleil, ou les étoiles peuvent symboliser des réalités différentes en fonction des expériences et connaissances des auteurs qui expriment des idées. Ces expériences et connaissances varient selon plusieurs facteurs dont le temps ou l' ère.

L' objectif de cet argumentaire n' est pas de susciter une agitation et une rebellion contre Jésus ou tout autre être humain spirituellement avancé et communément appelé maître mais de simplement encourager l' humanité á se développer philosophiquement et vivre la joie d' être des humains dont le grand potentiel se manifeste.

Encore une fois, la volonté de Dieu est que tous et toutes deviennent des étoiles brillantes et gèrent le reste de la création et *pas que les humains dominent les un sur les autres*. Quand ceci se réalise, les planètes et autres entités entourant chaque homme-étoile ne seront pas d' autres humains mais des êtres appartenant á des espèces et règnes différentes correspondant á l' idée de Genèse 1: 28-30 et de Coran 17: 61 selon laquelle Dieu établit l' humanité comme un surintendant ou un gérant.

Ceux qui ont essayé d' abuser d' autres humains ne serait-ce qu' un peu devraient se répentir et emprunter le chemin glorieux du *'Vrai*

Maître de soi' et contributeur au développement de l' Univers. Le mal n' est pas nécessaire au bonheur; au contraire, c' est le plus grand obstacle au véritable bohneur.

Dieu est l'Existence qui soutient les étoiles ou toute autre chose. Maintenant que l' astronomie a montré qu' il existe des milliards d' étoiles, prendre l' une d' entre elles par exemple le soleil de la terre, comme le symbole exclusif de Dieu est inapproprié. Il est alors clair que le soleil devrait représenter un ange, un dieu, ou un être humain particulier; peut être le Dieu angélique puissant de l' Ancien Testament qui essaya d' incarner la Volonté du Dieu Suprême ou Ame Universelle. Ainsi donc, les doctrines des anciennes religions centrées sur l'adoration du soleil doivent être réévaluées.

Néammoins, puisque la lumière vient du Dieu Suprême et puisque Dieu fit les anges, les humains, et le reste de l' univers avec de la lumière; toute source de lumière incluant le soleil, un ange, ou un humain peut aider a méditer sur Dieu.

Dans *Isis Unveiled*, les théosophes donnent une explication inspirante de Dieu. Dans leur premier principe, ils rejettent l' idée que le Dieu Suprême soit un être á forme humaine. Dans leur second principe, ils reconnaissent l' existence du Logos et celle du Démiurge.

Leur idée du Démiurge comme un collectif de puissances spirituelles est acceptable. Les théosophes assimilent le Logos au Démiurge, mais le Logos est plus subtile que le Démiurge. Le Logos est la Parole, la Science Divine, et la Vraie Science Spirituelle qui aida á créer le Démiurge lui-même.

Dans leur troisième principe, les théosophes affirment que l' intelligence, l' âme, et la conscience sont unies dans la matière ou énergie pour la guider. Leur quatrième principe dit avec raison que la matière ou énergie est éternelle.

Le Temple du Peuple qui est un mouvement théosophique voit l' éther comme une énergie subtile. Dans la *leçon 64* du premier volume de ses enseignements, il reconnaît la place de la lumière et définit Dieu comme un grand principe de vie qui vit, bouge, et existe dans la matière, la force, et la conscience.

Considérer Dieu comme un Principe est correcte mains certains peuvent mal comprendre ce point. Ils peuvent prendre Dieu juste comme une force qui peut être utilisée comme illustré dans le dessin animé *Shaman King*. L' idée du Dieu anthropomorphe n' est pas rejetée pour tomber dans ce piège.

En tant que l' Ultime Intelligence, Emotion, Volonté, et Energie, Dieu est une personne avec une conscience; le Conscient, le Super-conscient, la Personne Universelle dans laquelle*Paul dit que existons, vivons, et bougeons [Acte 17: 28]*. Ainsi, la Divinité n' est pas simplement un Principe, mais une Personne, Une Ame intelligente [Universelle] ou le Conscient avec des Principes. Parler de Dieu comme des Principes organisés comme l' Ame est plus clair que présenter Dieu comme un Principe [au singulier].

D' un certain point de vue, toute les choses y compris l' humanité existe en Dieu comme part de Dieu contribuant á définir la réalité qu' est Dieu. A travers la création, la Personne Originelle Unique est devenue plusieurs comme le disent les hindous et les Sikhs. Hermès exprima la même idée disant que Dieu est sans corps et pourtant tout corps est sien. Il est tout ce qui existe[42].

La Personne Originelle Unique était Ame et Energie. Grâce á la création, des parts de l' Energie ont été individualisées avec certaines [par exemple les humains] recevant aussi des âmes. Ce qui reste de cette Personne Originelle Unique après la création est le Dieu-en-relation-avec-la-création. C' est pourquoi Dieu a été réduit á l' Ame Universelle par les créatures lorsqu' elles s' expriment et considère Dieu comme séparé d' elles.

---

[42] Salaman, *The Way of Hermès*, 35.

Dieu est présent aussi bien dans le Saint Esprit que dans les autres formes d' énergies, lumières, matières, ou feux. Mais le Saint Esprit est l' Energie Originelle Restante qui répond plus rapidement á la volonté de l' Ame Universelle. Le dicton hindou selon lequel Dieu créat le monde et y entra mais avec une partie importante en dehors est ainsi plus clair.

Par conséquent, il y a deux façons de penser á Dieu. La première inclue la création et correspond á une modification de la Personne Originelle Unique. La seconde se rapporte au Dieu en relation, sans les formes données aux êtres créés, et qui agit promptement par le Saint Esprit ou Feu Sacré.

Dieu est perçu en fonction du niveau de développement spirituel des humains. Certains ne peuvent pas percevoir le Divin, mais Dieu est présent même dans les êtres les plus maléfiques, silencieux, presque inaccessible, et attendant d' être révélé par un travail personel sur soi comme lorsqu' Aladin fait apparaître le génie en frottant sa lampe.

L' humanité lutte encore pour comprendre le Dieu présent dans la création. Il est plus difficile voire inutile, pour le moment en tous cas, d' essayer de comprendre le Dieu au-delá de la création. C' est ainsi que le Dieu connaissable et le Dieu inconnaissable peuvent être expliqués.

Chapitre 14

La Paternité et la Maternité de Dieu

Dieu en tant que Créateur, Parent, Mâle et Femelle

DANS les deux chapitres précédents, la Paternité et la Maternité de Dieu ont été explorées á partir de l' angle du Père, du Fils, et du Saint Esprit. L' inexactitude de la théorie du Dieu Suprême Anthropomorphe en la personne de l' Ancien des Jours fut montrée. Il fut aussi expliqué que le Saint Esprit est l' Energie Divine dont la maternité est symbolique. Comment Jésus est le premier-né a été aussi vu.

Une explication additionnelle incluera dans un premier temps l' analyse du verbe 'engendrer' ainsi que la paternité et la maternité des dieux des anciennes civilisations et des anciennes religions. Cette discussion incluera aussi l' analyse de l' expression 'les fils de Dieu' dans Genèse 6: 2, 4; Job 1: 6; et Job 38: 7 aussi bien que celle du concept d' androgynie ou d' hermaphrodisme.

Le verbe 'engendrer' outre son sens dans la relation parent-enfant signifie causer, produire, et créer. Donc une expression á l' intérieur ou á l' extérieur de la Bible qui n' est pas logique avec les termes 'père,' 'mère,' 'fils,' et 'engendrer' au premier degré peut avoir de sens lorsque les autres sens mentionnés sont considérés.

Hermès déclara que la nature du Père est de créer[43] montrant clairement que la Paternité même de Dieu devrait être comprise en terme de création. Engendrer signifie aussi avoir un enfant philosophique comme résultat de l' éducation; qu' elle soit générale, spirituelle, ou religieuse comme dans le cas de Paul dans Philémon: 8-10.

Dans les anciennes civilisations et religions, il y a une relation de cause á effet entre les phénomènes naturels et cette relation est transférée aux dieux qui les représentent. C' est ainsi qu' un dieu est le père d' un autre. Par exemple, puisqu' il y a de l' air entre le ciel et la terre, les anciens égyptiens considérèrent Shu, le dieu de l' air, comme la force qui maintient séparés le ciel et la terre et donc père ou géniteur de Nut, la déesse du ciel et de Geb, le dieu de la terre.

Puisque partenité et création peuvent être synonymes, les passages bibliques qui parlent des anges comme fils de Dieu peuvent être compris.

Dans certains cas, un fils en disgrâce n' est plus considéré comme enfant; il demeure un enfant aussi longtemps qu' il obéit á la volonté du père. En Job 38: 7, les anges sont fils de Dieu parce qu' ils faisaient ce qui était attendu d' eux. Dans Genèse 6: 2, 4, certains anges étaient toujours des fils de Dieu car ils n' avaient pas encore perdu ce statu. Mais en Job 1: 6, après le problème du Jardin d' Eden, les fils de Dieu [les anges fidèles] sont séparés de Satan qui n' était plus un enfant divin.

---

[43]Salaman, *The Way of Hermès,* 29.

Comme Hans Küng l' a justement dit[44], Jésus n' était pas le premier á connaître Dieu comme Père comme plusieurs croient. Les rois David et Salomon ainsi que le peuple de l' Ancien Israël au moins savaient cela avant lui [1Chronicles 22: 10]. Le Dieu de Salomon savait qu' il avait déjá un père en la personne de David, mais il voulut néammoins être un père pour lui. Créer et donner naissance sont deux concepts très proches figurativement et littéralement. En effet, Salomon était né de la chair de son père David et de sa mère Bath-Schéba. Les chairs de ces parents vinrent de celles de leurs parents et ultimement de Dieu.

Les corps des animaux, des plantes, et des minéraux ont aussi la même origine. Mais Dieu n' est pas appelé leur Père; ce qui aurait néammoins un sens. Cependant, cette attitude ne séparerait pas assez l' humanité des autres êtres au goût de certains. Les notions de paternité et de maternité semblent plus appropriées pour la sphère humaine. Dans ce cas, l' erreur á ne pas faire est de restreindre Dieu á l' humanité. Dieu est plus que le Père des humains. Il est le Créateur de l' univers entier et de sa population.

Küng trouve frappant que dans les cultures matriarcales, á la place de "Dieu le Père," il y ait une "Grande Mère" ayant un utérus fertile d' où tous les êtres émergent et retournent. Il pense que la nature d' une société conditionne le sorte de Dieu qu' elle a. Il est aussi de l' opinion que la notion de "Dieu le Père" doit être prise symboliquement. Pour lui comme pour plusieurs autres savants, le Dieu de l'Ancien Testament a non seulement des traits masculins mais aussi des caractéristiques féminines.

Küng attire l' attention sur le fait que Dieu était le Père d' Israël *qui était en retour son fils premier-né*; en particulier le roi. Il avance ensuite l' idée selon laquelle le titre de 'Fils de Dieu' de Jésus ne

---

[44] Hans Küng, *Does God Exist?: An Answer for Today* (Garden City, N.Y.: Doubleday, 1980), 672-673.

signifie pas sa procréation miraculeuse. Küng demande que Dieu en tant que Mère soit mieux reconnue.

Sylvia Browne, la voyante gnostique, réussit á ne pas faire du Saint Esprit Dieu la Mère l' identifiant plutôt avec la Lumière de Dieu. Elle supporta aussi le concept de Dieu le Père et Dieu la Mère presque reconnaissant une Réalité Ultime Hermaphrodite. Elle parle dans *Phenomenon*, de Dieu le Père comme l' Intellect de l' Univers et de Dieu la Mère qu' elle appelle Azna comme l' Emotion de l' Univers.

Décrivant Azna, elle introduit l' image d' une femme tenant une épée mais ne montre aucune image du Père. Sa description de Dieu est différente de celle présentée dans le précédant chapitre et dans ce volume en général.

La notion de Dieu est en partie philosophique et en partie expérientielle parce qu' il existe un Dieu inconnaissable et parce que le Dieu connaissable ne se révèle que progressivement. Ainsi, la méditation entre les révélations et au-delá est de nature philosophique tandis que les révélations ou connaissances acquises constituent les données expérientielles.

La partie expérientielle est faite de révélations de gens comme Hermès, Jésus, les auteurs de Psaumes 104: 2 et 1 Timothée 6: 16, les expériences et les écrits de Chercheur, etc.... La partie philosophique est la compréhension ou l' explication des révélations et l' estimation de la nature de possibles futures révélations. Ceci est la philosophie spéculative et pas la connaissance á vraie dire. Cependant, la spéculation n' est pas la foi aveugle non plus car elle a une fondation logique.

Sous la réserve de l' obtention de plus d' informations expérientielles, il peut être dit basé sur la logique que le concept Père-Mère-Dieu de Browne a des défauts. En effet, bien que Dieu soit mystérieux de plusieurs manières aux yeux des humains, il ne peut logiquement être dit que Dieu le Père est l' Intellect et que Dieu la

Mère est l' Emotion. Certains pourraient vite sauter á la conclusion que le premier n' a pas d' émotion et que la seconde n' a pas d' intellect. L' idée de Browne serait alors rejetée sur la base que Dieu le Père comme Dieu la Mère serait chacun un principe et non une personne.

Une des définitions les plus larges du terme 'personne' est donnée par le free online dictionary qui qualifie de personne un ensemble composite de caractéristiques qui constituent la personalité ou le soi. Dictionary.com parle d' un être auto-conscient ou d' un être rationel.

Le noyau central qui caractérise une personne est l' intellect, l' émotion, la volonté, la pensée, la parole, la créativité, etc…

Si Dieu le Père dans la théorie de Browne est pure Intellect et si Dieu la Mère est pure Emotion, alors chacune des autres Principes Divins serait aussi un Dieu. Ainsi, il y aurait aussi un Dieu représentant la Volonté. Certains pourraient amener Jésus ou la Parole ici; mais comme déjá dit, ceci ne serait pas acceptable puisque Jésus admit être venu pour faire la volonté du Père. Si Dieu le Père a une Volonté, "Il" est alors une Personne et ne devrait pas se voir arracher l' Emotion non plus. Ainsi donc, le concept de Dieu le Père comme Intellect pure et de Dieu la Mère comme Emotion pure ne peut être accepté.

Une deuxième manière de comprendre Browne est que Dieu résulte de l' unité de deux personnes et serait Duel au lieu d' être Trinitaire par exemple. L' idée semble attrayante surtout lorsque l' on se souvient qu' Adam et Eve sont l' image de Dieu comme deux êtres séparés avec le but d' unité. Mais Adam et Eve peuvent être ensemble l' image de Dieu même si Dieu n' était pas Duel mais Unique.

De plus, deux Personnes en une pose le problème de deux Volontés ouvrant la possibilité á la confrontation entre une Volonté dirigée par l' Intellect et une autre gouvernée par l' Emotion. Le problème serait compliqué par le fait que l' Emotion a une certaine raison et que la Raison a une certaine émotion car le Père et la Mère sont des personnes mais avec un trait dominant chacune.

Dans le cas du Dieu Duel, on pourrait dire que la Raison agit sur la petite raison de l' Emotion et que l' Emotion agit sur la petite émotion de la Raison pour qu' une compréhension mutuelle et une unité absolue [Dieu Unique] survienne. Le fait est que Dieu le Père dominé par la Raison gagnerait toujours car il n' y aucune émotion, amour ou haine, qui ne se base sur une raison quelconque, réelle ou imaginée.

Browne elle-même reconnaît dans *Exploring the Levels of Creation [Exploration des Niveaux de la Création]*[45] que l'intellect indique la direction alors que l'émotion active á aller dans cette direction. Ceci ramène á l' ancien adage *"Réfléchir avant d' agir."* Cependant, il doit être ajouté que la volonté intervient après l' émotion et avant l' action.

Il y a une raison pour tout. Ce qui fait croire á certains que la raison n' est pas partout est que dans certains cas la raison n' est pas apparente ou manifeste mais cachée ou inconnue du penseur qui est ignorant par rapport á un grand nombre de sujets. C' est pourquoi la recherche existe afin de déterminer les raison inconnues derrière les phénomènes.

Plusieurs personnes affirment que l' amour est le principe ou la force primordiale. Philosophiquement, il y a quelque chose de vraie dans cette déclaration; mais elle n' est pas absolue. En fait, la relativité ici est si marquée que tout compte fait la raison émerge toujours comme le principe majeur.

Cette affirmation nébuleuse mérite une explication.

---

[45] Sylvia Browne, *Exploring the Levels of Creation* (Carlsbad, Calif: Hay House, 2006), 144.

Il y a une différence entre la création de la vie et l' appréciation de la vie. Pour que la vie soit créée, la première chose nécessaire est la connaissance, la raison, l' intellect, la vérité, la science, la loi, ou la sagesse. La déclarartion de Jésus dans Jean 6: 63 que la parole [logos, science, raison] est esprit et vie est assez illustrative. On peut aussi considéré Jean 5: 24 qui dit que la parole est aussi réssurection. Pour jouïr de la vie, la chose la plus importante est l' amour.

Il est un fait qu' il y a une manière appropriée d' aimer. Qu' est-ce qui détermine donc la façon appropriée d' aimer? C' est la parole, ou sagesse, ou logos, ou intellect, ou raison, ou loi, ou connaissance, ou science, ou encore vérité. L' amour n' a aucune valeur sans la vie particulièrement sans la vie de l' intelligence. L' amour ou l' émotion joue un rôle dans l' engendrement de la vie surtout de la vie humaine mais la vie des parents et ultimement des premiers parents [religieusement celle d' Adam et Eve] ne peut exister sans le verbe prononcé pour les créer [voir Genèse 1].

Une fois que la vie commence, c' est surtout l' amour qui la rend digne d' être vécue. Mais c' est la raison qui détermine le commecement de la vie. Que vaut l' amour d' un fou? Soyons raisonnables, nourrissons l' âme de vérité ou de sagesse ou de connaissance, et ensuite aimons. C' est seulement ainsi que cet amour aura de sens.

Puisque la raison donnera toujours la direction comme Browne l' a admise, Dieu la Mère dans sa théorie obéira toujours á Dieu le Père et n' aura donc pas de Volonté Propre; ou bien cette Volonté Propre serait une illusion. Ceci serait un problème pour de nombreux adorateurs et certainement pour les féministes. Mais la question féministe en générale sera traitée dans un travail ultérieur.

Une tentative peut être faite pour dire que la domination de l' Intellect sur l' Emotion n' est que temporaire et que Dieu la Mère évoluera vers la perfection de sa raison tandis que Dieu le Père évoluera vers la perfection de son émotion. Ceci conduirait finalement á deux Dieux identiques en Perfection, en But, et en Bonté; mais Indépendants et Auto-suffisants.

La question qu' il faut se poser á ce point est: pourquoi un Dieu Duel irrait á travers un processus d' évolution pour devenir deux Dieux Identiques au lieu d' un Dieu Unique existant simplement depuis le début avec la Raison et l' Emotion Parfaites?

Chacune des deux théories duelles [Dieu en tant que deux Principes ou deux Personnes] ouvre la voie pour parler de Dieux trinitaire, "quadrataire," etc...selon que plus d'Attributs Divins sont considérés. Par exemple l' association de Intellect, de l' Emotion, de la Volonté, et de la Parole donnerait un Dieu "quadrataire" qui peut être appelé "Quatuornité." L' on est ainsi directement dirigé vers le concept de polythéisme, vers certaines formes d' hénothéisme, ou vers différentes formes de panthéisme.

La seconde possibilité d' une évolution résultant en deux Dieux Suprêmes est une perte totale de temps. Donc, la théorie duelle basée sur l' idée de Sylvia Browne n' est pas fondée. Selon le rapport d' Hermès, Le Nous Universel lui a dit que Dieu est Unique et qu' une pluralité de Dieux est absurde[46].

Dans *If You Could See What I See [Si Vous Pouvez Voire Ce Que Je Vois]*, Browne décrit Dieu le Père et Dieu la Mère comme Principe Mâle et Principe Femelle[47]; mais identifie aussi Dieu la Mère avec Azna ou Theodora ou Sophia ou Isis ou Hera; une personne et la déesse la plus importante dans certaines cultures. Encore une fois, elle ne donne aucun nom comme Osiris, Zeus, etc... á Dieu le Père.

Sur la même page, Browne compare le Père á la tête et la Mère au coeur. Ce que le présent volume aurait espéré d' elle est qu' elle

---

[46] Salaman, *The Way of Hermès*, 55.
[47] Sylvia Browne, *If You Could See What I See: The Tenets of Novus Spiritus* (Carlsbad, Calif: Hay House, 2006), 183.

dise que la tête comme le coeur appartiennent á une seule personne et non á deux personnes avec deux Dieux comme résultat. Mais une telle affirmation pourrait inciter á vouloir savoir si le Dieu Unique est Mâle ou Femelle. C' est á ce point que le concept d' hermaphrodisme ou d' androgynie intervient.

Le concept du Dieu Androgyne fut présenté par Hermès. Cette idée est aussi exprimée dans le mythe de la création de l'ancienne Egypte qui appelle le dieu Atum le Grand *Il-Elle* qui était seul au commencement, qui créat l' univers, et qui est l' Ame de l' Univers. Puisque Hermès était de l' Ancienne Egypte, il est possible qu' il soit aussi l' auteur du mythe de la création de cette civilisation ou qu' il l' étudia. Donc *Atum l' Ame Universelle est mâle-femelle.*

Ce concept de Dieu Androgyne est en harmonie avec la notion de Dieu comme Personne, une Personne Unique, avec un seul Intellect, une seule Emotion, Volonté, Parole, etc... *comme expliqué dans le chapitre 11 [partiellement par le diagramme].*

Un être androgyne ou hermaphrodite est selon le dictionnaire <u>un</u> être ayant á la fois les caractéristiques mâles et femelles.

Wisteme sur son site web et dans l' article *What animals on earth are androgynous animals [Quels Animaux sur Terre sont Androgynes]* parle de d' androgynie complète ou d' hermaphrodisme complet où il y a imprégnation avec le fluide fécondant au sein d'un seul individu sans assistance comme chez les mollusques des classes *Conchifera* et *Tunicata*.

L' autre cas d' androgynie présenté par Wisteme est celle dans laquelle l' imprégnation se fait par application mutuelle des organes sexuels de deux individus. L' escargot et la limace sont de tels animaux. Il existe aussi des plantes comme l'*Arum maculatum* encore appelé Adam et Eve qui sont androgynes portant des fleurs mâles et femelles sur la même racine.

D' après le Spiritual Science Research Foundation [Fondation pour la Recherche Spirituelle Scientifique], les anges peuvent être mâles ou femelles avec les plus élevés qui ne s' identifient á aucun genre[48]. Pour Sylvia Browne, les anges ne sont ni mâles ni femelles mais androgynes[49].

Ainsi, il y a des preuves de l' existence d' animaux et de plantes androgynes et des déclarations qu' il existe des esprits androgynes [á vérifier par chaque personne au cours de son développement]. Il existe également une littérature abondante sur des êtres humains androgynes qui auraient existés dans le passé. Les écrits d' Helena Blavatsky sont parmi les plus célèbres á avoir aborder ce terme. Mais encore une fois, cette affirmation a besoin de preuves.

Avec ces exemples des mondes animal, végétal, et spirituel, l' idée du Dieu Androgyne apparaît plausible. Parmi les concepts de Dieu, c' est le seul á être supporté par la révélation directe á Hermès, par des témoignages de voyants, et par des exemples solides venant de la zoologie et de la botanie.

L' androgynie du Nous ou de l' Ame dont parle Hermès signifie qu' il y a en Dieu l' Intelligence, les Informations, les Idées, l' Essence, l' Emotion etc...des êtres masculins comme des êtres féminins. Dieu est le Conscient Universel Mâle-Femelle.

Mais le Dieu Androgyne Hermétique est différent du Dieu Androgyne Hindou. La notion hindoue, l' union de Shiva et de Shakti correspond *partiellement* au Nous plus Lumière tandis que la notion hermétique correspond á cette union en *totalité* d' une part et d' autre part á l' union du plus et du moins á l' *intérieur du Nous ou Ame même*.

En réalité c' est Vishnu qui est l' Intellect Universel dans la philosophie hindoue. Donc Shiva aurait besoin de s' unir á Vishnu pour se

---

[48] Spiritual Science research Foundation, "*Angels: a spiritual perspective*" http://www.spiritualresearchfoundation.org/articles/id/spiritualresearch/spiritualscience/angel#36 (accès le 14 Juilet, 2010).
[49] Browne, *Phenomena*, 15.

rapprocher du sens du Nous ou Ame Intelligente de l' hermétisme. En plus, certains aspects des deux dieux hindous tels leurs anthro-pomorphisme et leur masculinité montrent que le parallélisme avec Nous est seulement partiel.

Maintenant la question qui doit être posée est de savoir si les spi-ritualistes humains se sont jamais demandés comment les anges appellent Dieu.

Les anges selon les écritures n' ont pas d' enfants; donc les ex-pressions 'Dieu le Père' et 'Dieu la Mère' ne devraient pas être autant importants pour eux que pour les humains. Ayant eux-même des enfants, ces derniers en sont arrivés á valoriser la relation parent-enfant au-dessus de tout autre chose et á penser á Dieu comme Père et Mère ou Parent et á eux-même comme ses enfants.

Bien que l' écriture en Jean 8:44 appelle le Diable 'père des mensonges', cette paternité comme dit au début de ce chapitre n' est que symbolique. Il est bon de rappeler aussi que parler de Dieu comme 'Père,' 'Mère,' ou 'Parent' est une manière de dire aussi que Dieu est l' auteur et l' origine de tous les êtres.

En réalité, aucun être humain n' a essayé sérieusement de con-sidéré Dieu comme Parent de la même manière que les hommes et les femmes. Chercheur a eu l' idée que les anges doivent aussi valoriser quelque chose au-dessus de tout autre chose et que cela pourrait les aider á s' adressser á Dieu. Il pense que cette chose est la sagesse ou la connaissance ou la lumière; ce qui expliquerait pourquoi les écoles spirituelles guidées par les Immortels mettent l' accent sur ces éléments.

Mais comment faut-il appelé Dieu d'une façon qui inclue tous les êtres créés? Le mot 'Dieu' n' est déjá pas mal mais on peut mieux faire.

Au-delá de la Paternité et de la Maternité de Dieu: le concept du *'Je Suis*' en religion, en spiritualité, et en philosophie

Selon Exode 3: 14, Dieu dit á Moïse que son Nom est *'JE SUIS CELUI QUE JE SUIS'* ou simplement *'JE SUIS.'* Hermès[50] affirma que Dieu est tout ce qui existe; donc "Il" a tous les noms et est "Lui-même" sans nom.

Dans le rapport de sa vision, Hermès dit que Dieu est le Nous ou Intellect de l' Ame dans la Lumière. Puisqu' une personne est considérée corps et âme mais aussi esprit, son titre ou son nom doit englober toutes ces réalités. Dieu dans sa totalité est 'JE SUIS', le Créateur et le créé unie.

Plusieurs Israélites, Juifs, et de nombreux autres croient que le nom de Dieu qui fut donné en Hébreux fut perdu á cause du commendement qui demande de ne pas prendre le nom de Dieu en vain. Au même moment, Manly Hall affirme qu' il existe des écoles qui ont encore la connaissance de ce nom qui leur donne un grand pouvoir.

Ceci introduit la question de l' alphabet sacré. Quel est l' alphabet le plus sacré puisque le monde en a plusieurs? Les mots ont en général deux formes: la forme écrite et la forme prononcée [image et son]. Puisqu' il y a une Parole Divine, il devrait y avoir un Alphabet Divin et une Langue Divine.

Plusieurs spiritualists comme Emanuel Swedenborg pensent que la Langue Divine était parlée par Adam et les anges et qu' elle a été perdue graduellemt á cause de la corruption humaine. Ils pensent que c' était une langue symbolique qui devint de moins en moins symbolique et de moins en moins puissante dans l'Ancienne Egypte et Sumer et que la langue hébreuse qui apparut plutard après l'

---

[50] Salaman, *The Way or Hermès,* 35.

Arabe et au même moment que l' araméen et le phoenicien est même moins puissante encore.

A la lumière de ces éléments, quelle valeur faut-il donner au nom de Dieu en hébreux? Emanuel Swedenborg pensa que la langue ancienne sera retrouvée tandis que Sylvia Browne insiste sur la communication télépathique entre anges et humains. Avant le temps où des réponses définitives seront données, il est d' une importance capitale de se rappeler que les sons et les images servent de vecteurs ou de transporteurs d' idées qui caractérisent des réalités.

Concernant la réalité de Dieu, la meilleure manière d' établir une relation avec Lui-Elle est á travers le 'JE SUIS.' 'JE SUIS' en effet résume tout ce qui a été, est, sera, et pourrait être. 'Je Suis' est compréhensible dans n' importe quelle langue comme transmettant l' idée de la Réalité Ultime.

Selon le sikhisme, les noms des choses sont simplement la Parole de Dieu qui est équivalente au 'Discours' d' Hermès; utilisée par les humains en association avec le Nous ou Intellect pour gérer le cosmos.

Tout philosophe séculier qui réfléchi profondément sur ce qui a été dit il y a longtemps dans Exode 3: 14, et ainsi dans la Bible, viendrait á la conclusion que la spiritualité et la religion ne sont pas complètement des désordres idéologiques.

Les bons philosophes peuvent réussir á mettre en relief ce qui est merveilleux dans les anciennes écritures mais ils ont aussi le devoir d' indentifier ce qui n' a pas de sens, et même ajouter de nouvelles idées. Les bons voyants doivent se dédier á démontrer que toutes les descriptions surnaturelles ne sont pas des inventions. Ils font déjá cela avec plus ou moins de succès mais les travaux de tous ces contributeurs devrait être réunis et accélérés.

Le concept de 'JE SUIS' est une notion scripturaire et philosophique si vraie qu' il permet de voir les rencontres spirituelles de Moïse non pas comme un mythe ou un ensemble d' événements qui ne sont pas produits mais comme des expériences spirituelles authentiques. Si c' était á travers la réflexion seule que l' auteur d' Exode 3: 14 est parvenu á "inventer" toute l' histoire religieuse de l' Ancien Israël, cela signifirait tout de même qu' il peut y avoir des déclarations philosophiques extrêmement importantes en spiritualité et en religion.

Le mythe hindou de la création met aussi l' accent sur le 'Je suis.'

Les expériences de Moïse et le verset Exode 3: 14 permettent d' établir une connection avec Hermès, la religion de l' Ancienne Egypte, et de nombreux autres systèmes spirituels via les pensées des philosophes René Descartes et Blaise Pascal mentionnés au début du chapitre introductif.

*Philosophiquement, Descartes et Pascal ont clairement dit que **le 'je suis,' l' existence d' un humain, a fondamentalement á faire avec la partie pensente de l' âme**. Longtemps avant eux, Moïse le religieux, le spirituel, et receveur de révélations divines avait offert la possibilité de voir l' Univers Entier, physique et non Physique commme le 'JE SUIS.' Hermès Trismégiste, longtemps aussi avant Descartes et Pascal avait mis l' accent sur l' importance de l' Ame, pas l' âme humaine seulement, mais aussi et surtout l' Ame Divine qui pense et produit la Parole ou Raison ou Sagesse en utilisant le Nous ou Intellect.*

L' écriture dit que le Dieu de l'Ancien Testament fit la gloire du roi Salomon grâce á la sagesse divine et Salomon en son temps avait appelé la sagesse et l' intelligence l' arbre de vie [Proverbes 3: 13-18]. Ceci confirme le raisonnement précédent que le vrai donneur de vie est l' Intellect qui prédomine dans ce cas sur l' émotion.

Crystalink sur son site web décrit l' ancien dieu Egyptien Thoth comme l' Ame de Ré le dieu suprême. Thoth était appelé le 'Seigneur des Paroles Divines' impliqué dans l'arbitrage, la magie, la science de l' écriture, et le jugement. Il était considéré comme l'auteur de tous les travaux scientifiques, religieux, philosophiques et était vu par les grecs comme l' inventeur de l' astronomie, de la science des nombres [numérologie], des mathématiques, de la géométrie, de la médecine, de la botanie, de la théologie, de la forme civilisée de gouvernement, de l' alphabet, le vrai auteur de chaque travail dans toutes les branches de la connaissance humaine et divine.

De tout ceci, on peut voir que 'Thoth' est un autre nom pour le 'Nous' ou 'Ame Divine' d' Hermès et qu' il n' y a pas en fait de séparation entre la science des choses physiques et celles des choses spirituelles.

Malgré ses erreurs, Paul était suffisamment vigilant pour reconnaître la valeur de la sagesse divine [1 Corinthiens 2: 1-7], le pouvoir du bon sens [2 Thessaloniciens 2:2] et celui de l' analyse [1 Thessaloniciens 5: 19-21]. Jean 1 et Proverbes 8 placent respectivement la Parole et la Sagesse á l' origine de l' Univers.

Les gnostiques valorisent la gnose, la sagesse, et la connaissance mystique; et les philosophes par définitions sont des amoureux de la sagesse. Plusieurs religions et écoles spirituelles mettent l'accent sur la Parole Divine et la Loi Divine. On peut voir pourquoi plusieurs philosphes ont été spirituels et pourquoi de nombreuses personnes spirituelles s' engagèrent profondément dans la reflexion philosophique ou méditation.

Les pensées, la sagesse, la raison, et les paroles peuvent être corrompues par la jalousie mal placée et la folie comme le prophète Ezéchiel l' a montré [28: 17]. 'Jalousie et folie' est une autre façon de parler d' 'égo malade' ou d' 'égo déséquilibré.'

Ainsi les notions d'Ame, Pensées, Raison, Méditation, Intelligence, Science, Instruction, Discernement, et Sagesse sont toutes interconnectées et sont le fondement de l' Univers spirituel et physique.

Revenant á la Paternité, á la Maternité, et au Nom de Dieu, puis-qu' Il-Elle donna le concept du ' JE SUIS' á Moïse á travers les anges, il apparaît que les sphères angélique et humaine devraient avoir une relation avec la Réalité Ultime á travers lui.

'JE SUIS' est l' Ultime. Le Tout dans lequel nous existons et bougeons. 'JE' qui parla á Moïse á travers l'ange et 'je' [Francis, Moïse, Michel, Gabriel, Eléphant, Fourmi, Carbone, Hydrogène, Proton, Photon, etc]... suis une partie du 'JE SUIS'. Quand les gens disent *'Nous sommes un,'* ils/elles affirment le 'JE SUIS.'

Il peut être surprenant qu' á la fois l' idée du *Dieu anthropo-morphe* et celle du *Dieu panthéistique* soient présentes dans la Bible. Mais le 'JE SUIS,' le concept panthéistique inclue tout.

'Je suis' est l' égo microscopique. 'JE SUIS' est l' Ego Macrosco-pique. L' Ego Macroscopique est la guérison de l' égo microscopi-que.

NOUS SOMMES UN. NOUS SOMMES. JE...SUIS.

Chapitre 15

Existence et nature de Dieu des points de vue religieux, spirituel, et philosophique

Sur l' existence de Dieu

LA manière dont a science, la philosophie, la spiritualité, et les écritures mènent á Dieu a été expliqué dans le chapitre 10. Maintenant un exposé sur l' existence même de Dieu sera fait grâce á des arguments en harmonie avec les explications déjà données sur des notions théologiques clées comme le Saint Esprit, l' Anthropomorphisme de Dieu, sa Paternité et sa Maternité, et Jésus. Le but est de répondre á la question: *Quel Dieu pour le 21ème siècle et les âges á venir?*

Pendant la 6ème année de ses études médicales, Chercheur a eu l' opportunité de discuter sur le sujet de Dieu avec des infirmières de France qui faisaient leur stage international. C' était en l' an 2002. Même en ce temps lá, la plupart des discussions avec Chercheur tournaient rapidement vers le sujet de Dieu. Il ne se rappelle pas comment cette discussion particulière commença mais d' une manière ou d' une autre les deux infirmières réalisèrent que Dieu était son sujet favori et qu' il pensait connaître Dieu.

Contrairement á Chercheur, les deux demoiselles étaient athées et adoraient le montrer presqu' autant que lui-même aimait parler de Dieu. La discussion entière se déroula dans une atmosphère très courtoise. Une des infirmières demanda á Chercheur pourquoi il était aussi convaincu de l' existence de Dieu parce qu' en Europe, la grande majorité de la population n' avait plus ce genre de croyance.

Avant de donner sa réponse, Chercheur partagea avec elle sa surprise que les européens ne croient plus autant en Dieu alors que ce fut eux qui répandirent des enseignements sur "Lui" dans plusieurs régions du monde y compris l' Afrique principalement á travers le christianisme. Mais il exprima aussi sa confiance que Dieu retournerait un jour en Europe car c' était toujours le continent de grands intellectuels et parce qu' il y avait plein d' explications sur Dieu qui pourraient satisfaire leur sens développé de la raison.

Sur ce, l' autre infirmère assura Chercheur qu' aucun argument ne réussirait á la convaincre et qu' elle était certaine d' être déjá au courrant de tout ce qu' il pourrait dire. Elle l'encouragea cependant á essayer de la convaincre. Chercheur lui demanda alors quelle était la cause de sa vie sur terre. Elle répondit qu' elle venait de ses parents. Il lui demanda ensuite d' où venait ses parents et elle répliqua qu' ils venaient de leurs propres parents pour sûr. Elle réalisa alors que de cette manière la discussion pourrait durer longtemtps.

Elle admit donc que Chercheur posait la question de l' origine de l' humanité et ensuite pensa á l'origine de la vie. Il lui dit que même avant la vie, des choses et des phénomènes existèrent et contribuèrent á son émergence et que Dieu était la dernière des causes-

possibles lorsques toutes les causes derrière tous les phénomènes sont considérées.

Les infirmières répondirent qu' elles n' avaient jamais rencontré cet argument et lui demandèrent s' il voulait sérieusement leur faire admettre que Dieu existait et Chercheur répliqua qu' il serait bon qu' elles admettent ce que leur raison leur dit et la discussion prit fin. Il pouvait voir qu' elles n' étaient plus si sûres que Dieu n' existait pas mais aussi qu' il leur serait difficile de vraiment accepter cette Existence pour deux raisons.

La première raison réside dans l' éducation qu' elles avaient déjá reçue qui avait façonnée leur psychisme ou les avait cristallisé. Puisque la plupart des gens savent qu' une personne qui accepte l'existence de Dieu et qui est honnête avec lui/elle-même est habituellement en désaccord avec certains styles de vie, Chercheur pensa qu' il pourrait être difficile aux deux demoiselles qui étaient de gentilles personnes de tirer toutes les conséquences de l' existence de Dieu.

La seconde difficulté qu' il trouva est que si elles retournaient dans leur pays, elles ne trouveraient probablement pas quelqu' un parmi leurs amis pour stimuler leur intellect vers Dieu examinant tous les arguments pour et contre "Lui" comme il s' était lui-même entraîné á faire. Il était certain que si elles exprimaient leurs désires ou doutes en faveur de Dieu, la plupart de leurs amis, parents, et collègues de travail les trouveraient bizarres et probablement les ridiculiseraient et les décourageraient.

Quand plutard dans la suite de ses études, Chercheur prit connaissance des philosophies élaborées des agnostiques et des athés exprimées dans le livre 'The Improbability of God' [L' Improbabilité de Dieu] et résumées dans le chapitre 7, il sut qu' il devrait faire plus d' effort de raisonnement et de sagesse que dans la conversation avec les infirmières s' il espérait qu' un agnostique ou athé quelconque s'engage dans la spiritualité centrée sur Dieu. Les nouveaux détails de son argument de cause et effet sont regroupés dans la première partie de sa réponse aux inquétudes des athés [voir les arguments cosmologiques].

En réponse aux inquiétudes des agnostiques

L' âme humaine manque-t-elle réellement de l' information ou de la capacité rationelle pour établir des jugements á propos de Dieu ou de sa nature comme le dit T. H. Huxley et les autres agnostiques[51]? Dieu est-il inconnaissable ou insondable comme l' a déclaré Herbert Spencer? Est-il possible de maintenir la foi indépendemment de l' évidence empirique comme l' a suggéré David Hume? Telles sont les questions auxquelles cette section va essayé de répondre.

Comme mentionné plutôt, les évidences empiriques sont de deux sortes: celles physiques et celles spirituelles. Les évidences physiques sont perçues avec les organes de sens physiques parfois aidés d'instruments. Pour percevoir les évidences spirituelles, les sens spirituels sont nécessaires mais malheureusement ces sens spirituels ne sont pas développés au même niveau chez tous les êtres humains.

C' est pourquoi plusieurs chercheurs spirituels proposent des méthodes pour la croissance spirituelle. L' affirmation de Paul en 1 Corinthiens 15: 43-44 que ce n' est pas le corps animal mais le corps spirituel qui rescuscite est ainsi plus compréhensible.

Cependant, Paul pensa de façon erronnée que le corps physique est transformé en corps spirituel mais en fait les deux corps se développent simultanément et se séparent á la mort physique.

---

[51] *The Encyclopedia Americana*, 2000 ed., s.v. "agnosticism."

Par exemple ce fut seulement après 20 années que Chercheur commença á remarquer les manifestations de son corps spirituel. Un jour, entre les années 2005 et 2007, se réveillant d' un rêve, il sentit littéralement un corps énergétique reprendre position dans son corps physique, dans chaque compartiment. Il fut á même en ce moment de sentir les deux corps se mélanger comme du courrant électrique dans la matière physique lourde.

Dans le rêve, Chercheur donnait un discours sur Dieu demandant avec insistance aux gens et particulièrement á un ami de lycée et d' école médicale d' obéir á Ses Lois. Pendant le discours, une force puissante commença á le tirer vers un trou blanc lumineux qui était au-dessus de sa tête. L' ensemble de la lumière avait la forme d' un entonnoir renversé. Craignant que le passage á travers ce trou signifiât sa mort physique, Chercheur demanda désespérément á Dieu de le laisser vivre plus longtemps sur terre pour accomplir certains travaux importants. Il fut très proche du sommet de l' entonnoir loin au-dessus du sol avant que la force d' attraction ne diminua et qu' il commença á redescendre.

Ce fut pendant cette descente qu' il se réveilla et remarqua pour la première fois dans son conscient que son esprit revenait et il pu assister á son intégration dans le corps physique avec les sens de celui-ci presque totalement éveillés. Ce fut un moment formidable dont la sensation resta avec lui jusqu' á ce jour. Plutard, il tomba sur des livres décrivant des expériences similaires et sut que c' était un aspect que la science spirituelle pouvait étudier et reproduire.

Il ne faut pas trop espérer que des personnes qui n' ont pas développé un corps et des organes subtiles perçoivent et comprennent les choses spirituelles. Les deux chances majeures qu' elles ont sont: premièrement d' être si avancées dans la science des choses physiques qu'elles atteignent la frontière ou jonction entre le monde physique et le monde spirituel commençant empiriquement á sentir les choses spirituelles. La deuxième opportunité qui est rare est que Dieu accorde une grâce selon sa seule discrétion.

Donc, la réponse á l'agnosticisme sera sous forme d' une question. Comment quelqu' un peut-il percevoir des évidences sans être équipé pour? Si les agnostiques pouvaient faire certaines expériences qui sont loin d' être de l' imagination, ils verraient aussi que l'âme humaine á la capacité rationnelle de faire des jugements sur l'existence et la nature de Dieu. C' est pourquoi Paul dit en 1 Corinthiens 2: 14: *'L' homme animal n' accepte pas les choses venant de l' Esprit de Dieu car elles sont une folie pour lui et il ne peut les comprendre parce que c'est spirituellemnt qu' elles sont discernées.'*

Il est possible de maitenir la foi sans des évidences expérientielles comme David Hume l' a timidement suggéré. Mais il serait mieux que cette foi lá soit enracinée dans une philosophie solide. Ainsi donc, la philosophie ou quête de la sagesse peut pousser "l' homme animal" de Paul sur le chemin spirituel.

Le même Paul dans Romains 1: 20 et Hermès[52] suggérèrent de commencer le travail philosophique qui conduit á plus de connaissance de Dieu en considérant le monde physique et en se rappelant qu' une statue ou un portrait ne peut exister sans un sculpteur ou un peintre. Le Nous Universel [Dieu] dit aussi á Hermès qu' "Il" avait fait toutes les choses de telle sorte qu'á travers elles, "Il" [Dieu] puisse être vu[53]. Ainsi, Hermès recommenda la contemplation de la nature et la réflexion [méditation] sur elle.

La pratique de la science spirituelle avec un bon coeur et un bon but offriront plusieurs évidences de l' existence du monde surnaturel et de Dieu. Comme démontré, il n' est pas impossible aux humains de connaître le divin et le surnaturel. Certains en connaissent déjà

---

[52] Salaman, *The Way of Hermès*, 35.
[53] Ibid., 58.

une partie. Ce qui reste á faire est d' accomplir plus de progrès et de les généraliser á l'ensemble du genre humain.

En réponse aux inquiétudes des athés

L' athéisme rationelle et l'athéisme romantique qui sont respectivement des réactions contre un Dieu de confusion et un Dieu faisant peur ont de bonnes raisons. Plusieurs de ces raisons dirigées contre la religion mais aussi contrela spiritualité ont été admises dans le chapitre 10. L' objectif de la présente section est d' essayer de ne pas mettre de côté les accusations portées directement contre Dieu et d' offrir une vision aussi raisonnable que possible de Dieu. Les pages suivantes sont une contre-proposition á la théorie de '*L'* *improbabilité de Dieu*' résumé dans le chapitre 7.

A- Arguments cosmologiques

A-1- Plaidoyer scientifique pour un Dieu qui créa l' univers

Il a déjá été dit que les preuves surnaturelles sont collectées et analysées á travers des sens spirituels. Cependant, on peut toujours défendre Dieu en montrant le caractère incorrecte de l' utilisation des évidences basées sur la nature contre "Lui." L' utilisation par Hermès, Paul [Romains 1: 20], et d' autres des arguments fondés sur la nature pour prouver l' existence d' un Dieu qui créa l' univers sera remise dans sa dimension véritable.

A-1-a- A propos de la conservation de l' énergie qui est dit être contre Dieu

L' existence de la matière dans l' univers ne requiert pas la violation de la conservation de l' énergie [E= mc2]; donc, il n' a pas eu de créateur disent les athés.

La loi de la conservation de l' énergie est vraie. Mais il a été montré que l' énergie originelle est en vérité un attribut du Dieu Originel, une sorte de Corps, car Dieu est l' Ame dans l' Energie. Donc la conservation de l'énergie est la conservation d'une partie de Dieu. Ceci n'est en rien contre l'existence de Dieu.

A-1-b- Contre l' argument du manque d' empreinte

Ce monde lui-même est une empreinte du Créateur. Mais si ce sont des empreintes surnaturelles qui sont recherchées, peut-être que les microscopes, les spectophotomètres, les télescopes etc... ne sont pas les instruments qu' il faut utiliser.

A-1-c- Puisqu' il n' y a pas de début, il n' y a pas de Créateur?

Comment l' existence d' un précédent univers infirme-t-elle celle de Dieu qui est appelé l' Alpha et l' Omega [Révéation 1: 8], Etre Etérnel, sans début et sans fin?

A-2-a- L' argument de cause et effet

Pendant sa discussion sur Dieu avec les deux infirmières, Chercheur suivant sans le savoir Thomas d' Aquin et d' autres, avait utilisé l' argument de cause et effet. Mais dans *L' improbabilité de*

Dieu, l' argument est rejeté sur le motif que l' univers n' a pas de cause et qu' il est donc préférable de s' en tenir á cet univers plutôt que d' inventer le concept obscure de Dieu et de décider que c' est la cause de tout. *La suggestion fut faite de simplement prendre l' univers lui-même comme Dieu* puisqu' il n' y a pas de preuve de quelqu' un existant au-delá.

Comme dit plutôt, il existe dans la matière ou énergie qui a plusieurs dégrées ou formes, une réalité qui l' anime et qui est appelée l' Ame Universelle ou Dieu.

Ce premier Dieu comme Hermès l' appela est la partie essentielle de Dieu qui s' est partiellement révélée á des individus. Il y a un Dieu connaissable qui peut être perçu et senti par ceux qui le peuvent.

Cette petite démonstration replace l' argument de cause-effect dans sa vraie formulation et pourrait convaincre entièrement ceux qui accordent une grande valeur aux écritures comme ceux d' Hermès et la Bible.

Mais en addition, que peuvent dire la philosophie séculière, l' empirisme physique, et la raison sur l' existence d' une Réalité qui anime la matière de l' intérieur?

Quelque soit la forme organisée de matière considérée, elle obéit aux instructions venant d' un centre en elle-même. Les cellules vivantes ayant des noyaux fonctionnent selon l' information contenue dans l' ADN de ces noyaux. L' ADN semble contenir tout ce qui est nécessaire pour une auto-multiplication et pour la construction d' organismes entiers.

La molécule d' ADN semble aussi en contradiction avec le principe de cause antérieure. Mais puisqu' elle est composée á partir de plus petites molécules, il doit y avoir un temps où la première molécule d' ADN n' était pas ainsi organisée et une cause avait dû l' organiser. Certains pensent que ce genre d' organisation survint par hasard.

Le jaïnisme est une religion qui peut être appelé le Darwinisme Spirituel ou le Nietzschéisme religieux parce qu' il déclare que les hommes sont des Dieux ou des Dieux en devenir et que l' univers n' a pas besoin de quelqu' un pour le créer et le gérer. Néammoins, en dehors de ce qui existe dans la nature, les êtres humains créent les choses dont ils ont besoin. Si ces choses ont besoin de créateurs, il n' est pas correcte de dire que la nature qui est plus complexe n' a pas besoin de Créateur.

Certains peuvent dire que les humains en tant que le conscient collectif ou l' inconscient collectif sont les créateurs de l' univers et qu' ils ont *oublié* leurs travaux ainsi que leur identité. Ce serait une déclaration sans aucune preuve. Il est mieux d' admettre que pour autant que les humains sachent, ils n' ont pas créé l' univers.

La part de hasard dans la théorie de l' évolution sera encore abordée ultérieurement dans ce chapitre. Pour l' instant, il est important de noter que les adversaires de Dieu sont des "adeptes" du *Hasard*. Après une série d' événements et de réalités qui ont tous une cause antérieure, les évolutionistes choisissent *'pas de cause ultime du tout'* plutôt que *'cause ultime mal comprise.'* Même selon les standards de la science des choses physiques ou ceux de la philosophie séculière la seconde attitude est meilleure que la première en termes de logique, de fiabilité, et d' équité. Il y a plus d' explication pour supporter cette affirmation.

Il y a une raison qui explique pourquoi la première molécule d' ADN s' est ainsi constituée. Une partie de cette raison demeure dans la capacité de molécules plus petites de former cette macromolécule et aussi dans la capacité des atomes á former les petites molécules. Ceci montre que le potentiel d' avoir l' ADN existait longtemps avant sa manifestation tangible et qu' un cheminement spécifique fut suivi avec succès pour y aboutir. Le cheminement est explicable, réplicable, mais pas la succession de toutes petites chances dont parlent les partisans de la théorie de l' évolution.

D' autres phénomènes semblent apparemment ne pas avoir de causes comme dans l' histoire de la poule et de l' oeuf et aussi dans les mécanismes oscillatoires des horloges. Mais une analyse attentive révèle toujours les causes. Même les microondes qui sont invisibles ont une source. Les pensées qui constituent une réalité extrêment subtile proviennent de l' âme.

Ainsi l' observation montre qu' au sein de la masse d' énergie, le petit univers ou microcosme qu' est l' être humain, il y a une âme [avec de l' intellect, de l' émotion, de la volonté, pas le hasard] qui est derrière les activités humaines. Pourquoi donc n' y aurait-il pas une Ame Universelle dans la Masse d' Energie ou Macrocosme qu' est l' Univers? *Ceci est une question existencielle.*

L' âme humaine est invisible á l' oeil nu et détermine de façon significative ce qui se passe dans et autour du corps. Pourquoi n' y aurait-il pas une Ame Universelle qui détermine ce qui se passent dans l' univers? *Ceci est une question fonctionnelle.*

Si l' origine du corps humain est la Matière, l' Energie, ou le Second Dieu d' Hermès, pourquoi n' y aurait-il pas une origine de l' âme humaine, l' Ame Universelle ou premier Dieu d' Hermès? *Ceci est une question logique.*

Il n' est pas raisonnable d' accepter une origine pour le corps humain qui lui est similaire et refuser pareil inférence s' agissant de l' âme humaine.

Le problème que plusieurs semblent ne pas percevoir en niant ou en cherchant Dieu est que l' Ame n' est pas approchée ou ana-lysée de la même manière que la matière. Lorsque l' énergie n' est pas sous l' influence d' un intellect et d' une volonté puissante, elle est disponible pour être analysée, mesurée, testée, manipulée, utilisée etc... Mais l' âme n' accepte pas ce genre de relation. Elle valorise des choses comme le respect, l'amour, une manière adéquate de faire les choses ou vérité ou connaissance etc...

Même un bébé ne peut être traité comme simple matière. Qu' en est-il d' un enfant de 7 ans? Que dire d' un adolescent? Qu' en est-il d' un individu de 30 ans, 40 ans, 50 ans et au-delá? Que dire de l' Ame Universelle Dieu?

Un minimum de sagesse en plus de la lecture des lignes juste écrites fait comprendre pourquoi Dieu doit être abordé en esprit [dans le sens d' âme] comme dit dans Jean 4: 24 et pourquoi la vérité, la sagesse, et l' amour sont importants dans la relation avec "Lui." C' est pourquoi ceux qui ont la plus grande vérité ou connaissance, la plus gande sagesse, et le plus grand amour sont les plus proches de Dieu. C' est pourquoi ils/elles recherchent sans se fatiguer la compagnie les uns des autres. Ils/elles "voient" Dieu, connaissent mieux Dieu et comprennent pourquoi la poursuite du bien commun inclue celle du bien individuel.

L' univers physiquepeut être considéré non pas comme Dieu mais comme corps du Dieu connaissable. Un être humain n' est pas seulement son corps. Appeler l' univers Dieu est ignorer la Puissance interne qui fait bouger l' énergie et tous les êtres du cosmos. Ce serait la même chose que d' appeler un être humain un corps. Même les athés n' accepteraient pas d' être réduits á leurs corps. Certains pourraient être réticents á accepter qu' ils ont des "âmes"; mais ils admettraient avoir des "psychismes"; ce qui revient á la même chose comme expliquée dans le chapitre 12.

Puisque l' âme est plus importante que le corps, réduire Dieu á l' Ame a plus de sens que le réduire á l' univers physique.

Revenant aux arguments de *'L' Improbabilité de Dieu'* où ils furent laissés, il est étrange que la "science" accepte une exception á la loi de la conservation de l' énergie. Doublement étrange est la raison de cette exception: montrer que Dieu n' existe pas. En effet l' argument opposé avait déjà été utilisé pour le même but.

Pouquoi au nom de Dieu les électrons, les positrons, et photons doivent-ils spontanément émerger dans certaines occasions du vide

parfait selon les principes d'incertitude d'Heisenberg? L' âme scientifique recommande normalement d' admettre qu' un vide n' est pas
parfait si des électrons, des positrons, et des photons peuvent en
sortir.

La science physique devrait reconsidérer son concept de vide
parfait. L' expérience d' Heisenberg montre seulement qu' il y a un
état d' existence, une réalité que la "science" n' a pas encore les
moyens d' analyser et d' évaluer. Des efforts devraient être développés pour résoudre le mystère plutôt que de faire des affirmations
contraires á la rigueur scientifique juste pour nier l' existence de
Dieu.

Aussi, qui á la place de Dieu sait si sa toute puissance devrait se
manifester par la création de plusieurs univers? Un atome avec son
noyau et ses électrons peut être considéré comme un système
solaire en miniature. Les molécules sont des aggrégats d' atomes et
constituent les tissues qui á leur tour s' assemblent en organes pour
finalement résulter en un homme ou une femme. Sur cette base, ne
peut-on pas considérer l' être humain comme comme un multiverse?

Même au niveau macroscopique, le système solaire est seulement une parmi des milliards d'entités similaires qui composent une
galaxie et il existe des milliards de galaxies. Même si Dieu créait d'
autres univers, où se tiendraient-ils? S' ils étaient disposés les uns á
côté des autres, comment un être humain saurait-il l'endroit où un
univers prend fin et lá ou un autre commence? Le résultat serait
toujours un seul univers aux yeux humains.

Qui décide de la taille d' une galaxie ou de celle d' un univers? C'
est une question de perspective ou d' angle de vue. Aussi surprenant que cela puisse paraître, Dieu a déjá montré sa puissance en
créant des milliards de galaxies contenant des milliards d' étoiles
comme le soleil. Si la galaxie avait plutôt reçu le nom d' univers et
inversément, certains pourraient toujours demander á ce que Dieu
crée plusieurs galaxies pour démontrer sa puissance.

A-2-b- Un support pour Hugh Ross

La relativité générale n'est après tout qu' une *théorie* de la relativité. La relativitésupporte la position de Hugh Ross plutôt que ne la contredit. Hugh Ross est un astrophysicien et un apologiste [défenseur] du créationisme chrétien qui considéra qu' avant le temps telque les humains le connaissent, Dieu existait dans un temps différent [voir le chapitre 7].

La relativité du temps n' est pas seulement limitée á la relativité générale et á la relativité spéciale qui sont des notions très techniques. En simple language, la relativité du temps peut signifier que la notion de temps est différente en fonction de l'angle [la personne] qui observe. Globalement, il n' y a pas de différence entre humains dans leur obsevation du temps. Mais la situation change lorsque Dieu est introduit. l' exemple ci-après illustre la déclaration de Ross.

Considérons un homme qui fait des préparations, bâtit une chambre, la peint, la meuble, y met une lampe pour sevir de soleil, y met des fleurs et des rats, et finalement ajoute un chat intelligent. Supposons que le chat soit suffisamment intelligent pour calculer comme l' homme le temps selon les périodes régulières où la lampe reste allumée ou est éteinte.

Si l' homme n' informe pas le chat sur le temps écoulé en dehors de la chambre basé sur le soleil, comment ce dernier peut-il savoir une telle chose? Pour le chat, le temps centré sur la lampe est ce qui compte. Mais l' homme sait qu' il y avait un temps avant que la chambre ne soit construite, un temps qui n' est pas déterminé par la lampe mais par le soleil. Dans ces condition, l' homme et le chat verront la notion de temps différemment tout comme c' est les cas pour Dieu et la plupart des hommes.

Le temps humain est fonction de la chambre et de la lampe [l' univers et le soleil] dit Ross. Mais Dieu existait avant la création de l' univers, du soleil, et de l' homme tout comme l' homme de l' histoire existe avant la construction de la chambre, de la lampe, et du chat.

Il n' est pas acceptable que le chat qui n' a jamais vu l' homme nie l' existence de celui-ci á cause de sa propre conception limitée de la notion de temps. Les humains aussi ne devraient pas nié Dieu parce qu' ils ne percoivent le temps qu' á travers le soleil.

En réalité, il est très possible que le soleil ne soit pas la première étoile á être formée. Ceci introduit un autre niveau de relativité. Peut-être que la première étoile a plus le droit de déterminer le temps dans l' univers et chaque galaxie et système solaire peut aussi avoir son propre temps. Même sur terre les pays ont des temps et des heures différents selon leurs fuseaux horaires.

Le temps de Dieu est différent, beaucoup plus large que celui des humains. C' est une des choses qui font qu' Il-Elle est Dieu. Si chaque loi applicable aux humains l' était aussi á Dieu, comment Dieu serait Dieu?

A-2-c- L' argument de la fluctuation du vide
Voir A-2-a-

A-2-d- L' argument de Lee Smolin
Voir tous les points précédents et suivants

A-3-a- L' argument basé sur l' hostilité d' une singularité pour le développement de la vie

Dieu est parfois accusé d' être incapable d' accomplir des choses stupéfiantes et surprenantes dans le sens surnaturel. Ici "Il" est accussé du contraire.

S' il était vrai qu' une singularité était l' origine du Big-Bang et que cette singularité selon les scientifiques est très peu encline á se développer en un monde hospitalier pourdes êtres vivants comme l' homme, pourquoi Dieu qui est sensé savoir beaucoup mieux que l' homme ne serait pas capable d' impulser ce genre de développe-ment ou d' évolution? Qui a dit que les scientifiques savent tout ce qu' il est possible á Dieu de savoir sur une singularité? Si telle est le cas, alors chaque scientifique est un Dieu puissant ou Dieu est un être humain. Il n' est même pas certain que l' univers s' est vraiment développé á partir d' une singularité; autrement dit, on est toujours dans le domaine des théories.

Il y a tant de choses que l' homme ne sais pas encore. Pourquoi défie-t-il Dieu au lieu de continuer á étudier et augmenter sa con-naissance et sa sagesse? Dieu est supposé avoir fait l' être humain qui demeure un mystère pour lui-même. Pourquoi croit-il qu' il peut complètement comprendre Dieu quand il ne se comprend pas bien lui-même. Pourquoi est-il que des choses qu' il ne veut pas lui arrivent quand même et comment peut-il expliquer que ses souhaits ne sont pas souvent réalisés? Même lorsque l'être humain atteindra le sommet de ses capacités, le Dieu Suprême restera le Dieu Suprême.

Les maisons ne se bâtissent pas spontanément et les voitures ne viennent pas en existence de cette manière. Toutes les choses que les gens utilisent, des habits á la brosse á dent, sont conçues par des êtres intelligents, selon des principes clairs, des lois mathémati-ques, physiques, chimiques, etc…Pourquoi ne pas mettre la dis-tance entre le soleil et la terre qui favorise la vie sur le compte du calcul d' un être intelligent qui n'est pas l'homme? Pourquoi l' air et l' eau qui nourrissent la vie ne seraient pas mis sur terre par cet être?

A-3-b- L' argument de la singularité (suite)

Pour répondre á ce point de l' argument athé, il suffit d' introduire une sorte de parabole moderne qu' une organisation religieuse, les Témoins de Jéhovah en l' occurence, aime utiliser.

Supposons les pièces d' une machine á laver dans un grand sac. Au bout de combien de temps aurait-on une machine á laver sans l' intervention de quelqu' un pour assembler les pièces? La réponse est jamais. Il n' y a même pas une toute petite chance pour que cela se produise en un milliard d' années. Après un certain temps, les pièces vont même se détériorer et il serait encore "plus impossible" d' obtenir spontanément une machine á laver.

C' est lorsque un évement est le moins á même de se produire spontanément qu' un ou des concepteurs et ouvriers sont requis pour mettre de l' ordre dans le chaos comme dit dans plusieurs mythes de la création ou pour créer la forme á partir de l' informe comme écrit dans Genèse 1: 2.

B- Arguments téléologiques

B-1- Arguments de l' envergure et B-2- Coincidences anthro-pogéniques

Voir tous les points déjà développés.

B-3- Critique de la théorie de l' évolution

La théorie de l' évolution a des défauts que les scientifiques des choses physiques connaissent ou devraient connaître. Voyons ce qui ne va pas avec l'argumentation de l'auteur de *L'improbabilité de Dieu* qui fit usage de cette théorie.

Considérons l'argument du cailloux lavé. Le problème est que la mer et les lois de la physique qui permettent l'existence du cailloux lavé appartiennent á un concepteur originel, Dieu.

Supposons un homme qui place un grain dans un récipient et établit des conditions favorables pour que le grain croisse dans de la terre pendant un an. Considérons qu' il met en place un chronomètre qui ouvrirait le récipient au bout de six mois libérant le grain dans le sol pour qu'il croisse. Maintenant imaginons un autre homme qui arrive pendant le septième mois, voit la plante qui s' est développée á partir du grain, plante immédiatement son propre grain, et observe la pousse d' une deuxième plante. Serait-il correcte de conclure que personne n' a mis en place le mécanisme qui a conduit á la pousse de la première plante?

Ce qui est important ici est la notion de programmation et d' automatisation. Dire qu' un système programmé et automatisé n' a pas de programmeur parce que celui-ci ne peut être vu serait une erreur. La programmantion n' est pas un signe de paresse mais d' intelligence. Le fait que quelqu' un d' autre soit capable d' imiter le program ou d' obtenir un résultat similaire par une autre méthode ne change rien. Par conséquent, l' argument du cailloux lavé comparé au verre optique pour prouver l' inexistence de Dieu n' est pas acceptable.

De plus, les défenseurs de l' argument du Concepteur ne disent pas que le cailloux lavé est l' oeuvre d' un opticien mais de Dieu qui est différent en capacité. C' est pourquoi Il-Elle put créer le programme qui donna naissance au cailloux lavé. Un opticien peut créer un verre, mais pas de la même manière.

Deuxièmement, les coincidences anthropogéniques ne concernent pas seulement les lois génétiques. Un grand nombre d' êtres et de phénomènes n' ont pas de matériel génétique. Les arguments génétiques et la théorie de l' évolution ne répondent pas á la question globale de l' existence d' un Concepteur pour l' univers entier. Mais même dans le domaine de la vie, de la génetique, et des êtres humains, la théorie de l' évolution de Charles Darwin et d' Alfred Russel Wallace ainsi que la manière dont l' auteur de *'L' improbabilité de Dieu'* essaye de l' utiliser ont d' importants défauts.

Pour ce sujet de la sélection naturelle contre la conception, quelle est la différence entre 'pure chance' et 'une série de toutes petites étapes de chance?' En fait la chance est plus pure dans le second cas que dans le premier. Toute une série de toutes petites chances est même plus incroyable que la pure chance. Voilá pour la forme de l' argument. Concerning le fond, pourquoi est-ce qu' il y aurait toute une série de petites étapes de chances juste une fois?

L' idée du Dieu Imprégnant Tout présent dans l' énergie et la matière peut être un support pour la théorie de l' évolution parce qu' elle explique l' évolution unidirectionnelle. En réalité, il n' est pas sûre que l' homme est le produit de l' évolution comme avancé par Darwin et d' autres.

Plusieurs scientifiques crédibles sont entrain de soulever des arguments disant que l' humain n' est pas le résultats d' une évolution. Une simple recherche sur internet avec 'arguments contre l' évolution' revient très enrichissant. Mais avant une conclusion définitive, il peut déjá être dit que l' évolution ne contredit pas Dieu. Qu' il y ait évolution ou pas, l' existence de Dieu reste valide.

Parlons en troisième position du Dieu paresseux avec plus de détails.

Quel homme ou femme voudrait être entrain de faire la même chose tout le temps? Pourquoi la société a-t-elle tant d' inventions? La réponse est: afin qu' ils/elles puissent consacrer leur temps á d' autres choses importantes. Est-ce qu' un poste téléviseur existe pour être refabriqué chaque fois ou pour donné de la joie a ceux qui le regardent?

Quel était l' état émotionnel du Dieu de l' Ancien Testament lorsqu' il vit les choses qu' il avait faites? Il était ravi, heureux, et même
très heureux en Genèse 1: 31. Si ce Dieu est véridique, bon, aimant
etc...; comment peut-Il s' empêcher d' être heureux avec des
hommes et des femmes véridiques, bons, et aimant?

Si le problème du mal est mis de côté ici, juste pour être repris
dans la prochaine section, quel être humain se fatiguerait de sa
famille, de ses amies, des ordinateurs, des jeux, de la nature, de la
science physique, de la science spirituelle, ainsi de suite? Pour être
honnête il y a là un programme éternel. Dieu n' a pas planifier de
devenir paresseux après la création mais de vivre heureux en
compagnie de sa création, surtout les humains.

Qui connaît tout ce que Dieu fait ou ne fait pas pour parler de paresse? Qui connaît la "physiologie" de Dieu si parfaitement pour dire
si le travail du Saint Esprit pour aider les créatures [surtout les
milliards d' humains] á croître se fait sans l' "Omnivigilance," l'
"Omniconcentration," et la Promptitude Divines pour répondre á leurs
besoins?

Qui connaît le processus de l' incarnation des âmes envoyés par
Dieu pour dire qu' Il-Elle ne fait rien. Qui sait si la souffrance de
générations d' hommes et de femmes, la folie du Diable mentionnée
par David Zindell dans son roman *Lord of Lies [Seigneur des men-
songes]*[54], la folie de ses adeptes, et la peine endurée selon Paul par
toute la création Romains 8: 22 n' ont rien coûté á Dieu émotion-
nellement et qu' Il-Elle n' a pas mis son Ame et sa Force au travail
pour les aider? Qui peut dire qu' envoyer des prophètes ou des
voyants, des instructeurs, et des guérisseurs est être paresseux?
Qui est suffisamment maître ou maîtresse de ses rêves pour dire
que rien ne lui est enseigné en eux et á travers eux par le Divin?

---

[54] David Zindell, *Lord of Lies* (New York: Tor, 2008), 351.

C- L' existence du mal n' est pas incompatible avec celle de Dieu

L' argument du mal inductif n' est pas contre Dieu parce les attributs de Dieu ont été mal compris ou pas expliqués comme ils le devraient.

Le mal est comme un nuage qui empêche que Dieu soit perçu. C' est pourquoi la religion et la spiritualité mettent l' accent sur la sanctification. De nombreuses preuves scripturaires montrent que Dieu est contre le mal. Les cas entraînant la confusion pourraient être expliqués un par un.

Si nier le mal n' est pas défendable, l' idée du libre arbitre justifie bien son existence. Aucune opposition n' a été trouvée contre cet argument. La raison est qu' il est très logique. C' est la base pour montrer l' existence d' un Dieu Tout-Puissant et Bienveillant. Si l' humanité n' est pas libre de choisir entre le bien et le mal, elle n' est pas libre du tout. Les personnes seraient prisonniers du bien. Dieu ne peut donner le libre arbitre et en même temps refuser la possibilité pour le mal d' apparaître.

Andrzei Woznicki est d' accord que Fyodor M. Dostoyevsky et d' autres ont déjà identifié que devant le mal, la liberté est la fondation sur laquelle toute justification de Dieu et de l' humain peut se baser. C' est aussi l' opinion de Sylvia Browne qui supporte l' histoire d' Ezéchiel 28 que le mal est apparu lorsque des entités originellement "blanches," de bons êtres spirituelles, firent faussement usage de leur libre arbitre [Voir *Dark Side* dans *Phenomenon*].

Certains auraient préféré que Dieu atteigne ses objectifs en faisant des gens seulement bons, avec la possibilité de choisir seulement entre de bonnes choses. Bien entendu, le résultat serait un libre arbitre limité, comme un ordinateur ou un robot; ce qui revient á pas du tout de libre arbitre.

Pourquoi donc le libre arbitre est-il nécessaire? La réponse réside en une autre question: comment est-ce qu' une personne se sent-elle envers famille et amis d' un côté et un ordinateur, un robot, et un androïde d' un autre côté? En l' absence du mal, la comparaison ne vaut même pas la peine: la première catégorie d' êtres avec une conscience élevée et le libre arbitre est préférable. La différence est si importante que Dieu choisit d' avoir le monde telque qu' il est au risque de voir le mal émerger et se développer.

Dieu "Lui-même" exerce son Libre Arbitre Personnel pour le Bien. En Genèse 1: 31, le Dieu de l'Ancien Testament voit que toutes les choses qu' il avait créé étaient très bons et en Genèse 6: 5-6, ce Dieu est triste parce que les humains qu' 'Il' avait mis sur terre étaient devenus mauvais.

Pour ceux qui considèrent l' envergure du mal de loin plus grande que celle du bien et qui concluent que Dieu a perdu son pari, il doit être répondu qu' il y a une solution ou des solutions divines au mal. Mais l' objectif de ce livre n' est pas d' aller dans les détails sur ce point.

Il est vrai que la non croyance peut être considérée comme répandue sur le plan pratique. Mais avec une meilleure compréhension de Dieu et de comment le mal peut être supprimé des gens et du monde, la non-croyance, théorique et pratique, raisonnable ou pas, regressera et disparaîtra. Le caractère Tout-Puissant de Dieu sera alors reconnu par ceux qui en avait douté. Que Dieu n' utilise pas la force brute pour résoudre tous les problèmes est sagesse, pas de l' idiotie ou de la faiblesse. Dieu veut que tous les êtres créés soient libres mais "Il" ne veut pas qu' ils usent de cette liberté pour détruire tout ce qu' Il-Elle a fait.

Même si le mal est rampant sur terre en cette époque, de nombreuses personnes authentiquement bonnes peuvent être encore trouvées et même au sein des personnes mauvaises, un grand nombre sinon la totalité lutte pour quitter la prison du mal. Selon l' écriture et la logique, s' il n' y avait aucun espoir de changer ce monde en bien, Dieu n' aurait d' autre choix que d' intervenir á nouveau comme dans l' histoire du déluge.

Heureusement, de nombreuses âmes nobles ont effectué des travaux variés pour réduire le mal et donner une chance á ceux qui aspirent á la bonté. Cependant, beaucoup plus de travail reste encore á faire.

Sur la Nature de Dieu

Les chapitres précédents ont montré que Dieu est la Divinité ou Ame Universelle avec l' Intellect [Nous] qui demeure dans l' Energie ou Lumière incluant le Saint Esprit. En plus de cette compréhension de base, de nombreux autres éléments ont été avancés pour décrire Dieu. Mais une description supplémentaire s'avère utile.

Le livre *Urantia* rappelle Hermès, Psaumes 104: 2 et 1 Timothée 6: 16 lorsqu' il déclare que *'le Créateur se couvre d' un vêtement de lumière.'* Il ajoute aussi que Dieu est une Personalité.

Confirmant la nature non anthropomorphe de Dieu, le livre recommende de *ne pas penser que le Père est comme les hommes en forme et en physicalité et affirme que Dieu est Esprit, une présence spirituelle universelle.*

Pour la fondation Urantia, personne ne peut approcher Dieu ou le *voir.* Si Dieu est l' Ame Universelle, comment est-il possible de le *voir*? Peut-on *voir* l' âme? Demande-t-elle.

Le livre *Urantia* explique que la gloire et la brillance spirituelle de la Personalité Divine sont impossibles á approcher par les esprits inférieurs ou par des personnes matérielles. Il insiste qu' il n' est pas nécessaire de voir Dieu avec les yeux de la chair pour le discerner avec la vision-foi de l' âme spiritualisée.

Une autre expérience vécue par Chercheur dans sa quête doit être narrée ici. De temps en temps, il aperçoit une lumière blanche. Aussi étrange que cela puisse être, cette lumière se manifeste parfois en flashs spontanés, parfois comme une lumière fixe comme dans l' expérience d' Hermès. Mais contrairement á celui-ci, Chercheur n' a pas encore vu de Dragon ou des anges comme certains prophètes. La lumière disparaît au bout de quelques secondes ou minutes.

Cette lumière se manifeste dans les moments de prière et de méditation ou de sentiments très positifs. Elle est même vue par les yeux physiques qu' ils soient ouverts ou fermés et n' est pas limitée á la vision-foi de l' âme spiritualisée. Elle est tangible á la fois sur le plan physique et sur le plan spirituel.

Il y a une troisième circonstance où la lumière blanche apparaît en plus du rêve avec la lumière en entonnoir. Il s' agit de l' ecstase. Cette expérience survient en deux occasions. L' une est spirituelle, la lumière étant accompagnée de la pénétration d' une énergie plaisante dans le corps á partir du sommet de la tête associé avec le 1er chakra, jusqu' a la base de la colonne vertébrale associée avec le 7ème chakra. Parfois l' expérience se produit en réponse á des préoccupations profondes de l' âme et apportes des idées, parfois en réponses á de profondes préoccupations du coeur et apporte du confort. En ces moments, la manifestation est spontanée. Mais plutard, Chercheur réussit á volontairement la reproduire.

La sensation de plaisir est une composante distincte du phénomène et n' est pas seulement dûe aux aperçus et au confort. Ce plaisir est de nature électrique douce, comparable au plaisir sexuel mais pas exactement le même. L' ecstase sexuelle est la deuxième forme d'ecstase où la lumière blanche peut apparaître avec un flux d' énergie surtout vers l' extérieur. L 'ectase ou plaisir spirituelle commence au sommet de la tête avec l' entrée du courant qui suit de façon concentrée une trajectoire légèrement á droite de la moelle épinière et s' arrête au bas du dos dans la région de l' os sacrum alors que l' ecstase ou plaisir sexuel lorsqu' il est déclenché commence dans la sphère génitale et la région sacrée.

L' expérience de l' ecstace spirituelle de Chercheur lui rappelle les saints qui ont été si satisfaits de la vie spirituelle qu' ils ont renoncé aux plaisirs du monde, surtout ceux qui sont d' ordre sexuel. Sur cette ligne de pensée, il ne peut s'empêcher de se souvenir des moines et soeurs chrétiens et bouddhistes. Il comprend comment Jésus sentit la joie venant du Saint Esprit [Luc 10: 21/Contemporary English Version]. Il sait qu' il est entrain vivre quelque chose de très important, pas encore l'apparition d'un dragon comme Hermès narra [qui est probablement symbolique], mais bonté divine, quelque chose á cause de laquelle, il y a longtemps, il sut qu' il ne pourrait jamais douter de l' existence du Dieu Invisible Imprégnant tout, le Dieu Suprême.

La lumière qui se manifeste n' est pas le symptôme d' une maladie comme l' hypotension. Etre médecin l' aida á savoir qu' il n' était pas malade ou fou et la lecture des livres de yoga, de livres sur l' hindouisme ou le bouddhisme lui permit de comprendre qu' il est entrain d' expérimenter la physiologie spirituelle que tout humain peut aussi expérimenter. Il put ainsi éviter de se soucier sans raison ou de devenir fou.

Jusqu' a ce qu' il trouve toutes les explications dont il a besoin, il garde toujours confiance qu' il est sur la bonne voie car il sait que les phénomènes sont certainement liés au travail qu' il fait sur lui-même en plus d' autres facteurs dont il n'est pas encore au courant.

Parfois, Chercheur voit l' air autour de lui devenir lumineux et vibrer. Parfois il peut voire que la lumière vient de ses yeux. Il sait qu' un jour, il comprendra le sens de tous ces phénomènes plus d' autres qu' il a vécut mais n' a pas raconté ici.

En résumé, Chercheur n' a pas vu Dieu mais l' a mieux compris et mieux sentit aidé aussi par ses très nombreuses lectures et réflexions. Cette conclusion rejoint celle d' Hermès ainsi que celle qu' une lecture avisée du Nouveau Testament peut tirer. Hermès affirma que *Dieu est vu* par le nous et le coeur parlant non pas des yeux physiques mais de la compréhension et du sentiment.

Comme déjá dit, plusieurs figures du Nouveau Testament incluant Jésus admirent que personne n' a jamais vu Dieu [Jean 1: 18, 1 Jean 4: 12, Jean 6: 46]. Dans le dernier verset, Jésus déclara avoir vu Dieu. Ce genre de déclaration venant de lui est vraiment très rare. La plupart du temps, il parle de la connaissance du Père comme dans Matthieu 11: 27, Luc 10: 22, et Jean 7: 29 et pas de "vision" du Père.

Heureusement, la confusion que Jean 6: 46 pourrait entraîner est levée par Jean 14: 7 où Jésus montre que **voir le Père est le connaître**. *Lá, Jésus n' est plus le seul a "voir" Dieu, mais ses disciples aussi comme il l' atteste.* En 1 Jean 4: 7, on peut lire que toute personne qui aime connaît Dieu.

Basé sur le grand nombre d' ouvrages que Chercheur consulta, l' expérience d' Hermès apparaît comme la plus proche d' une vision de Dieu suivit des expériences de Jésus lors de son baptême et de sa transformation. Dans le cas de Jésus, Dieu se manifesta á travers l' apparution d' une colombe lors de son baptême et la manifestion de Moïse et Elie lors de sa transfiguration.

Dans l' expérience d' Hermès, Dieu se manifesta comme un dragon qui lui parla. Mais la colombe de Jésus n' était pas l' entité parlante et symbolisa le Saint Esprit qui n' est pas l' Ame Universelle qui parla. En plus du dragon parlant, Dieu donna á Hermès une vision claire de la lumière divine avec une description importante de sa nature et du rôle de l' Ame Universelle avec son Intellect [Nous] dans la création et la gestion du cosmos.

Malgré qu' il soit écrit que Dieu parla face á face avec Moïse comme á un ami [Exodus 33: 11], le chapitre 13 sur l' anthropomorphisme de Dieu et des dieux á montré que le Dieu de Moïse dont il est question était un ange de Dieu le réprésentant. Il pouvait donc parler face á face á Moïse si les conditions étaient réunies.

Les êtres humains peuvent voir des parties de Dieu qui sont des parties des mondes physique, spirituelle, et mental. Pour que Dieu soit totalement compris il faudrait qu' Il-Elle cesse d' être si grand, si imprégnant etc...réduisant sa dimension; ce qui est impossible. Ce que les gens devraient viser est de comprendre avec l' intellect et le coeur les parts de Dieu dans la nature, les anges, les humains etc...et apprécier les moments où le Dieu qui ne fait pas partir de la création se manifeste á eux comme Il-Elle se manifesta á Hermès et Jésus. Dieu peut aussi choisir de se manifester par d' autres voies.

Bien que certaines écoles bouddhistes ne croient pas en Dieu, le concept bouddhiste de l' illumination est proche d' une vision de Dieu á la fois littéralement et du point de vue de la compréhension.

Dieu possède ce qui est nécessaire pour créer les êtres masculins, féminins, et hermaphrodites. Il-Elle en tant qu' Ame Universelle et Energie Universelle est leur source. Ils/elles sont parcequ' Il-Elle est. Dieu en tant que l 'Ame Universelle seulement est l'Androgyne Essentiel, l'Androgyne Ultime, et l'Androgyne Causal.

Selon Blavatsky et la théosophie [Doctrine Secrète I: Cosmogenèse, *Ame Universelle*], Dieu est le Nous qui déplace la matière, l'Ame qui anime, qui est immanente dans chaque Atome, manifestée dans l' homme et latent dans la pierre, et qui á des degrés de puissance variés. Pour eux, cette idée panthéiste de l' Esprit-Ame imprégnant toute la Nature est la plus vielle des notions philosophiques. Mais Chercheur, Hermès, et certainement d' autres savent que ce n'est pas seulement de la philosophie, mais du concret.

Le vêtement énergétique de Dieu qui est á l' origine du cosmos est selon Hermès le Dieu matériel, le second Dieu, aussi immortel[55]. Cependant, parler d' 'Un Dieu' avec 'Ame et Corps' est mieux que parler de 'Deux Dieux.' La combinaison des anciens dieux égyptiens Amon et Atum d' une part et celle des dieux hindous Shiva, Vishnu, Brahma, Shakti, et Prajapati de l' autre, donnent approximativement la même idée sur la nature de Dieu.

Dieu est le L' *Omniprésent Imprégnant Tout* comme montré. Dieu est aussi *Tout Puissant* mais canalise sa Puissance par la Sagesse. Dieu a une vaste connaissance dépassant largement l' imagination humaine, mais Dieu ne sait pas tout á cause du *libre arbitre* donné á certains êtres créés. *Dieu connaît tout le passé, tout le présent, et peut prédire le futur dans presque tous les cas á cause de sa connaissance de la loi de cause-effet et aussi parce qu' Il-Elle connaît toutes les lois de l' univers visible et invisible.* Il-Elle est capable de percevoir les résultats des actions dans des futures très lointains.

Certaines conséquences sont inévitables surtout lorsque le temps de leur manifestion est proche. D' autres conséquences peuvent être prévenues par la mise en marche de facteurs qui vont agir sur la cause initiale ou son processus de développement. De bons choix faits même dans des circonstances désespérées peuvent réduire la porté des conséquences négatives sauf s' il est trop tard. Ceux qui sont familiers avec les lois de la médecine par exemple peuvent comprendre aisément ce point.

Les campagnes de sensibilisation visant á décourager le tabagisme afin de réduire les attaques cardiaques sont basées sur ce principe. La Science de Dieu est incroyablement vaste mais Il-Elle a donné á certaines de ses créatures la possibilité de le surprendre. Puisque les hommes et les femmes ont le libre arbitre, Dieu peut

---

[55] Salaman, *The Way of Hermès*, 41 et 48.

seulement deviner, avec grande précision bien entendu, quels choix un être humain ferait dans une situation particulière. Mais la décision final appartient aux humains.

Il y a un proverbe selon lequel l' homme propose et Dieu dispose. Ceci est vrai car Il-Elle accomplie les choses en fonctions des forces et faiblesses que les gens montrent dans leurs âmes, coeurs, prières, et actions. Mais le contraire est aussi vrai dans le sens que Dieu assigne des missions, propose des destinés mais les personnes peuvent suivre ou refuser. Dans de nombreux cas, la volonté de Dieu n' est pas correctement discernée ou pas discernée du tout.

La *Sainteté*, la *Bonté*, la nature *Eternelle*, et l' *Invisibilité* de Dieu ont été établies mais la *Justice* de Dieu doit devenir plus clair. La Justice de Dieu est si liée au problème du mal et de la condition humaine qu' elle ne peut réellement être comprise que dans un livre centré sur les humains et non sur les divinités.

Concernant la forme, Dieu est sans forme et avec forme en même temps comme expliqué dans les chapitres 12, 13, et 14.

En matière d' amour, Dieu est *Tout Aimant*. En terme de sagesse, Dieu est *Tout Sage*. A propos de la paix, Il-Elle est *Tout Pacifique* mais avec la conscience d' utiliser la force en dernier recours pour sauvegarder une sorte de paix.

La vraie paix ne peut survenir comme résultat de l' usage de la force; pas même á titre défensif. La paix véritable vient seulement de l' éducation orientée vers la vérité, la sagesse, et l' amour. Donc, quelque soit l' occasion où la force est utilisée, il reste toujours un long chemin á parcourir pour aboutir á une paix réelle, un chemin vers la guérison des coeurs, des âmes, et des corps de ceux qui ont enduré la souffrance et la peine.

Il y a au moins encore un trait de Dieu qui est souvent l' objet de discussion. Il s' agit de sa *nature changeante et non changeante*. La réponse est semblable á celle donnée sur la forme. La partie de Dieu qui est la création change et la partie au-delá de la création change aussi á travers sa partie qui est la création selon les réponses et le développement des êtres dotés de libre arbitre. Mais il y a une partie de Dieu au-delá et au sein de la création qui ne change jamais. Certaines choses sont de la responsabilité de Dieu et ne peuvent pas être influencées par les humains ou les anges y compris le Dieu de l'Ancien Testament.

Chapitre 16

Existence et nature des dieux des points de vue religieux, spirituel, et philosophique

Existence des dieux

PLUSIEURS parmi les chapitres précédents ont mentionné des civilisations du passé et des religions du présent qui croient en l' existence des dieux. Les différentes méthodes qu' une personne peut utiliser pour contacter ces êtres surnaturels ont été aussi expliquées. Finalement, il a aussi été démontrer que l' idée de l' existence de tels êtres est philosophiquement fondée. Ce qui reste pour les lecteurs sceptiques est d' avoir des expériences spirituelles authentiques impliquant les divinités. Cependant, plus de description de la nature des différents êtres qu' on peut appeler dieux est encore nécessaire.

Nature des dieux

Anges et démons

Les anges sont des êtres surnaturels décrits dans les littératures du judaïsme, du christianisme, du gnosticisme, de l' islam, et d' autres mouvements qui ont adopté leurs enseignements. Selon Révélation 12: 4-9, il y a deux sortes d' anges: ceux qui se sont rebellés contre Dieu suivant Satan [le tiers] et ceux qui sont restés fidèles á Dieu menés par Michel [les deux tiers]. Les anges qui restèrent fidèles á Dieu continuèrent d' être appelés anges et fils de Dieu tandis que les anges rebels devinrent connus comme anges déchus, démons, diables, etc...

En réalité, même le Dieu de l'Ancien Testament n'est pas le Dieu Suprême Ominprésent, Omniscient, et Omnipotent. Comme montré, le Dieu de l'Ancien Testament était un ange puissant qui pouvait apparaître aux gens alors que le Dieu Suprême ne peut être montré et est en tous comme l' enseignèrent Hermès Trismégiste et Jésus.

Les sept principaux êtres sprituels du zoroastrisme appelés Amesha Spentas correspondent dans la Bible aux sept esprits de Dieu [Révélation 1:4; 3:1, 4:8 and 5:6] et aux Sept Esprits Maîtres du livre *Urantia*. Ces Sept Esprits Maîtres sont dits être la personalisation de l 'Esprit Infini.

Les sept esprits sont considérés comme présidant chacun un des superunivers de Dieu et dans leurs réunions, c' est l'Esprit Maître Numéro Un qui parlerait au nom du Père Universel et l'Esprit Maître Numéro Trois parlerait pour le Saint Esprit.

Cependant le Saint Esprit qui est la Lumière ou l' Energie qui sert de vêtement á Dieu n' a pas de personalité propre et suit la volonté de Dieu le Père ou Ame Universelle. Par conséquent, dire que l' Esprit Maître Numéro Trois parle au nom du Saint Esprit pourrait impliquer une relation différente que celle entre l'Ame Universelle et l' Esprit Maître Numéro 1. Les confirmations ne peuvent venir que de l' exprience personnelle.

Par rapport aux dieux, Jésus admit l'existence de Satan et de ses anges [Matthieu 25: 41]. Selon le Livre d'Hénoc, les démons enseignèrent l'humanité après leur rebellion. Deutéronome 32: 16 [Bible du Semeur, NKJV, NLT, NRSV etc..] appelle les démons des dieux qui ne sont pas Dieu mais à qui des sacrifices sont offerts.

Avec les travaux pioniers de certains gnostiques comme Marcion et considérant les analyses présents dans ce volume, on peut dire que selon ce passage de Deutéronome, seul le Dieu [Angélique] de l'Ancien Testament devrait recevoir des sacrifices et pas les démons qui sont des anges déchus et des rivaux.

Paul dans 1 Corinthiens 8: 4-6 reconnaît qu' il existe des dieux dans les cieux et sur la terre représentés par des idoles á qui des sacrifices sont offertes. Il ajoute dans 1 Corinthiens 10:19-22 que les dieux sont des démons.

Hermès aussi était convaincu de l' existence des démons[56]. Son étudiant Asclepius enseigna que certaines puissances spirituelles qui obéissent aux dieux sont maléfiques[57].Les démons aiment recevoir de l' adoration comme le montre Paul dans 1 Corinthiens 8: 4-6 et comme de nombreux passages de l' Ancien Testament sur l' adoration d' idoles le confirment. Dans l' Ancien Testament, les bons anges acceptèrent des actes d' adorations de la part des humains mais pas dans le Nouveau Testament où l' adoration est plutôt orienté vers Dieu [Révélation 19: 10, 22: 9]. Ceci est un autre changement ou une amélioration du NT par rapport á l'AT. Les démons sont capables d' amener des humains á prophétiser selon leurs point de vues [Jérémie 2: 8, Actes 16: 16].   L' impression définitive que Hermès donne est que les humains sont au moins les

---

[56] Salaman, *The Way of Hermès*, 42.
[57] Ibid., 76.

égaux des dieux comme montré dans la section sur la science spirituelle dans le chapitre 10. Sylvia Browne, la voyante de renom et écrivain gnostique pense que les anges et les humains sont égaux aux yeux de Dieu[58].

Malgré son insistance sur l'égalité entre anges et humains [compréhensible sous un certain angle philosophique], elle décrit un conseil de dix-huit Maîtres Enseignants humains appelé la Fraternité ou Avatars ou Anciens gardé par les anges les plus puissants appellés Principalités; ce qui rend les humains plus importants. Browne ajoute que le conseil agit comme la voix de Dieu dans l'au-delá. Il a été aussi montré dans le chapitre 11 sur Jésus que Paul croit que l'homme a l'autorité de juger les anges [1 Corinthiens 6: 3].

Tout ceci établit la prééminence des humains, pas de ceux qui restent inférieurs aux anges plus longtemps que nécessaire [Hebreux 2: 7/ New American Standard Version, Contemporary English Version] mais ceux qui ont travaillé pour élever leur niveau spirituels devenant des surhommes ou des humains déifiés sur lesquels plus de détails sera donné dans le présent chapitre. Hébreux 2: 9 confirme que ce fut le cas de Jésus.

Les anges sont généralement décrits comme anthropomorphes [ayant la forme humaine] et différemment dans d'autres cas comme dans Révélation 4: 6-7 où des êtres surnaturels á forme animale sont introduits. Certains parmi ces êtres ont six ailes comme ceux présentés par Esaïe [6:2-4]; mais contrairement á Jean dans Révélation, Esaïe ne dit pas s'ils ressemblent á des hommes ou á des animaux.

On pourrait assumer après considération générale de la Bible que la représentation anthropomorphe est celle qui est correcte et

---

[58] Browne, *Phenomenon,*14.

que l' utilisation de traits animaux est symbolique tout comme certains hommes sont comparés á des loups, d' autres á des serpents, ainsi de suite. Le symbolisme pourrait aller au-delá des mots et atteindre les images présentées au voyant.

Il est cependant utile de remarquer que les écritures laissent transparaître une correspondence entre les anges et les animaux. Si les anges sont de loin plus intelligents que les animaux, ils ont aussi des instincts et des émotions qui rendent leurs actions parfois pas vraiment raisonnables engendrant ainsi des erreurs. C' est le constat qui poussa certainement plusieurs dont Hermès, Jésus, et Paul á comprendre que le potential humain est plus grand. C' est certainement aussi pourquoi les anciens Israélites incluant le roi Salomon ne purent comprendre le Dieu de l'Ancien Testament et firent alliance avec d' autres dieux malgré les nombreux bons côtés de ce Dieu de l'Ancien Testament.

Parfois les gens traitent avec des anges sans le savoir [Hébreux 13: 2]. Les anges ne sont pas omniprésents et ne connaîssent pas tout. Ils essayent de suivre la volonté du Dieu Suprême Invisible Imprégnant Tout. Ils sont très puissants á cause de l' influence que le surnaturel peut avoir sur le naturel, mais ils ne sont pas tout-puissants comme Dieu. Les anges possèdent le libre arbitre et peuvent faire des erreurs. Lorsqu' ils commettent de grandes erreurs et ne se répentent pas, ils sont considérés comme maléfiques et appelés démons.

Les anges connaissent plusieurs choses inconnues á l' humanité parce qu' ils sont des êtres spirituels conscients. Ils sont d' habitude invisibles aux humains mais peuvent leur apparaître. Ils sont des êtres créés [Ezéchiel 28: 12-16, Colossiens 1: 16] et ont un commencement comme entités concrètes. Mais au niveau essentiel, tous les êtres y compris les humains existèrent en Dieu et dans ce sens ils sont sans commencement.

Si les anges ont un commencement concret, il serait logique qu' ils aient aussi une fin concrète. Mais puisque leur commencement était la Volonté de Dieu, leur fin ne peut venir aussi que si et seulement si Dieu le veut. Mais Est-ce que Dieu veut cela? Nulle part dans la Bible la véritable mort des anges n' est décrite. Considérant que certains anges continuèrent d' exister même après leur chute, on peut conclure qu' ils vivront pour l' éternité.

La seconde mort des hommes et des anges, le Lac de Feu, etc…, ont un sens symbolique plutôt que littéral. Le sens de Révélation 20:14-15 est que tout individu dont le nom n' est pas *enregistré* dans le Livre de Vie est jeté dans le Lac de Feu. Le mot 'enregistré' est important ici. Le Livre de Vie n' est pas un livre originel que Dieu a et qui contient le nom de ceux destinés au salut. Le concept calviniste de la prédestination n'est pas correcte.

Le Livre de la Vie est un livre dans lequel les noms sont *enregistrés selon les bonnes oeuvres accomplies* en suivant la parole [Jean 5: 21-24]; ce qui permet d'éviter d'aller en jugement. C'est le livre contenant les noms de ceux qui sont vivants. Révélation 3: 1 affirme que l' église de Sardis a la réputation d' être vivante mais est en fait morte. La mort dans ce verset est symbolique. Il ne s' agit pas de la mort d' un corps physique mais de l' état de séparation de Dieu, un état de désobéissance et d' opposition á Dieu et á sa Parole, un état d' ignorance, de folie, ou de haine.

C' est ce qui arriva á Adam et Eve après qu' ils désobéirent au Dieu de l'Ancien Testament. Ce Dieu les avait avertit qu' ils mourraient certainement s' ils mangeaient du fruit interdit [Genèse 2: 17]. Lorsqu' ils consommèrent ce fruit, ils moururent effectivement; pas physiquement, mais comme l' église de Sardis. Jésus confirma ce genre de mort en Matthieu 8: 22. *La Parole de Dieu [les enseignements sacrés] et le Saint Esprit sont considérés comme le feu.* La répentence [le baptême avec l' eau], l' éducation et l' enseignement [baptême avec la parole, avec la connaissance], et le baptême du

Saint Esprit [baptême avec l' Energie Divine] ont pour but de renou-
veler les gens, les rendre vivants á nouveau [renaissance] même
dans le sens de préparer un corps spirituel glorieux.

Avec ce genre d' aide, les gens sont rendus forts pour bien agir
et avoir leurs noms enregistrés dans le Livre de la Vie. C' est la
première [défaite] de la mort [le mal]. Paul en 1 Corinthiens 15: 54-
55 est convaincu que l' immortalité et l' incorruptibilité seront acquises par les humains et que la mort sera défaite. Une autre façon de
dire ceci est que la mort causée par la violation majeure de la loi
divine devrait elle- même mourrir; c' est á dire cesser d'être. C' est
dans ce contexte qu' il faut comprendre le verset Révélation 20: 14
lorsqu' il parle de seconde mort qui est le Lac de Feu.

Le Lac de Feu est une seconde providence divine, une deuxième
manière de tuer la mort après une première tentative pas très
fructueuse. C' est pourquoi la mort et le séjour des morts doivent
êtres jetés dans le Lac de Feu symbolisant la *seconde mort* de la
mort. Tous ceux qui n'ont pas leurs noms dans le livre de Vie, qui ne
sont donc pas vivants doivent être jeté dans le Lac de Feu pour être
ramenés á la vie.

Le Lac de Feu n' est pas aussi desctructrice qu' on pourrait l' imaginer. En fait, il s' agit d' un feu purificateur. Dieu est certainement
capable de désintégrer tout être énergétique conscient; mais Il-Elle
préfère faire appel á sa Sagesse et aider les méchants á se repentir
[2 Pierre 3: 9].

La première mort de la mort fut prédite par Daniel [9: 24]. Le
Saint Esprit, la Sainte Parole, les anges, Marie, le puissant Jésus
etc…, furent mobilisés pour réaliser cet objectif. Mais malgré cette
première dispense ou providence globale, la mort continua de
régner. Certaines personnes profitèrent de l'occasion pour changer
et accomplir de bonne choses se montrant ainsi dignes d' être
enregistrés comme vivants et de figurer dans le Livre de Vie. Mais d'
autres continuèrent de violer les lois célestes rendant nécessaire

une seconde providence globale: celle de la seconde mort de la mort par le Lac de Feu.

La première mort de la mort était supposée être éternelle [Daniel 9: 24] mais même en cette circonstance Dieu respecta encore le libre arbitre. Le Lac de Feu est une autre chance que Dieu veut offrir même au Diable, á la bête, et au faux prophète [Révélation 19: 10]. Le Lac de Feu a le même sens que l'épée de Rév 19:11-15. Ceci montre l' intention de Dieu de transformer l' empire du mal et ses dirigeants en bien. Dieu peut apparaître ainsi injuste á cause de sa grâce [Jonas 4: 10], mais Il-Elle n' a jamais dit que les gens ne doivent pas faire face aux conséquences de leurs actions ou qu' ils ne devraient pas travailler pour les effacer. Même la société humaine punit les crimes, pas pour le plaisir, mais comme élément du processus de guérison.

Les gens qui violent les lois de la nature en payent les conséquences. L' abus d' alcool conduit entre autres á des maladies du foie. Les individus qui essayent de sauter du 15ème étage d' un bâtiment sans parachute d' aucune sorte meurent en général. Les violations des lois divines ont aussi des conséquences. Une d'entres elles est d'être condamné á manger de la poussière [Genèse 3: 14]; c' est á dire ne pas pouvoir recevoir la nourriture sublime que constituent la Parole de Dieu et l' Energie revivifiante du Saint Esprit.

Il est certain que les mauvais esprits ne sont pas vraiment entrain de passer de bons moments. Ils sont comme des criminels toujours en liberté et malades. Ce n' est pas de la sagesse que de violer les lois et aller souffrir en prison ou á l' hôpital. Il y a beaucoup plus á dire sur la justice divine mais le but ici est de mettre plus de lumière sur le concept de mort des anges.

La conclusion est que les anges ne meurent pas dans le sens de non-existence mais dans le sens de séparation avec Dieu; ce qui requiert un "traitement," l' épreuve de purification par le Lac de Feu et aussi le payment des dettes dues á la société. Il est bien connu que la vérité brûle et purifie en addition au payment des dettes sociales. Il est rare de voir des gens qui sont fiers d'êtres maléfiques. La plupart du temps ils ne veulent pas apparaître comme tels comme Sylvia Browne l'a remarqué en décrivant les entités sombres. Seuls ceux qui ne peuvent plus bien raisonner ou qui se pensent impunissables car trop forts montrent de la fierté en commettant le mal.

Néammoins, il doit être ajouté que Dieu a essayer de tuer la mort plus de deux fois. La mention d'une seconde mort par le livre de Révélation est dûe seulement á la compréhension théologique de son auteur qu'il y a deux descentes globales de la *parole* pour purifier le monde: celle du temps de Jésus et celle de la seconde mort de la mort et du séjour des morts mentionner dans Révélation. Cependant, au moins Noé en plus donna aussi une parole pour le salut mondial.

En terme d'amour, les anges peuvent réussir ou échouer et leur caractère est changeable. Comme les humains, ils doivent faire des efforts pour rester dans la Lumière et la Vérité de Dieu. Une chose qui confirme aux bons anges qu'ils ont eu raison de rester fidèles á Dieu est l'état misérable des anges déchus et de l'empire visible et invisible qu'ils ont bâti.

Lorsqu'un groupe d'enfants reçoit le conseil de ne pas mettre le doigt dans le feu, certains peuvent obéir pour diverses raisons; mais d'autres peuvent décider de tenter leurs chances pour des motifs personnels á eux. Lorsque les enfants sages voient les brûlures sur les mains des enfants désobéissants et leur misère, ils sont d'avantage convaincus d'avoir fait le bon choix.

A propos du sexe des anges, seules des anges mâles sont décrits dans la Bible excepté peut-être Zacharie 5: 5-9. L'expression 'peut-être' est utilisée parceque les femmes avec des ailes décrites dans le passage peuvent être de vrais anges ou des symboles- comme l'est la femme assise dans l'épha. Des hommes visitèrent

Abraham et apparurent aussi á d' autres individus. Michel et Gabriel sont des noms masculins et Paul parle en 1 Corinthiens 11: 10 comme si les anges ne sont que des êtres de sexe masculin. Mais il y a des êtres surnaturels femelles dans le Zoroastrisme dont certains mystiques qui ont écrit les livres de la Bible se sont inspirer. Trois des sept Amesha Spentas créés par Ahura Mazda sont de sexe féminin: Armaiti [á sa gauche], Haurvatat, et Ameratat.

Pour Sylvia Browne, les anges sont androgynes, c' est á dire ni mâles ni femelles mais ayant les deux sortes de caractéristiques. La Fondation pour la Recherche Scientifique Spirituelle exprime sa réponse différemment disant que les anges peuvent être ou soit mâles ou soit femelles tandis que les anges d' un niveau élevé ne s' identifient á aucun genre. Dans *The Lost Symbol [Le Symbole Perdu]* de Dan Brown, le personnage du nom de Mal'akh déclare que les Dieux n' ont pas de genre[59]. Qu' il y ait des anges femelles ou androgynes n' est pas contre la logique. Cependant, tout comme pour les anges en général, l' expérience est ce qui peut prouver ou pas l' existence d' anges féminins, masculins, ou androgynes.

Sylvia Browne alla plus loin et parla même de la race des anges qui selon elle inclue toutes les races. Alors qu' elle donne comme d' autres écrivains spirituels une hiérarchie angélique, elle ajoute aussi que malgré les différences en puissance, tous les anges sont égaux.

Une description très large et rare des anges peut être consultée dans le *Dictionary of Angels[Dictionnaire des Anges]* de Gustav Davidson. Ce livre présente une large variété d' anges qu' ils soient loyaux ou déchus, leur fonctions et leurs apparutions dans l' histoire, comment l' humanité entra en relation avec eux, et leur hiérarchie.

Dans l' industrie du cinéma, de plus en plus de films offrent des explications cosmologiques de l' univers. Plusieurs parmi eux trans-

---

[59] Brown, *The Lost Symbol*, 268.

mettent des idées panthéistiques et évolutionnistes. La série *Babylon 5* par exemple, malgré qu' il ne parle pas des anges et des démons décrit des êtres proches d'eux. Les *Vorlons* sont très similaires aux anges et les *Shadows* aux démons. Les deux races maîtrisent la science de l' invisibilité par rapport au physique. Les *Vorlons* sont comme des esprits faits de lumière blanche et peuvent demeurer dans des corps humains et les *Shadows* sont des êtres sombres et hideux. Ces derniers sont systématiquement inclinés vers le mal et la destruction tandis que les premiers sont obsédés par la discipline même si cela passe par le massacre de plusieurs planètes avec des milliards d' habitants. Ces traits des Vorlons montrent qu' ils ne sont pas différents des anges de l' Ancien Testament.

Pour finir cette section, un mot doit être dit sur la Kabbale que Manly Hall décrit comme un enseignement secret encodé par Moïse dans les cinq premiers livres de la Bible en Hébreux. Dans sa description, Hall affirme que la Kabbale est une science enseignée par divers anges puissants á diverses figures importantes de l' histoire biblique. Selon lui, les premiers initiés crurent que l' ange Raziel fut envoyé du ciel pour enseigner Adam, que Tophiel enseigna Shem, Raphael enseigna Isaac, Métatron Moïse et Michel David. David et Salomon auraient été les plus initiés.

Toujours selon Hall, Christian D. Guinsburg ajouta que l' enseignement passa d' Adam á Noé puis á Abraham qui laissa une partie s' échapper vers les égyptiens et les nations de l' Est et que Moïse initia 70 anciens qui initièrent á leur tour d' autres.

Manly Hall poursuit sa description rapportant que les Kabbalistes ont divisé leur science en cinq parties á savoir: les cabales naturelle, analogique, contemplative, astrothéologique, et magique [cette dernière visant á obtenir le contrôle sur les démons]. Cependant á bien observer, il y á seulement trois parties puisque l'analogie et la contemplation peuvent constituer ensemble une divison tout comme l' astrothéologie et la magie. En plus, toute la Kabbale peut se résumer á sa partie la plus importante qui est l' astrothéologie et la magie, par conséquent á la gestion de l' univers par les anges et les démons.

Un autre aspect capital de la pensée Kabbaliste, qu' il faut abso-lument rapporter ici est que ce système croit en un Dieu Suprême qui n' a cependant ni substance, ni essence, ni Intelligence.

Selon Chercheur, il est clair que la Kabbale est de l' astrothéolo-gie sous un autre nom. Il est aussi clair qu' il s' agit d' un système polythéiste reconnaissant plusieurs dieux [anges et démons]. Le panthéisme peut être soit polythéiste soit monothéiste selon que le Dieu Suprême considéré soit reconnu comme ayant de l' Intelligence ou pas.

Donc, même si Hall a raison en disant que la Kabbale est un système panthéiste, il s' agit en réalité d' un *panthéisme polythéiste* parce que son Dieu Suprême n' a pas d' Intelligence propre. Ceci dit, la question soulevée dans le chapitre 9 quant á la bizarrerie de la relation entre Abraham et son père Térach peut être maintenant éclaircie.

Térach était clairement polythéiste comme déjá montré. Il quitta soudainement sa Mésopotamie natale pour se diriger vers le terri-toire de Canaan sans que la Bible ne dise pourquoi. Etant mort en cours de chemin, Abraham son fils poursuivit la même quête et cette fois nous dit la Bible sous l' injonction de Dieu.

Puisqu' en fin de compte, ce Dieu d' Abraham était connut de toute la famille d' Abraham incluant son frère Nahor et son neuveu Laban, on peut comprendre que le Dieu ou Seigneur d' Abraham était un des anges ou dieux puissants connus dans cette famille á tradition Kabbaliste.

On peut aussi dire que le Dieu ou Seigneur d' Abraham qui était parmi les nombreux dieux que son père servait essaya de devenir le Dieu Unique reconnu par les humains. Certainement, le départ de

Térach pour Canaan était sur l' ordre de l' un ou de plusieurs de ses dieux. Mais le Seigneur d' Abraham réussit á se faire reconnaître de lui comme le seul Dieu et il devient clair que le Projet Canaan était sous son contrôle grâce á la foi d' Abraham et de ses descendants en lui.

Ce Seigneur apparut plutard á Laban le neveu d' Abraham, cousin d' Isaac, et oncle de Jacob pour le mettre en garde de ne pas attaquer Jacob qui s' enfuyait loin de lui [Genèse 31: 24].

Au temps de Moïse, des forces angéliques aidèrent les douzes tribus á détruire l' armée de l' ancienne Egypte et masacrer des peuples entiers pour s' établir en Canaan selon la Bible. Encore une fois, un groupe d' anges travaillant pour la bonté et la paix sur terre recourrut á des génocides comme solution acceptant aussi l'esclavage [Lévitiques 19: 20].

Le Dieu de Saul, premier roi d' Israel, ainsi que Dieu de David leur recommendèrent de tuer des populations entières même si dans le cas de David, ce Dieu expliqua enfin de compte que le versement de sang par des guerres n' était pas une chose vraiment appréciable [1 Chroniques 22: 8/ 28: 3]. Il faut noté que ce Dieu confessa aussi avoir lui-même exterminé les ennemis de David devant lui [2 Samuel 7: 9].

Le roi Salomon fut selon beaucoup le plus grand initié de la Kabbale. Malgré un bon début dans la sagesse de son Dieu et la construction d' un temple pour lui, il finit par ne plus écouter exclusivement ce Dieu et revint au système polythéiste abandonné par Abraham [1 Roi 11]. En plus, il épousa 700 femmes et eut 300 concubines. Le polythéisme de Salomon était un choix volontaire conscient malgré les avertissements de son Dieu. C' était donc un défi de Salomon á son Dieu.

L' idée de Chercheur est que Salomon connaissait si bien la Kabbale qu' il pouvait traiter avec plusieurs esprits. Sa grande connaissance avait dû le laisser voir comme ses ancêtres avant

Abraham que son Dieu était en fait un ange parmi tant d' autres et qu' il n' y avait pas de raison de ne pas utiliser les services de ces autres esprits. C' est pourquoi il persista á adorer d' autres dieux malgré les avertissements de son Dieu dont la raison était probablement les mauvais comportements des autres dieux ou anges.

Dans sa colère, le Dieu de Salomon dit á un de ses adversaires, Jéroboam, qu' il allait l' aider á prendre dix tribues sur onze au fils de Salomon s' il lui obéissait comme l' a fait David et suivait ce qu' il considérait comme droit [1 Roi 11: 38]. Très visiblement, le Dieu de Salomon et les autres dieux avaient des conceptions différentes de ce qui est droit.

Ce qui se dégage de l'attitude de Salomon est qu' il décida en toute connaissance de cause de ne pas être aussi "crédule ou naïf" comme Abraham et David. Il a dû écrire le livre de l' Ecclésiaste en un moment de grand doute. Ce livre fut écrit par quelqu' un qui avait beaucoup d' expériences, avait vu beaucoup de choses, et avait été deçu. C' est pourquoi il dit que la grande sagesse et la grande connaissance amènent la tristesse [Ecclésiate 1: 18].

Même si cette affirmation est globalement incorrecte, quelque part elle met en relief le fait qu' il est important d' avoir des remèdes si on veut débusquer des maladies cachés sinon c'est le désespoir qui s' installe comme dans le cas de Salomon.

Dans Ecclésiaste, Salomon craint son Dieu; apprécie et déprécie la sagesse; et trouve le travail, le pouvoir politique, et la richesse futiles. Il trouve beaucoup d' injustices dans la vie, pense que rien dans la vie n' a de sens, et que tout finit avec la mort physique. En ce moment, Salomon était confus, disant parfois des paroles sensées et d'autres fois des choses manquant vraiment de sagesse. Il le savait très probablement, mais décida quand même de passer ses expériences aux générations futures.

Au vu de tout ce qui précède, la Kabbale ou l' astrothéologie n' est pas la solution principale pour établir la paix et le bonheur sur terre á cause surtout des limites des anges et des démons que l' histoire démontre. La chose qu' elle a offerte au monde est la situation de conflits, de guerres, de nationalismes, de tribalismes, etc... que la plupart des êtres humains n' apprécient pas.

On ne peut pas dire que le peuple de l' Ancien Israël est plus fautive que tout autre puisque la plupart des nations du passé ont aussi massacré d' autres souvent après consultation d' esprits ou de dieux. C' est pourquoi elles avaient souvent des dieux de la guerre. L' humanité dans son entièreté est responsable pour dépasser les obstacles et limites des anges et des démons afin d' aller vers plus de sagesse et de bonté pratique.

Potentiellement, la relation entre humains et anges est plus intéressante et mutuellement bénéfique que la relation entre humains et animaux. *Il appartient á l' humanité de trouver les moyens de bénéficier de l' aide des anges sans se laisser mener par le bout du nez.* Comme Paul l'a dit, les humains ont vraiment le potentiel d'analyser, de juger, et de trier les oeuvres des anges. Les temps sont mûrs pour qu' une telle philosophie soit clairement formulée et mise en application.

Les Annunaki, les Igigi, et les Nephilim

Les Annunaki et les Igigi étaient les dieux de la civilisation mésopotamienne. C'étaient des êtres surnaturels et anthropomorphes qui agirent comme des humains; parfois d' une bonne manière et d'autres fois de mauvaise manière.

Deux différences importantes existent entre les Annunaki et les anges. Le premier est que les Annunaki ont un aspect matériel comme les humains qui seraient créés á partir de leur sang.

La deuxième différence est que les anges [les êtres surnaturels de la Bible] n' ont pas créé les êtres humains comme leurs esclaves contrairement aux Annunaki et aux Igigi même si les humains ont adoré aussi les bons anges dans l'Ancien Testament. Les versets bibliques qui parlent de la supériorité de l'homme sur les anges sont écrits par les humains. Si l'angélique Seigneur Dieu de l'Ancien Testament demanda á être adoré, aucun ange ne fit pareil demande dans le Nouveau Testament. Mais les démons montrèrent clairement leur intention de diriger l'humanité.

Si la Bible est revisitée comme Zecharia Sitchin l'a fait, et les Annunaki mis á la place des anges, quelque chose d'illogique émerge. Si les Annunaki étaient des anges qui en tant que groupe créèrent les humains pour les servir, il n'aurait pas été possible que plusieurs anges travaillent pour le bien des humains de la manière indiquée dans la Bible.

Dans la Bible, les anges semblent ne pas avoirs des affairs propres á eux en dehors de l'aide qu'ils apportent au Dieu Suprême et á l'humanité. La Bible ne décrit clairement aucun être négatif avant la création de l'humanité contrairement au mythe babylonien de la création et le chercheur semble être forcé á choisir entre les deux écritures.

L'analyse du mythe babylonien de la création ainsi que du panthéon de cette ancienne civilisation permet de constater que les Annunaki et les Igigi n'avaient pas honte d'être perçus comme négatifs et maléfiques aux yeux des humains. Ceci pourrait s'expliquer par le fait que les mésopotamiens avaient ces mêmes valeurs. A l'opposé, les bons anges de la Bible montrent clairement á l'humanité qu'il existe d'autres êtres surnaturels comme eux qui sont maléfiques. Ils font l'effort d'apparaître bons et travaillent avec les patriarches et les prophètes pour combattre l'idolâtrie.

Quelle histoire est la vraie? L'histoire mésopotamienne qui reste silencieuse sur le Dieu Imprégnant Tout et qui présente le mal comme une façon naturelle de faire les choses ou bien la Bible qui parle d'un Créateur Suprême, qui oriente vers le Démiurge, et qui parle des anges et des démons? La tendence de la conscience, de l' âme, de l' amour, et de la justice humaines est de dire que malgré le fait que la Bible peut contenir des erreurs sur d'autres sujets, concernant la cosmogonie, le mythe babylonien de la création est l' histoire qui n' est pas très véridique. Ceci pose un problème sérieux parce que l' histoire mésopotamienne et sumérienne est supposée précéder celle de la Bible qui reconnaît qu'Abraham vint de Mésopotamie.

Une manière de résoudre ce problème pourrait être de considérer qu' en réalité, l' histoire babylonniene n'est pas théologiquement exacte et est plutôt élaborée par les anges déchus ou démons pour tromper. Cette tentative de tromperie générale est démasquée par les bons anges et les bons êtres humains qui recherchèrent Dieu n' étant pas satisfaits avec les démons. *Néammoins, les Annunaki et les Igigi auraient pu bien être des êtres avec du sang dans le corps.*

Cette possibilité trouve du support dans l' histoire d' Atlantis telle que racontée par le philosophe grec Platon dans son *Critias*. Dans cette histoire, le dieu Poséidon était le dieu patron d'Atlantis. Avec sa femme [une mortelle], il donna naissance á dix fils qui devinrent chacun roi d' une portion d' Atlantis. Après leurs morts, leurs fils héritèrent de leurs trônes de génération en génération centrés sur le lignage d' Atlas le premier fils de Poséidon. Avec le sceptre á trois dents de Poséidon, ces rois dominèrent les habitants d'Atlantis.

L' indice ici est la transmission du sceptre de Poséidon d' un roi á son succeseur. Il est très invraisemblable qu' un dieu fonctionel se sépare de son instrument et emblème de pouvoir de cette manière. Seul un homme correspond á ce genre de description.

Pour Ignatius Donnelly, l' histoire d' Atlantis est la clé de la mythologie grècque[60]. Selon lui, il n' y a pas de doute que les dieux

---

[60] Hall, *The Secret Teachings of All Ages,* 83.

grecs étaient des hommes. Il explique que la tendence d'attribuer des pouvoirs divins aux grands dirigeants terrestres est profondément implantée dans la nature humaine. Donnelly justifie sa déclaration disant que *les divinités du panthéon grec n' étaient pas regardés comme les créateurs de l' univers mais plutôt comme des régents établis sur lui par ses fabricateurs originels plus anciens.*

Ainsi, *les Annunaki et les Igigi auraient pu être des êtres humains dotés de pouvoirs, enseignés et guidés par des démons pour répandre de fausses idées sur la création de l' humanité.*

Blavatsky fut d' accord avec cette vue lorsqu' elle dit: '*Sous les insinuations maléfiques de leur démon, Thevetat, le peuple d' Atlantis devint une nation de magiciens maléfiques*[61].'

Cette vision des dieux grecs et sumériens peut aussi expliquer pourquoi ils ressemblent si tant aux humains á la fois sur les plans morphologique et comportemental. Elle montre comment des êtres humains avec une certaine connaissance spirituelle ou science ou magie peuvent manipuler ou essayer de manipuler les âmes de leurs semblables humains. Ce fait est bien illustré par le dessin animé *Conan the Adventurer [Conan l' Aventurier].*

Il est possible que ces puissants Annunaki et Igigi qui avaient des corps physiques soient d'origine terrestre ou extraterrestre. Une preuve de l' existence des extraterrestres ne contredirait pas celles des anges et des démons. Ce serait simplement la preuve que la vie physique existe ailleurs que sur terre avec ses propres caractéristiques qui peuvent apparaître surnaturels aux humains. La possibilité de la vie spirituelle resterait inchangée comme argumenté dans le chapitre 10.

Donc, de vrais êtres surnaturels, des anges déchus ou démons, des extraterrestres, et des magiciens humains auraient pu avoir joué

---

[61] Ibid.,85.

aux dieux dans l'histoire humaine. La recherche spirituelle sérieuse ainsi que de nouvelles découvertes archéologiques pourraient spécifier si une, deux, ou les trois théories sont exactes.

La séduction de Gilgamesh, un roi babylonien, par la déesse Ishtar, la disparition d'anciens dieux remplacés par de nouveaux, les morts des dieux mésopotamiens Apsu et Kingu, les fils de Dieu ayant des enfants avec des femmes en Genèse: 1-8 auraient pu être des histoires impliquants uniquement des êtres humains. Il est aussi possible que des êtres spirituels soient aussi impliqués et dans ce cas certains éléments comme des enfants naissants de liaisons avec les démons [les Nephilim] devront être pris au sens symbolique. Il est imoportant d'analyser si les squelettes géants trouvés de par le monde sont réels ou fabriqués pour dire si les nephilims étaient nés d'Annunaki ayant de la chair et du sang ou symboliquement d'anges purement spirituels. L'hypothèse d'anges déchus controllant les extraterretres Annunaki est aussi plausible.

Dans la recherche de la vérité concernant le passé, il y a trois limites importantes. Parfois le texte d'un auteur qui vécut dans des temps anciens est si cryptique, si symbolique, si mystérieux, que seulement lui/elle peut l'expliquer convenablement. Lorsqu'un chercheur du présent force l'interprétation d'un texte, il y a un risque important d'erreur et de mauvaise orientation. Même lors d'un dialogue entre des personnes se faisant face, il existe un risque de malcompréhension qu'un des protagonistes peut lever en demandant á l'autre d'être plus clair.

Dans l'étude d'un ancien texte, l'auteur n'est plus lá pour faire les ajustements nécessaires comme le souligne Socrate dans *Phaedrus*, un des dialogues de Platon. La situation est pire si l'ancien écrivain a volontairement crypté ou scellé le texte. Bien entendu il y a la possibilité de la révélation divine; cependant, toutes les revendications de révélations divines ne sont pas honnêtes et le chercheur devrait être prudent. La révélation qu'il/ elle doit rechercher n' est pas celle que seul son receveur peut comprendre mais une révélation qui peut illuminer d' autres aussi s' ils/elles reçoivent l'enseignement et/ou l'entraînement adéquats.

La plupart du temps, la compréhension d' une information demande des prérequis. Tout voyant devrait s' assurer que son auditoire a l' expérience et/ou le pouvoir d' âme nécessaire pour comprendre et supporter une révélation. Si tel n' est pas le cas, il/elle doit travailler sans relâche et sans malhonnêteté pour hausser l' audience au niveau où elle peut supporter la révélation. Une fois de plus, comme Moïse l' a dit á Josué dans Nombre 11: 29, il est mieux que tout le monde reçoive l'esprit de Dieu.

Elémentaux et Djinns

Dans certains systèmes occultes, les élémentaux sont les habitants de l' un des quatres éléments, spécialement les êtres décrits par Paracelse [1493-1541], un alchimiste, ésotéricien, astrologue, et médecin influent comme des êtres intermédiaires en texture corporelle entre les humains et les esprits. Paracelse aussi connu comme Philippus Aureolus Theophrastus Bombastus von Hohenheim décrivit les élémentaux de la terre [les gnomes], de l'eau [les ondines], de l'air [les sylphes] et du feu [les salamandres]. Comment Paracelse aboutit á ses conclusions n' est pas très bien connu mais la plupart de ses biographies et le dessin animé *Fullmetal Alchemist* le présentent comme interressé par l' alchimie et l' ésotérisme depuis l' adolescence.

Sa description des élémentaux est crédible aux yeux de Manly Hall qui en donne plusieurs détails[62]. *Hall admet aussi l' existence*

---

[62] Hall, *The Secret Teachings of All Ages*, 328-341.

des démons et parle de formes variées de magie cérémonielle[63]. *Il affirme que la science originelle qui était bonne a été corrompue par la magie noire et que par exemple il y avaient plusieurs magiciens noires parmi les Kabbalistes du Moyen Age qui se souillèrent de démonisme et de sorcellerie.*

Ainsi, le célèbre savant ésotérique Hall pense aussi que les démons existent. Pour lui, le transcendentalisme des Kabbalistes est fondé sur une ancienne formule magique du roi Salomon. Manly Hall décrit aussi le très fameux Baphomet comme les panthéons mystiques des disciples de magie cérémonielle[les Templiers] qui l'obtinrent probablement des arabes. Il déclare que le Baphomet est identique au fameux Goat of Mendes [Chèvre de Mendes], une créature hermaphrodite composite élaborée pour symboliser la lumière astrale.

Selon Manly P. Hall, Napoléon Bonaparte [1769 - 1821] et les chefs de la dynastie des Médicis [14ème -18ème siècles] étaient servis par des élémentaux et Socrate avait une créature ressemblant a un dieu, un *daemon* érudit qui le quitta lorsqu' il fut condamné á mort. Dans le discours de Platon, l' *Apologie*, Socrate admet avoir été en contact fréquent avec un être divin qui agit comme son conseiller mais qui ne se manifesta pas durant son procès[64]. *Pour Hall, le transcendentalisme et toutes les formes de magie phénoménalistique ne sont rien d' autres que des cul-de-sacs nés de la sorcellerie d'Atlantis; et ceux qui abandonnent le droit chemin de la philosophie pour y errer tombent invariablement victimes de leur imprudence.* Selon lui, l' homme est incapable de controller ses propres appétits et n' est pas á même de gouverner les esprits de feux violents.

---

[63] Ibid., 315.
[64] Plato and Warrington, *The Trial and Death of Socrates: Euthyphro, Apology, Crito, Phaedo,* 48, 49, et 61.

Hermès Trismégiste mentionna aussi avant Paracelse les élémen-taux de l' air et de la terre dans le *Book of Thoth [Livre de Thoth]*[65]. *The Secret Teachings of All ages [Les Enseignements Secrets de tous les Ages]* mentionne comment l' invocation des esprits des humains morts peut être dangereuse á cause de la capacité des élémentaux á imiter ces morts. Le livre de Hall présente quatre fondements de la théorie et de la pratique de la magie noire qui sont:

1. L' univers visible a une contrepartie invisible dont les régions les plus élevées sont peuplées par de bons et beaux esprits; les régions basses sont sombres et habitées par des esprits maléfiques et des démons sous la direction de l'Ange Déchu et de ses dix princes

2. Par les méthodes secrètes de la magie cérémonielle, il est possible de contacter ces créatures invisibles et obtenir leur aide. Les bons esprits accordent volontairement leur assistance á toute entreprise digne, mais les mauvais esprits servent seulement ceux qui vivent pour pervertir et détruire

3. Il est possible d'établir des contracts par lesquels le magicien devient pour un temps le maître d' un élémental

4. La magie noire véritable se pratique avec l'aide d' un esprit démoniaque qui sert le sorcier pour la durer de sa vie terrestre, avecl' accord que le magicien deviendrait le serviteur de son propre démon après la mort. Pour cette raison, le magicien noir fera des choses inconcevables pour prolonger sa vie physique puisqu' il n' y a rien pour lui après la mort

L' existence des élémentaux est aussi justifiée sur le plan philo-sophique. Comme déja dit, *si le corps physique [énergie en concen-*

---

[65] Hall, *The Secret Teachings of All Ages*, 96.

tration élevée] peut porter la conscience, il est aussi possible que des corps moins concentrés [subtiles] portent aussi la conscience. Il est possible que ces êtres soient spécialisés dans la "vie" et la gestion d' éléments tels que la terre, l' eau, l' air, et le feu de la même manière qu' il y a des animaux qui vivent dans l' eau, sur la terre, dans les airs, et dans des endroits de fortes températures comme le désert.

Les équivalents des élémentaux dans l' islam sont les djinns; une race intelligente inférieure aux anges et liée aux éléments [Coran 15: 27]. Le Diable, Shaytan, aussi appelé Iblis est considéré comme un djinn de feu [38: 76]. Il y a un débat dans l' islam sur l' identité de Satan. Certains pensent qu' il est un djinn [élémental] et d'autres qu' il est un démon [ange déchu]. Le prophète biblique Ezéchiel [28:14-16], parle d'un ange déchu qui est aussi un être de feu.

Sylvia Browne déclara qu' elle ne croirait rien de ce qui est dit sur les élémentaux[66]. Pourtant elle reconnaît l'existence des gnomes et d'autres petites créatures du paranormal comme les fées et les elfes[67]. Donc, on peut déduire que Browne croit en l'existence de créatures semblables aux élémentaux sans les associer avec les éléments du feu, de l' eau, de l' air, et de la terre. Au contraire, Sonia Choquette qui est une théologienne traitant des phénomènes méta-physiques et paranormaux rejoint Paracelse, Hall, et plusieurs autres dans l' association de certaines formes de vie subtile avec quatres éléments de la nature[68].

---

[66] Browne, *Phemenon*, 112.
[67] Ibid., 302.
[68] Sonia Choquette, *Ask Your Guides: Connecting to Your Divine Support System* (Carlsbad, Calif: Hay House, 2006), 99-112.

Humains déifiés, messies, et le statu de dieu

L' histoire et la mythologie parlent de plusieurs pharaons d' Egypte qui étaient considérés comme des dieux et de certains hommes en Grèce et en Chine qui vécurent comme des mortels mais furent déifiés á leurs morts. Le jaïnisme est remarquable par son attachement fort á la divinité des humains qu' il encourage á devenir des dieux après une période de croissance. Pour Hermès, certains hommes sont des dieux[69].

Le judaïsme et le christianisme ont aussi dans leurs écritures l' idée que les humains sont des dieux [Psaumes 82: 6, Jean 10: 34]. *En insistant sur le fait que les êtres humains qui reçoivent le méssage de Dieu sont des dieux, Jésus donne un indice concernant sa propre humanité et divinité.* Ainsi, Jésus justifie les paroles de la théologie et de l' anthropologie islamiques qui affirment qu' il est un prophète de Dieu [Coran 4: 171]. Il n' y a donc pas de contradiction á appeler Jésus á la fois prophète et être divin.

Dans le jaïnisme, la croyance en la divinité des hommes est exclusive du Dieu Suprême et Créateur et est l' équivalent spirituel du concept de surhomme de Nietzsche qui nie Dieu et exalte l' homme. Si ces philosophies sont admirables pour la grande valeur qu' elles attribuent aux humains, elles manquent de consistance lorsqu' elles nient Dieu. Si les humains étaient des Dieux et qu' il n' y a pas de Dieu, qui est donc responsable de l'existence des choses qu' eux-mêmes reconnaissent n' avoir pas créé?

Que Jésus soit Messie ne peut être nié si le mot 'Messie est bien compris.

L' idée du messie n' est pas d' origine chrétienne mais remonte plus loin. Cette idée apparaît dans l'Ancien Testament ou Bible

---

[69] Salaman, *The Way of Hermès,* 58.

Hébreuse dans plusieurs passages et une lecture attentive donne une perspective différente de celle donnée par le christianisme.

Etymologiquement, 'messie' signifie 'celui qui est oint.' Dans l' histoire de l'Ancien Israël, des rois comme Saul, David, et Jéhu; des prêtres comme Aaron et des prophètes comme Elisée [1 Roi 19:16] ont été oints.

De nombreuses prophécies de l' Ancien Testament sont généralement compris comme se rapportant á Jésus. Mais ce n'est pas souvent le cas.

La première se trouve en Genèse 49: 10 dans les derniers mots du patriarche Jacob á ses enfants. Selon lui, le sceptre ou centre de pouvoir ne quittera pas la tribu de Juda, son quatrième fils, jusqu' á ce que le Shiloh ou Messie arrive [21st Century King James Version].

L' Ancien Testament ne raconte pas le développement d' Israël comme peuple en Egypte après la mort de Jacob en dehors de son esclavage. Lorsque l' heure de la libération vint, le Dieu de l'Ancien Testament choisit Moïse, un homme de la tribue de Lévi [Exode 2: 1- 10] pour mener son peuple á la fois comme dirigeant politique, donneur de lois, accomplisseur de miracles, et guide prophétique. Celui-ci annonça la venue d' un prophète comme lui [Deutéronome 18: 15- 22].

Il y a deux candidats sérieux pour cette position. Le premier est le prophète Samuel qui était prophète, donneur de lois, et dirigeant politique. Mais il ne fit pas de miracles comme Moïse. Le second candidat est Jésus qui fut prophète, donneur de lois, et accomplisseur de miracles, mais pas un dirigeant politique. De plus, le Dieu de Jésus n' est pas celui de Moïse et de Samuel.

Lorsque Moïse mourrut, Josué de la tribu d' Ephraïm [Nombre 13:8-9] devint le dirigeant politique. Parmi les juges d' Israël, seul Othniel le premier juge vint de la tribu de Juda. Samuel était de la tribu d' Ephraïm [1 Samuel 1] comme Josué. Même le premier roi d'

Israël, Saul n' était pas de la tribue de Juda mais de celle de Benjamin [1 Samuel 10: 20-27].

Malgré le fait que la tribue de Juda ait joué un rôle militaire proéminent dans l' Ancien Israël au temps de l'exode, c' est seulement avec le roi David que cette tribue devint le centre politique

Le prophète Michée [5: 2-5] donne l' information selon laquelle un dirigeant et délivreur d' Israël [des Assyriens] viendrait de Bethléhem de Juda. Plusieurs étudiants et érudits de la Bible venant de dénominations chrétiennes diverses considèrent que la prophécie de Michée concerne Jésus. Cependant, cette façon de comprendre l' écriture n' est pas correcte.

La prophécie de Michée parle de la menace assyrienne qui n'existait plus au temps de Jésus huit siècles plutard. Or le délivreur d' Israël dont il est question doit vivre en un temps où les assyriens sont un problème pour Israël; ce qui n'est pas le cas de Jésus. Comme par le passé le libérateur doit être un dirigeant politique comme le Roi David ou le Juge Othniel. Ces deux dirigeants étaient des sauveurs [pas dans le sens chrétien] avant Jésus. L' identité du Messie-Sauveur de Michée sera révélée après un tour dans les prophécies d' Esaïe.

Esaïe était un prophète contemporain de Michée et probablement son aîné.

Dans la plupart des versions bibliques, Esaïe 9: 1-7 est intitulé 'Espoir dans le Messie.' Cette prophécie est en générale attachée á Jésus á cause de son supposé acomplissement en Matthieu 4: 13-16. Cependant, la personne á laquelle elle pointe directement est le Prince Ezéchias, le futur roi de Juda, et contemporain d' Esaïe. Esaïe dans le passage sus-mentionné prophétisa sur le futur du prince et sur celui du royaume de Juda.

En effet, le premier verset de ce chapitre 9 dit qu' il n' y aura plus de tristesse sur ceux qui étaient dans l' obscurité ou l' angoisse dans le territoire de Zabulon et Nephthali en Galilée. La Galilée était la région la plus au nord de l'Ancien Israël où les cinq tribus d' Issacar, Zabulon, Aser, Nephthali, et Dan vivèrent [Juges 18, Josué 19: 47].

Dans des temps plus anciens encore, la Galilée avait été victime de l' invasion d' étrangers appelés gentilles. La première fois était l' invasion par le pays de Madian [Juges 7: 1-3] repoussée par le juge Gédéon. La deuxième fois fut l' invasion de Ben Haddad, roi d' Aram [Syrie], au temps où Basha était roi d' Israël et Asa roi de Juda [1 Rois 15: 16-20]. Une troisième fois fut lorsque Tiglath Pileser III, roi d' Assyrie prit plusieurs villes de Galilée [2 Rois 15: 29, 2 Chroniques 28] au cours de l' an 732 avant notre ère. Esaïe eut vent de cette occupation étrangère qui survint alors qu' il était prophète [Esaïe 1: 1] (742-701 av N.E.).

Donc en Esaïe 9: 1-5, le Dieu de l'Ancien Testament promet de se rappeler des Galiléens et de les libérer comme il l'avait fait au temps de Gédéon. C' était l' espoir messianique ou l'espoir du sauvetage, ou l' espoir du salut.

Mais qui est le messie, l' oint, le libérateur, le fils nouveau-né qui va briser le pouvoir de l' Assyrie et ramener l' indépendence de la Galilée? Ce n'est certainement pas Jésus qui ne naîtra que plusieurs siècles plus tard. Au temps de la prophécie d' Esaïe, Achaz était roi de Juda et père d' Ezéchias. Il est dit qu' Ezéchias commença son règne en 715 av N.E; donc, il est très pobable qu' il était déjá né au temps de la présente prophécie d' Esaïe, 17 années plus tôt.

Ezéchias n' était pas le signe promis á son père Achaz en Esaïe 7 précisément dans le verset 14. Ce signe devait être donné á Achaz comme promesse de son Dieu de le déliver de l' attaque des rois de Syrie [pas d' Assyrie] et d' Israël [les tribus séparées de la tribue de Juda]. Ce signe particulier était le fils d' Esaïe lui-même qui avait pour nom Maher-Schalal-Chasch-Baz [Esaïe 8: 1-4]. Leur Dieu assura Esaïe et Achaz á travers la prophécie qu' avant que Maher-Schalal-Schash-Baz soit suffisamment âgé pour dire 'Papa' ou

'Mama' [King James Version] ou bien avant qu' il sache rejeter le mal et choisir le bien [version Louis Segond], les rois de Syrie et d' Israël seraient vaincus par le roi d'Assyrie.

Ainsi, la signification d' Ezéchias est différente. Si Maher-Schalal-Schash-Baz, fils d' Esaïe est le signe pour la liberté du royaume de Juda, Ezéchias était lui un signe pour la libération de la Galilée. En effet, en tant que prince et futur roi, Ezéchias était en position de mener des campagnes militaires contre les occupants assyriens et libérer le territoire de Galilée comme Gédéon l' avait fait.

Esaïe rejoint donc son jeune confrère Michée pour dire que le problème était les assyriens. Par conséquent, Ezéchias est un meilleur candidat que Jésus pour acomplir les deux prophécies d' Esaïe et de Michée. Jésus n' avait rien á faire avec les assyriens.

Cependant, malgré qu' Ezéchias ait été le meilleur roi de Juda de tous les temps [2 Rois 18] et malgré qu' il ait accomplie la prophécie de Michée, il n' a pas complètement réalisé celle d' Esaïe. Il suivit son Dieu fidèlement et son Dieu était avec lui dans tout ce qu' il fit au point de vaincre pour lui le roi d' Assyrie Sanchérib [2 Rois: 19: 35].

Ezéchias qui s' était rebeller contre Sanchérib pour des problèmes de taxes [2 Rois 18: 7] et qui gagna plusieurs batailles contre lui ne poussa pas son avantage jusqu' á réunir les tribues séparées d' Israël et de Juda comme dans le temps de David. Ainsi, Ezéchias était un messie, un sauveur, un libérateur annoncé qui obtint des résultats limités.

Additionnellement, il peut être facilement prouvé qu' Ezéchias était un rejeton d' Isaï [Esaïe 11: 1] comme le demande la prophécie d' Esaïe [étant descendant de David fils d' Isaï] et qu' il était aussi sorti de Bethléhem [Michée 5: 1] comme le demande la prophécie de Michée [Bethléhem étant la ville d' origine de la maison de David ou celle d' Isaï dont fait partit Ezéchias; voir 1 Samuel 16: 1].

De nombreux chrétiens ne font pas attention a ce dernier verset biblique et á d' autres qui lui sont semblables et croient á tort que

Bethléhem est une caractéristique particulière seulement de Jésus. En fait, Bethléhem était attachée á la maison de David avant d' être associée á Jésus.

Sans aucun doute, Esaïe et Michée ne parlaient pas de Jésus comme la plupart des chrétiens le croient.

Une autre preuve que Jésus n' aurait put être le Messie basée sur le lignage de sang de David réside dans le fait que la promesse du Dieu de l' Ancien Testament qu' un descendant de David serait toujours roi [2 Samuel 7: 12-16] était assortie d' une condition; celle de la fidélité et de l' obéissance de la maison de David á ce Dieu [1 Rois 8: 25, 2 Chroniques 6: 16]. Après plusieurs épisodes de désobéissance des descendants de David commençant par le roi Salomon, la royauté centrée sur cette famille fut arrêtée par le Dieu de l'Ancien Testament qui utilisa Nebucadnetsar, le roi de Babylone comme son instrument en cette matière [2 Rois, chapitres 24 and 25].

Le prophète Daniel parle d' un oint [Daniel 9: 24-27], un Messie, un Prince, une personne très sainte qui viendrait au bout de 7 et 62 semaines en comptant á partir du moment où la parole fut donnée pour restaurer et rebâtir Jérusalem. Si on applique la règle de un jour pour un an de Nombre 14: 34, comme le font les témoins de Jého-vah, le temps de la venue du Messie de Daniel correspond au temps de Jésus. Mais il ne restaura ni ne rebâtit Jérusalem.

Esaïe 53 et Psaumes 22: 1 sont deux autres prophécies pessi-mistes que plusieurs théologiens et religieux rattachent á Jésus.

Ici, il est important de voir comment les premiers chrétiens sur-tout les auteurs du Nouveau Testament ont compris le messianisme de Jésus. Le premier á considérer est l' auteur de l' Evangile de Matthieu qui est reconnu par les érudits du Nouveau Testament comme un chrétien juif. Ces savants sont en général d' accord que l'auteur de l' Evangile de Matthieu a fait beaucoup d' efforts pour justifier la vie et le ministère de Jésus auprès de potentiels croyants d'origine juive. Sa première tentative apparaît dès le premier chapitre où il introduit un lignage de Jésus qui remonte á David.

En deuxième lieu, Matthieu essaye de présenter Jésus comme un accomplisseur des prophécies d' Esaïe [Matthieu 3: 1-2/ Esaïe 40: 3, Matthieu 4: 14/ Esaïe 8: 23 et 9: 1, Matthieu 8: 16-17/ Esaïe 53: 4, Matthieu 13: 14-15/ Esaïe 6: 9].

Cependant, quelque soient les connections de Jésus avec le lignage de sang de David, il n' aurait pas pu être le Messie sur cette base comme démontré. Ce qui apparaît plutôt après analyse des passages ci-dessus cités est que Jésus essaya de donner un second souffle aux prophécies de l' Ancien Testament. Chacune de ces anciennes prophécies aurait pu être á propos d' évenements non liés á Jésus. Des preuves formelles de ces autres possibilités ont été établies pour Esaïe 8: 23 et Esaïe 9:1.

Le séjour de Jésus en Galilée montre qu' il donna un second sens á la prophécie d' Esaïe mais il n' avait pas d'assyriens á combattre.

D' autres écritures que Jésus essaya de suivre [Psaumes 22: 1, Esaïe 52: 13-15, et Esaïe 53] apparaissent par exemple comme des paroles de David confronté á des ennemis. Il est plus raisonnable d' accepter que Jésus répéta les paroles de David [*Mon Dieu, Mon Dieu, pourquoi m' as tu abandonné?*] sur la croix [Matthieu 27: 46] plutôt que d' affirmer que David imita son seigneur Jésus qui devait venir 800 ans plutard.

Durant son ministère, Jésus garda dans l' âme les prophécies de Daniel aussi [Matthieu 24: 15]. De tout ceci, il apparaît que Jésus essaya de suivre les anciennes écritures dont la plupart n' étaient pas liés á lui de prime abord. S' il admit une connection indirecte avec David [Matthieu 22: 41-45], il ne fit rien pour devenir un roi terrestre et rejeta même une offre faite dans ce sens [Jean 6: 15]. Cette attitude est en accord avec la fin du règne du lignage davidique.

Tout au long de son ministère, spécialement á partir du moment où il commença á annoncer sa mort, Jésus se concentra sur un royaume spirituel plutôt que sur une entité politique physique. C' est pourquoi il demanda de rendre á César ce qui est á César et á Dieu ce qui est á Dieu [Luc 20: 25] et c'est pourquoi il dit á Ponce Pilate que son royaume n' était pas de ce monde [Jean 18: 36]. Il affirma aussi que ses disciples n' étaient pas de ce monde [Jean 17: 14] et leurs enseigna des méthodes pour gérer les problèmes spirituels mais pas les problèmes terrestres.

Plus encore, comme l' enseigne le Mouvement de l' Unification, Jésus n' adopta pas tout de suite la crucifixion comme méthode de lutte contre le péché. Au début de son oeuvre, il mit plutôt l' accent sur l' enseignement, l' éducation, la croyance en Dieu, l'amour, ainsi de suite. Comme déjá souligné, ses paroles sont esprit et vie. Mais un peu avant ou après sa transfiguration, Jésus commença á parler de sa mort comme moyen de salut et de la souffrance que ses fidèles allaient endurer. C' était un changement majeur.

Tout d' abord, Jésus voulut le renouvellement du peuple á travers la répentence, l' enseignement, et l' obéissance á cet enseignement. Ses lois et ses règles étaient différentes de celles suivies par les juifs dans certains aspects. Ensuite, il décida brusquement d' aller á la croix tout en montrant sa tristesse [Matthieu 23: 37] essayant vers la fin de l' éviter [Matthieu 26: 38-44].

Ce qui apparaît clair après analyse du ministère de Jésus est qu' il se considéra comme un messie, un christ [Jean 4: 25], pas dans le sens davidique mais comme une personne qui vint pour la crois-sance spirituelle du peuple et la préparation pour la vie dans l' au-delà. L' auteur de 1 Jean 3: 8 résume bien ce point de vue disant que le fils de Dieu était venu pour défaire ce que le Diable avait fait. Le Diable était sa préoccupation. Si Jacob, Moïse, et plusieurs prophètes considérèrent le messie comme une figure politique, et si le roi Ezéchias correspond á cette description, Jésus se vit plutôt comme un guide spirituel.

Jesus parla de lui-même comme la voie, la vérité, et la vie [Jean 14: 6] parce que Dieu est la Voie, la Vérité, et la Vie. Si Jésus n' était pas un messie, un sauveur dans le sens politique, il était certainement un dans le sens prophétique et spirituel.

Mais le Dieu de l'Ancien Testament était un Dieu politique. Jésus ne parla pas de ce Dieu qui était apparu á Abraham, Isaac, Jacob, et Moïse et qui fit de Saul, David, Salomon, et Jéroboam des rois. Il ne suivit pas non plus toutes ses lois. Or même ses disciples avaient gardé plusieurs éléments de la philosophie de ce Dieu; ce qui explique qu' ils aient eu des difficultés á le comprendre lui demandant parfois de montrer Dieu ou le réprimandant de vouloir mourir. En fait Jésus ne révéla qu' une partie de ce qu' il avait en tête par crainte de ne pas être compris même de ses disciples comme le montre Jean 16: 12.

Il doit cependant être mentionné que Jésus ne tira pas toutes les conséquences de son désir d'avoir une relation sans intermédiaire avec le Dieu Suprême Invisible Imprégnant Tout. Il comprit que tout être humain pouvait être le chemin, la vie, et la vérité á travers ce Dieu Suprême étant capable d' accomplir de grande choses et de travailler pour la suppression du mal en chassant par exemple les démons des personnes possédées. Personne avant Jésus n' essaya de chasser les démons qui étaient considérés comme des dieux.

En comprenant que le potentiel humain est plus grand que celui des anges, il évita non seulement de se laisser guider par le Dieu de l'Ancien Testament prêchant la non violence, mais il alla jusqu' á traiter le problème des anges déchus avec la force spirituelle. Jésus a atteint un niveau lui permettant d' utiliser une grande force spirituelle. Toute l' humanité devrait apprendre son secret.

Cependant, bien que l' oeuvre de Jésus soit spirituellement plus puissante que celle d' Hermès, elle était moins philosophique ou raisonnable que le sien. Hermès fut informé que l'Ame Universelle aide sa propre âme á aider d'autres. Bien que Jésus savait que le Vrai Dieu était en lui, son âme et son intelligence ne pouvait pas décider pour sûr s'il devait mourir sur la croix ou pas. Il continua donc de demander au Dieu Imprégnant Tout de lui donner une réponse.

Mais la réponse du Vrai Dieu sur cette affaire ne pouvait venir que de l' âme de Jésus lui-même contrairement au Dieu de l'Ancien Testament qui donnait des réponses directes se basant bien entendu sur sa propre nature reçue de l' Ame Universelle. Il était donc de la responsabilité de Jésus de décider librement de la meilleure façon d'aider l'humanité en faisant une grande utilisation de sa raison et de sa force. La crucifiction était son choix final et l'on sait qu'il n' en fut pas satisfait quelques instants avant de mourir pensant que le Vrai Dieu l'avait abandonné. Il aurait pu faire un choix différent avec plus de satisfaction.

Tout humain, homme ou femme qui prend soin de l' humanité et de l' univers peut faire les mêmes déclarations qu' Hermès et Jésus apprenant comme eux comment développer la force mentale et la force spirituelle tout en essayant d'aller au-delà de leurs accomplissements. Jésus n' a jamais demandé á être adoré. Il considéra les gens comme ses frères et soeurs, servit les autres humains, et essaya de réguler la sphère des anges.

Chapitre 17

Evaluation de la théorie de l'évolution religieuse ainsi que des notions de monothéisme, panthéisme, panenthéisme, polythéisme, déisme, dualisme, hénothéisme, kathénothéisme, autothéisme, et monolatrisme

L E concept d' évolution religieuse résumé dans le chapitre 8 suscite deux commentaires opposées.

Le premier est positif. Comme seuls les idiots n' apprenent pas de leurs erreurs, si la religion doit évoluer pour fournir de meilleurs réponses aux difficultés auxquelles l' humanité fait face, cela ne peut qu' être apprécié. Mais si c' est pour inventer Dieu et organiser la société autour de lui, alors l' évolution de la religion ne serait alors que mensonge et malhonnêteté. Aucune personne raisonnable ne peut nier les crimes et les erreurs de plusieurs religieux dans l'histoire. Cependant, la religion a aussi ses bons côtés et Dieu est son élément le plus précieux.

Akhénaton n' avait pas "inventé" le monothéisme juste pour gagner la guerre contre les hittites parce que son choix était philosophiquement fondé. Pourquoi devrait on interdire á Akhénaton d' avoir le genre de pensées qui mènent á la conclusion qu' en réalité, il n' y a qu' un seul Dieu Suprême et Invisible, qui a une relation proche avec la Lumière, et que le soleil qui émet de la lumière aide á comprendre Dieu?

En utilisant le soleil pour méditer sur Dieu, Akhénaton avait simplement fait une chose qu' Hermès lui-même et Paul avaient recommendé: l' utilisation de la créature pour comprendre le Créateur.

Si la décision d' Akhénaton était juste une manoeuvre politique pour unir son peuple afin de vaincre les hittites, pourquoi prendrait-il le risque d' appeler son Dieu Aton au lieu d' Amun-Ré? Elever Amun-Ré de son statu de chef d' un système hénothéiste á celui de patron d' un système monothéiste aurait été plus efficace. L' *hénothéisme* est la croyance en un dieu sans nier l'existence d'autres dieux contrairement au *monothéisme* pour lequel il n' y a qu' Un Seul Véritable Dieu.

Mais tout ce qui a été discuté jusqu' ici dans ce volume montre que la contradiction n' est pas trop forte et dépend de l' angle [l' ange] d' analyse. En effet, l' hénothéisme á raison d' appeler les anges et les humains qui sont philosophiquement et spirituellement avancés des dieux et le monothéisme est correcte lorsqu' il considère qu' il y a au-dessus de toutes créatures [dieux ou pas] un seul Dieu Suprême Incomparable.

Revenant á Akhénaton, supposons qu' il n' était pas une personne très sage. Il aurait été au moins suffisemment sage pour éviter la division de son camp voyant que les prêtres d'Amun-Ré ainsi que ceux d' autres dieux insistèrent pour maintenir leurs cultes.

Sa réforme religieuse divisa profondément son propre peuple plutôt que de l' unir contre les hittites, mais il maintint sa position malgré ce grand risque. Au lieu de la force mentale espérée pour combattre, la réforme d'Akhénaton a plutôt amener de la colère, de la tristesse, et de l' insatisfaction dans son propre camp.

Pourquoi l' action d'Akhénaton serait nécessairement celle d' un dirigeant capricieux et têtu alors qu' il y a aussi la possibilité qu' il soit un visionnaire mal compris et un bon philosophe religieux? Pourquoi, Moïse, Jésus, et Mahomet seraient-ils de grands fondateurs religieux et pas Akhénaton? En fait *si Akhénaton avait utilisé les méthodes de guerres saintes comme les ancien israélites, chriétiens, et musulmans, il est possible que l' "Atonisme" ou "Akhénatisme" soit une des grandes religions monothéistes du temps présent.*

Il est vrai que les humains ont quelque chose au-dedans d' eux qui les pousse á rechercher un être surnaturel supérieur. Le *monothéisme* est valide tout comme le *panthéisme, le panenthéisme, le polythéisme* [dur ou doux] *dans certaines formes*; surtout lorsqu' ils considèrent la création comme faisant partie de Dieu et les humains et les anges comme des dieux.

Le *déisme* est parfois défini comme une croyance, basée uniquement sur la raison, en un Dieu qui créa l' univers et qui l' abandonna n' assumant pas le contrôle sur la vie, n'exerçant pas d' influence sur les phénomènes naturels, et ne donnant pas de révélation spirituelle. D'autres fois, il est expliqué comme une croyance religieuse et philosophique en un être suprême qui créa l' univers sachant que cette affirmation ainsi que la vérité religieuse en générale peut être déterminée en utilisant seulement la raison et l' observation du monde sans besoin de la foi ou de la religion organisée.

La deuxième définition met en évidence l' opposition entre la foi et la raison. En réalité, il ne peut y avoir de vraie foi sans raison et la raison donne naissance á une sorte de foi ou de confiance. La raison et la foi , surtout celle fondée sur la raison, sont tous deux génératrices d' espérance.

Dans la science des choses physiques considérée comme basée uniquement sur la raison, la foi est aussi présente sous forme de 'convictions á prouver.' Le déisme á raison de mettre l' accent sur la raison, mais puisque la raison est le fondement ultime de la foi ou de l'espoir et puisque des raisons additionnelles sont trouvées lorsque l'espoir ou la foi ou l' hypothèse est confirmé par l' expérience, la foi ne peut pas être complètement séparée de la raison lorsqu' on traite de la Divinité, de la spiritualité, ou de la physicalité.

La relation entre les humains et le divin á été partiellement abordée dans le présent travail. Mais sa dimension théologique plutôt qu' anthropologique ne permet pas de donner beaucoup plus de détails.

Comment le Dieu Imprégnant Tout traite avec l' univers, ses lois ainsi qu' avec les humains peut être expoloré plus en profondeur dans un livre de dimension anthropologique. C' est dans ce genre de volume que la place de la révélation spéciale ainsi que celle de la religion organisée sera complètement explorée.

Pour les mêmes raisons, l' *hénothéisme, le kathénothéisme* et le *monolatrisme* ne seront pas totalement discutés ici parce qu' ils impliquent l' adoration qui á un fort accent anthropologique et sur laquelle il faudrait présenter de nombreuses informations.

L' *Autothéisme*, la déification d' êtres humains enseignée par diverses religions, est cependant confirmée et le *dualisme* a été prouvé sans fondement théologique.

Ce que le *monothéisme* essaye de faire, sans élégance dans plusieurs cas, est d' enseigner que quelque soit le dieu considéré, il ou elle vient du Dieu Suprême Imprégnant Tout, Invisible sur terre comme dans les cieux, le seul digne de considération suprême. *Le vrai monothéisme n' est pas la primauté d' un dieu anthropomorphique sur les autres comme dans l' Ancien Testament, c' est la recon-*

naissance de l' Ame Universelle, Celui qui fait partie de l' inconscient des dieux, des anges, des démons, ou des humains et qui les maintient en vie et fonctionnant même quand ils dorment. Il est triste que certains avocats du monothéisme aient eu á recourir á des méthodes inhumaines dans certains cas pour prouver leur point de vue. Mais la situation peut s' améliorer.

Comme Justin Barrett l' a admit, le monothéisme est très attrayant. Il a le pouvoir de conduire l' humanité vers un futur plus brillant. *Dans une société empreinte de **tolérance religieuse associée au respect des droits humains par tous**, le vrai sens de l' univers apparaîtra finalement á tous.* Néammoins, á partir de certains points de vue philosophiques, plusieurs des autres "isms" spirituels et religieux sont justifiés.

Conclusion

LA meilleure manière de connaître les divinités est á travers

des expériences spirituelles authentiques telles celles narrées dans plusieurs écritures religieuses comme le *Poimandres* et la Bible. Malheureusement, ces expériences ne sont pas partagées par tous les humains au même moment. Ceci permet á certains d' appeler ces expériences des mythes et des hallucinations et de considérer les expériences extracorporelles avec des yeux très sceptiques. *Cependant, tous les récits ne sont pas des histoires imaginées.*

Le Saint Esprit ne s' est pas manifesté ouvertement selon les écritures à plus de 120 personnes à la fois et ce genre d' expérience est rare. Ceux qui croient que la manifestation du Saint Esprit est une affaire de physiologie n' ont pas tort puisqu' il existe une relation entre toutes les formes d' énergies dont la plupart sont électriques par nature. Mais la physiologie en question est d' une dimension élevée.

Il est vrai que la forme d' électricité qui gouverne le coeur et les nerfs comme la science médicale le sait de même que le Saint Esprit répondent aux activités de l' âme humaine. Cependant, la première est générée par et obéit á des lois différentes de celles qui régissent la seconde. L' électricité dans le coeur et les nerfs, pour ne nommer que ces éléments, est générée du corps physique et répond á l' âme servant de médiatrice entre cette âme et le corps par l' intermédiaire du cerveau, des nerfs du système nerveux autonome, et de certaines substances chimiques appelées neuromédiateurs.

Le Saint Esprit est attiré dans une personne grâce aux activités volontaires de l' âme: religieuses, spirituelles, philosophiques, et morales. Chercheur découvrit par ses expériences spirituelles authentiques que les écoles religieuses et spirituelles ont donné plusieurs descriptions correcte sur cette Energie alors que la science des choses physiques n'en dit rien.

Le fait que cette science arrive un jour á donner des explications sur le Saint Esprit n' enlève rien á la nature Divine de ce dernier. Les peuples du monde devraient se souvenir que la chimie est née de l' alchimie et que plusieurs disciplines physiques ont leur origine dans les écoles spirituelles du passé. Le progrès de la science des choses physiques qui est souhaité ne pourra que démontrer l' unité du cosmos, physique et spirituel.

Les scientifiques des choses physiques savent qu' on ne voit pas les microorganismes á l' oeil nu. De la même manière, les scientifiques spirituels parlent de méthodes qui peuvent conduire á la présence des êtres surnaturels comme les anges.

La meilleure façon de vivre avec le Dieu Suprême Invisible Imprégnant Tout est á travers le Saint Esprit qui est aussi lumière, puissance, ou feu sacré ultime. Quelques unes des manifestations les plus stupéfiantes des divinités sont présentées dans les histoires d'Hermès Trismégiste et Jésus. Des méthodes diverses pour rencontrer les êtres surnaturels ou dieux ont été particulièrement présentées dans le chapitre 10.

En dehors de l' expérience directe avec les divinités [qui á besoin d' être confirmée scientifiquement], la philosophie ou la théologie est ce qui contribue le plus éfficacement á la connaissance de leur existence et de leur nature. C' est cette philosophie et cette théologie qui ont été á l' oeuvre dans le corps du présent volume et qui autorise la formulation cosmologique suivante.

Au commencement, il y avait le Dieu Suprême Invisible Imprégnant Tout. Le Dieu Suprême était l' Ame Cosmique Intelligente demeurant dans la Lumière [Energie, Saint Esprit, ou Substance Divine]. La Lumière est la demeure de Dieu. Cette Ame était l' essence de tous les êtres qui étaient á venir en existence concrète. C' était la source 'Mâle-Femelle' du Logos ou Parole Créatrice Divine [Pensées, Raison, Lois], aussi *plus et moins*, qui servit á accomplir le travail de la création.

Il-Elle prit le temps de penser á la création á venir. A la fin de cette méditation Divine, le Logos ou Parole ou verbe était prêt. Dieu connaissait toutes les choses qu' Il-Elle aurait á créer. Mais les êtres humains, les plus importants êtres que Dieu avait contemplé dans sa méditation ne pouvaient venir en existence sans les autres éléments de sa création.

Donc, Dieu créa d' abord les anges avec la lumière divine et leur donna des personalités, des qualités, et des pouvoirs variés. Ils peuvent être appelés collectivement le démiurge ou des représentants de Dieu y compris l'ange puissant qui est appelé le Dieu dans l'Ancien Testament. Ils sont aussi la demeure de Dieu. Les anges sont des être spirituels fait de lumière et d' âme. Leur lumière, corps spirituel, substance, ou énergie est la modification, la condensenation ou concentration de l' Energie Divine.

Finalement, les humains furent créés á partir d' une matière moins subtile, plus dense, en plus de la graine de conscient et d' inconscient appelé âme avec l' aide des anges. Ainsi, sans aucun doute, ils sont aussi la demeure de Dieu tout comme toutes les choses physiques et spirituelles. Les humains sont particuliers parce qu' ils peuvent avoir une relation avec Dieu comprenant sa présence dans tous les êtres physiques et spirituels. Ceci les autorise á être les surintendants ou gestionnaires *naturels* désignés par Dieu.

Parce que l' âme humaine doit s' élever vers l'Ame Divine commençant dans un état d' inconscient total comme les choses; passant ensuite par les stades végétal, animal, et angélique, elle est pour un temps inférieur á l' âme angélique. Donc, avant que les humains n' atteignent leur état divin; les anges gèrent et guident l'univers entier [energie, minéraux, planètes, étoiles, plantes, animaux, humains, etc...] en tant que les représentants de Dieu.

Un des anges qui était très intelligent [Lucifer-Satan] décida d' avoir des idées différentes de celle de l' ange puissant appelé Dieu dans l'Ancien Testament et convainquit plusieurs autres de ne pas le suivre. C' est l' origine du mal et des démons qui inventèrent tant de mensonges que seule la sanctification qui mène en la présence directe du Dieu Suprême Imprégnant Tout et des bons anges dans une certaine mesure peut amener de vrais réponses aux grands troubles auxquels l' humanité est confrontée.

Ne voulant pas laisser les humains grandir naturellement et les dépasser, les anges qui devinrent des démons trompèrent l'espèce humaine pendant une très longue période. Ils décidèrent d' avoir leur demeure non seulement dans le monde invisible, mais aussi au sein des hommes et femmes sur terre. Ils résidèrent dans des temples de pierre comme de chair. Ils sont les dieux parfois visibles, parfois cachés derrière des dieux imaginaires. Ils mentirent, trompèrent, désorientèrent, blessèrent, et tuèrent les êtres humains immatures et ignorants leur cachant la vérité divine et les corrompant avec une fausse philosophie ou sagesse. En fin, ils se prirent pour Dieu et demandèrent á être adorés.

Les démons continuent leurs crimes même dans le temps présent et l' humanité se laisse toujours piégée écoutant les voix du refus de la sagesse et de la raison, de l' indiscipline, de la perte d' auto-contrôle, de la haine d' autrui qui génèrent des crimes, des conflicts, et des guerres qu' on peu remarquer sur l' ensemble du globe. Heureusement une certaine partie de la population humaine s'est gardée de suivre les démons et cherche á s' améliorer et construire le bonheur pour tous.

Un des anges appelé Seigneur Dieu malgré de nombreuses bonnes qualités demanda aussi á être adoré. Ceci peut être considéré comme une étape vers le *Vrai Monothéisme* qui est la reconnaissance du Dieu Suprême Imprégnant Tout qui n' est pas de nature angélique. Les anges combattirent les démons, ils essayèrent d' enseigner la connaissance divine aux humains du mieux qu' ils pouvaient. Mais les bons anges ne sont pas aussi sages que le Dieu Suprême ou comme les humains matures pourraient être. Ils firent donc des erreurs qui expliquent leur gestion pauvre de certaines situations bibliques en acceptant les divisions et les génocides comme solutions aux problèmes créés par le déséquilibre du monde spirituel.

Représentant Dieu que personne ne peut voir, les anges marchèrent avec et parlèrent á Adam et Eve, Hénoc et Noé, Abraham et Lot; ils apparurent á Isaac et á Jacob, aux parents de Samson, á Esaïe, Ezéchiel, Daniel, Jésus, Pierre, Jean, Mahomet etc... aidant á la fondation de diverses religions, écoles spirituelles, et philosophies pour combattre les démons qui ont leurs propres religions, écoles spirituelles, et philosophies.

Pendant que Dieu utilisait les bons anges au mieux de leurs capacités, Il-Elle supporta aussi l' humanité á travers les qualités et la force du Saint Esprit. Ainsi, certain humains comme Hermès, Jésus, et Paul commencèrent á se poser des questions sur la gestion des êtres surnaturelles, bons comme mauvais, et débutèrent l' enseignement selon lequel les humains devraient devenir des dieux même plus proche de l'Ame Universelle que les meilleurs anges. Jésus particulièrement s' appela le Fils de l' Homme et fut déclaré supérieur au anges. *Ainsi, la suprématie de l'astrothéologie ou gouvernance des dieux par l' intermédiaire des étoiles, des planètes, et d' autres éléments de la nature rencontra des challengers. Jésus alla jusqu' a commencer l' expulsion massive des démons de personnes possédées.*

Mais bien que le Jésus de la Bible accomplit ces hauts faits, ses méthodes d' éducation et d' enseignement n' attirèrent pas un grand monde vraiment décidé á faire échec au Diable et aux démons commençant par l' abandon de leur propres péchés et l' acquision de la connaissance et de la sagesse divines. Le fossé entre lui et eux était si grand!

Mais le Jésus de la Bible était aussi personnellement responsable de la négligence des affairs terrestres et du fait de penser qu' il pouvait de toute façon sauver l' humanité en mourrant sur la croix et en utilisant son sang pour laver les péchés, sans mentionner son refus d' écouter les conseils qui venaient par exemple de Pierre. Le fait consternant et réelle demeure que le monde y compris les chrétiens sont toujours empêtrés dans de grave problèmes commençant avec la destruction de Jérusalem.

La réponse chrétienne typique qui consisite á dire que le travail de Jésus sauva des âmes pour le Paradis est partiellement acceptable mais elle constitue en même temps un aveux d' échec puisque *Dieu n' a pas créé l' humanité pour souffir sur terre et être ensuite sauvée dans le Paradis.* De plus, les anciens prophètes qui précédèrent Jésus ont aussi souffert avec les fidèles sur terre avant d' aller dans le monde spirituel appelé ciel. Leurs prophécies n' ont pas été dans le sens d' un salut seulement après la mort, mais d' un salut et d' une paix d' abord sur terre.

Jésus alla d'abord exactement dans ce sens, demandant la répentance et le changement de comportement ainsi que l' étude et l' application de la Parole ou Sagesse Divine. Il enseigna même comme les prophètes á demander la venue du règne de Dieu sur terre. Il a du se passer quelque chose d' important pour qu' il se tourne plutard vers le salut spirituel seulement. Le résultat est que le monde gémit toujours de douleurs en attendant que l' humanité comprenne et prenne sa vraie position.

Si les chrétiens pouvaient vraiment comprendre pourquoi Jésus rappela au peuple en Jean 10: 34 les paroles d'Asaph en Psaumes 82: 6, paroles que lui-même soutient, alors ils produiraient une nouvelle dynamique s' inscrivant mieux dans le plan Divin qui veut élever chaque humain au statu de dieu et qui veut unir l' humanité autour de grands idéaux.

Jean 10: 34: Jésus leur répondit: N' est-il pas écrit dans votre loi: J' ai dit: Vous êtes des dieux?

Psaumes 82: 6-7: J'avais dit: Vous êtes des dieux, Vous êtes tous des fils du Très Haut. Cependant vous mourrez comme des hommes...

Jésus cita l'Ancien Testament parce que certains ne comprenaient pas pourquoi il disait qu' il était Fils de Dieu. Sa réponse fut non seulement la justification de sa propre divinité, mais aussi de celle des autres humains. Cette réponse montre aussi que Jésus ne se considérait pas comme un Dieu membre d' une Trinité et saparé, mais un dieu que tout humain peut devenir. Le verset tiré des psaumes précise bien l' idée de Jésus demandant: *pourquoi mourrez vous comme des hommes alors que vous pouvez mourrir comme des dieux?Pourquoi ne faites-vous pas l'effort?*

Ainsi chacun pourrait apporter une pierre personnelle á la construction d' une philosophie, d' une spiritualité, et d' une science universelle. Des génies humains surgiraient de partout pour le bohneur de tous.

Saint Paul qui fut très actif dans la fondation du christianime et qui démontra beaucoup de qualités fit aussi des erreurs théologiques importantes que ce livre a partiellemt abordé. Les oeuvres de

Jésus et de Paul seront plus analysées dans le prochain volume qui sera intitulé *Humanisme Divin: Création de la Société la plus Heureuse.*

Il faut espérer que ce travail-ci a présenté des arguments qui vont encourager les personnes á renforcer leurs relations avec l'Ame Universelle Intelligente allant au-delá de l'astrothéologie ou gestion par les anges qu' ils soient déchus ou pas.

Chercheur est d'accord avec Hermès que les humains sont au moins égaux aux anges. Il va plus loin et affirme basé sur l' état du monde et les écritures que le potential humain est plus grand que celui des anges. Les humains aussi bien que les anges [bons ou mauvais] doivent apprendre á mieux se connaître pour mieux se respecter.

Visiblement, les démons ont un problème sérieux dont ils semblent ne pas pouvoir se sortir seuls. Ils gagneraient á laisser les humains et les bons anges les aider même si cela inclue la réparation des crimes commis. Ils ont aussi besoin de soins et de remèdes pour leurs troubles philosophiques et corporels ainsi que de plusieurs autres choses.

L' invention du dualisme du mal et du bien comme étant tous deux nécessaires est un très grand mensonge qu' ils devraient laisser tomber. Les humains et les bons anges devraient faire attention á ne jamais avaler cette couleuvre car elle contient la justification pour tous les crimes des démons.

Ceux-ci semblent oublier ou font semblant d' oublier qu' aucun mal n' a été nécessaire pour leur propre création ainsi que pour celle de l' univers. Même les humains ne progressent que grâce au bien. Le mal détruit. Les démons devraient arrêter d'envoyer des émissaires, des enseignants, des blogueurs d' internet, et des spiritualistes tenter de faire croire aux gens que le mal est nécessaire pour le développement rapide de l' humanité ou que cela évite l' ennui.

Certaines personnes peuvent être sensibles aux arguments philosophiques mis en avant, d' autres á ceux qui viennent des écritures, d' autres encore á ceux qui sont expérientiels [physiques et spirituels], et finalement d' autres á l' ensemble de ces arguments.

L' être humain a besoin de réfléchir sur les expériences: celles vécues personnellement ou celles d'autres. Il/elle doit aussi réfléchir sur les écritures et les organiser en connaissance éliminant ce qui est incorrecte et réservant ce qui a besoin de plus d' investigation.

Ce livre veut encourager les chercheurs spirituels á expliquer les écritures et pratiques diverses du monde qu'elles soient religieuses ou séculières en terme de généralités sur Dieu et les dieux et en terme d' expérience vivante unie et rationelle. Il est aussi désirable que de nouvelles écritures sur le Dieu rationnel et expérientiel voient le jour pour mettre fin á l' ignorance de l' humanité concernant les mondes physique et subtile et permettre l' émergence de l' univers harmonieux auquel tous aspirent.

Les guerres et conflits au sein des individus, des familles, des sociétés, des nations, et des blocs sont principalement dues aux guerres et conflits entre les anges et les démons comme le montre Daniel 10: 20-21.

On ne peut qu' être d' accord avec Manly Hall lorsque dans la conclusion de *The Secret Teachings of all Ages* il affirme que la guerre est la preuve irréfutable de l' irrationalité et un élément qui peut facilement détruire la civilisation. *Si on considère la gestion des anges et des démons marquée jusqu' á ce jour par des conflits et des guerres répétées, on est alors en droit de conclure que la sphère des anges n' est pas très rationnelle.*

Les humains ont donc le devoir de ne plus se laisser guider principalement par cette rationalité intermédiaire ou astrologie qui laisse á désirer et devraient trouver la philosophie et les pratiques qui peuvent les rendre capables de coopérer et se soutenir mutuelle-

ment tout en trouvant des solutions aux problèmes des anges et des démons.

Ce sera l' objectif du prochain volume. Cette proposition devrait s' harmoniser avec ce que l'Ame Divine veut enseigner á travers d' autres âmes humaines du temps présent qui ont atteint un développement appréciable. Ensemble, l' espèce humaine peut accomplir cette tâche.

S' il est vrai qu' aucun individu ne peut réussir sans avoir developpé une philosophie de vie comme le dit Hall dans la même conclusion mentionnée, il est aussi vrai que l'espèce humaine ne peut réussir et établir une paix durable sur terre que si elle développe une philosophie pour l'espèce entière, une philosophie générale qui va aider les individus dans l' élaboration de philosophies spécifiques de telle sortes qu' elles soient en harmonie les unes avec les autres, ne détruisent pas la société ou la civilisation, et améliorent la philosophie générale.

La science spirituelle aussi devrait être reconstruite étape par étape afin que les générations futures échappent á la souffrance inutile causée par l' homme ou la femme barbare sous influence démoniaque ou de sa propre volonté. Devenir bon, meilleur, plus beau, plus véridique, plus sage, et plus aimant doit être le but de tous quelque soit le point de départ. Le bohneur pour tous est vraiment possible.

Appendices

Appendice 1

Artéfacts religieux dans l' histoire

Territoire	Artifacts religieux		Autres artéfacts	
Botswana			Art rupestre de Tsodilo[70]	Plus de100.000 ans
Malawi			Art rupestre de Chongoni[71]	Fin de l'âge de la pierre
Australie			Peinture rupestre á Kakadu[72]	18.000 avant Notre Ere
France			Art rupestre á Lascaux cave[73]	14.000 av N.E.
Libye			Art rupestre de Tadrart Acacus[74]	12.000 av N.E.
Papouasie Nouvelle Guinée			Site agricole de Kuk[75]	5000 av N.E.
Oman			Sites de Bat, Al-Khutm, et Al-Ayn[76]	3000 av N.E.
Pakistan			Ruines de Moenjodaro[77]	3000 av N.E.
Assyrie	Ancienne cité d'Ashur[78]	3000-2000 av N.E.		

---

[70] Unesco. World Heritage Convention.http:// whc.unesco.com/ (accès1er Avril 2010).

[71] Ibid.

[72] Grolier Educational (Firm), *Ancient Civilizations* Vol 1, (Danbury, Conn: Grolier Educational, 2001), 8.

[73] Unesco.

[74] Grolier Educational (Firm), *Ancient Civilizations*. Vol 1, (Danbury, Conn: Grolier Educational, 2001), 25.

[75] Unesco.

[76] Ibid.

[77] Ibid.

[78] Ibid.

Egypte	Pyramide de Zoser á Saqara[79]	2800 av N.E.		
Akkad			Cité d'Elbe[80]	2500 av N.E.
Anatolie			Cité de Alaca Höyük[81]	2500 av N.E.
Mésopotamie			Tablette en argile[82]	2400 av N.E.
Babylonie	Statue en bronze et en or du roi Hammu-rabi en prière[83]	1800 av N.E.		
Chine	Ossements pour oracle de la dynatie Shang[84]	1766-1100 av N.E.	Ustensil de cuisine en bronze de la dynastie Shang [85]	1766-1100 av N.E.
Elam	Cité Sainte du royaume d'Elam Tchongha Zanbil[86]	1250 av N.E.		

---

[79]Grolier Educational (Firm), *Ancient Civilizations*. Vol 1, (Danbury, Conn: Grolier Educational, 2001), 27.

[80] Ibid., 49 Ibid., 27.
[81] Ibid., 27.
[82]http://en.wikipedia.org/wiki/Modern_human_behavior (accès 1er Avril 2010).

[83]Grolier Educational (Firm), *Ancient Civilizations*. Vol 3, (Danbury, Conn: Grolier Educational, 2001), 10.

[84] Ibid., 14.
[85] Ibid., 34.
[86] Ibid., 34.

Sudan	Gebel Barkal et les sites de Napata[87]	900-270 av N.E.		
Sénégambie	Cercles de pierres de la Sénégambie[88]	300 av N.E.		
Japon			Figurine en terre cuite[89]	500 de Notre Ere
Afghanistan	Restes de la vallée de Bamiyan[90]	100 av N.E.		

---

[87] Ibid.
[88] Ibid.
[89] Ibid.
[90] Ibid.

Appendice 2

Apparition des anciennes civilisations selon quatre sources historiques

Jane Mac Intosh[91]		Crane C. Brinton[92]		Grolier Educational[93 et 94]		Penguin[95]	
Civilisations	Temps	Civilisations	Temps	Civilisations	Temps	Civilisations	Temps
Jéricho	7500 avant Notre Ere	Jéricho	7800 av N.E.	Jéricho	10000 av N.E.		
Çatal Höyük [Turkie]	7000-6000 av N.E.	Çatal Höyük	6500 av N.E.				
Temples en Mésopotamie	5500 av N.E.						
Tombes mégalithiques en Europe	5000 av N.E.			Mésopotamie	5000 av N.E.	Culture Yang Shao de la Chine	5000 av N.E.
		Jarmo en ancienne Mésopotamie	4500 av N.E.			Sumer	4500 av N.E.
Uruk	4000 av N.E.						
Pyramides dans les temples du Pérou	4000 av N.E.						
Villes commerciales du plateau Iranien	4000 av N.E.			Premiers temples mésopotamiens	4000 av N.E.		

[91] Jane McIntosh and Clint Twist, Civilizations: ten thousand years of ancient history (London : BBC, 2001) 6-7.

[92]Brinton, Crane, John B. Christopher, and Robert Lee Wolff, A History of Civilization (Englewood, Cliffs, N.J.: Prentice-Hall, 1976) 10,11,14,16, 20, 21, 23, 25, 28, 38, et 59.

[93]Grolier Educational (Firm), Ancient Civilizations. Vol 1 (Danbury, Conn: Grolier Educational, 2001), 10, 27, 29, 32, 40, 49, 50, 53, et 56.

[94]Grolier Educational (Firm), Ancient Civilizations. Vol 2 (Danbury, Conn: Grolier Educational, 2001), 4, 14, 15, 38, 53, 55, et 68-71.

[95] Arthur Cotterell, The Penguin Encyclopedia of Ancient Civilizations (London: Penguin, 1988) 22, 61-2, 72, 84, 89, 102, 109, 111, 118, 130, 135, 144, 147, 176, 214, 245, 288, 318, 325, 332, et 343.

Premiers écrits en Mésopotamie	3500 av N.E.	Uruk	3550 av N.E.				
Villes enmurées en Egypt	3400 av N.E.						
Premiers écrits hiéroglyphiques en Egypte	3200 av N.E.					Egypte	3100 av N.E
Ecrits cunéiformes	3100 av N.E..			Sumer	3000 av N.E..		
Campements permanents sur la côte péruvienne	3000 av N.E.			Troie	3000 av N.E.		
				Culture cycladique	3000 av N.E.		
				Civilisation minoenne	3000 av N.E.		
				Pyramide de Zoser á Saqara	2800 av N.E.		
Pyramide de Djoser á Saqara	2700 av N.E.			Ancien Royaume égyptien	2650 av N.E.		
Ecriture de l' Indus complètement développée	2600 av N.E.	Début des civilisations crétoise et minoenne	2600 av N.E.	Civilisation de l' Indus	2600 av N.E.		
Temples en U au Pérou	2600 av N.E.			Nubie, Kush	2500 av N.E.		
Grande pyramide de Khufu á Giza	2550 av N.E.			Cité d Elbe dans l' empire akkadien	2500 av N.E.	Indus	2500 av N.I
Ecriture sumérienne modifiée pour écrire l' Akkadien	2500 av N.E.					Akkad	2340 av N.I
				Akkadiens	2334 av N.E.	Troie	Before 2200 av N.I
Civilisation minoenne	2000 av N.E.			Ziggurat du dieu Marduk á Babylone	2000 av N.E.	Babylone	2000 av N.i
				Ancien empire assyrien et babylonien	2000 av N.E.	Assyrie	2000 av N.I
Début de l' écriture de Crète	1800 av N.E.			Statue du roi Hammurabi en prière	1800 av N.E.	Minoens	2000 av N.I
Code d' Hammurabi	1760 av N.E.					Maya	2000 av N.E
Premiers signes	1700 av	Capitale Hittite	1700 av	Hittites	1700 av	Hittites	1700

alphabétiques dans le Levant	N.E.	Hattusas	N.E.		N.E.		N.E..
Civilisation Mycenienne	1650 av N.E.	Hyksos	1600 av N.E.			Mycéniens	1600 av N.E.
Ecrits chinois sur des ossements pour oracle	1600 av N.E.			Culture Lapita de la Polynésie	1600 av N.E.		
Empire Mitanni	1600 av N.E.	Civilisation mycénienne	1600 av N.E.	Civilisation mycénienne	1600 av N.E.	Mitanni	1595 av N.E.
		Mitanni [Etat Hurrien]	1500 av N.E.				
		Phénicie	1400 av N.E.			Uratu et Arménie	1350 av N.E.
Olmèque	1200 av N.E.			Olmèques	1200 av N.E.	Israël	avant 1223 av N.E.
Civilisation Chavin dans les Andes	1200 av N.E.			Phénicie	1100 av N.E.	Phrygie and Lydie	1200 av N.E.
						Olmèques	1200 av N.E.
				Culture Adena	1000 av N.E.	Phénicie	av N.E.
		Ages sombres	1100-800 av N.E.	Etrusques	900 av N.E.		
		Illiade et Odyssée d' Homère	850-750 av N.E.	Culture Chavin	900 av N.E.	Perse	900 av N.E.
Empire commerciale phénicienne se répand dans la Méditerannée	800 av N.E.			Celtes en Europe centrale et de l' Ouest	800 av N.E.	Etrusques	800 av N.E.
Etats grecs				Grèce	800 av N.E.	Rome	753 av N.E.
		Les mèdes coopèrent avec la babylonie	612 av N.E.	Empire Perse	550 av N.E.	Grèce	700 av N.E.
		Les perses détruisent Babylone	538 av N.E.	Temple de Zeus en Grèce	510 av N.E.		
Système d' écriture simple en Mésoamérique	500 av N.E.			République Romaine	509 av N.E.		
Téhoutihuacan	400 av N.E.			Anuradhapura [Sri Lanka]	400 av N.E.		
Culture Nazca	250 av			Téotihuacan	200 av		

dans le Sud de la côte péruvienne	N.E.					N.E.	
				Culture Hopewell	100 av N.E.		
		Poète Virgil	70-19 av N.E	Empire Romain	27 av N.E.	Téotihuacan	100 a N.E.
Jésus	4 av N..E.- 30 de Notre Ere	Jésus	8 or 4 av N.E. 29 ou 30 ou 33 de Notre Ere	Mayas	250 de N.E.		
Maya classique	300 N.E.			Période des trois royaumes en Corée	300 N.E..		
La Corrée et le Japon adoptent des elements de la culture chinoise incluant le bouddhisme	336 N.E.			Nubie, Méroe, et Aksun	350 N.E.		
Etat de Tiwanaku	400 N.E.						
				Anglo-saxon invadent la Grande Bretagne	500 N.E.		
				Empire Khmer	600 N.E.		
				Royaume africain du Ghana	750 N.E.		
				Période Heian au Japon	794 N.E.		
Villes de Mississipie	800 N.E.			Vikings	800 N.E.		
				Toltèques	900 N.E.	Toltèques	900 N.E.
				Royaume africain du du Benin	1000 N.E.		
				Royaume africain du Mali	1200 N.E.		
				Grand Zimbabwe	1270 N.E.		
Les mixtèques gagnent le contrôle de la vallée d' Oaxaca	1350 N.E,			Aztèques	1325 N.E.	Aztèques	1375 N.E.

Empire Inca	1410 N.E.			Incas	1438 N.E.	Incas	1438 N.E.

Appendice 3

Apparition des textes religieux dans l' histoire

Minian Smart[96]		Sacred-texts online[97]	
Texte	Civilisation et âge	Texte	Civilisation et âge
		Textes des Pyramides	3100 av N.E. ancienne Egypte
Prophécie de Neferti	2600-2450 av N.E. acienne Egypte	I Ching	2953-2838 av N.E. ancienne Chine
Lamentation sur la destruction d' Ur	2500-2000 av N.E. Sumer		
Textes des Pyramides	Au moins 2300 av N.E. ancienne Egypte		
Enuma Elish	2000 B.C.E. Babylone	Enuma Elish	1800 av N.E. Babylone
Code de la loi d' Hammurabi	1728-1686 av N.E. Babylone	Code d' Hammurabi	1792 av N.E. Babylone
		Epopée de Gilgamesh	1760 av N.E. Babylone
		Livre Egyptien des Morts	1600 av N.E. ancienne Egypte
		Rig Véda, Sama Véda, et Yayur Véda	1550-1450 av N.E. ancienne Inde
		Avesta	1500 av N.E. ancien Iran [Perse]
Stèle d' Amenmose	1550-1305 B.C.E. Ancienne Egypte		

---

[96] Ninian Smart and Richard D. Hecht, *Sacred Texts of the World: A Universal Anthology* (A Herder & Herder book. New York: Crossroad, 2003), 6, 9-10, 12, 15, 17-18, 20, 22, 29, 31, 33, 35, et 38-39.
[97] http://www.sacred-texts.com/time/timeline.htm (accès le 1er Avril 2010).

Grand hymne d'Akhénaton á Aton	1370-1353 av N.E. ancienne Egypte		
		Torah	1200 av N.E. ancienne Israël
		Illiade/Odyssée d' Homère	1194 av N.E. ancienne Grèce
		Atharva Véda	1000 B.C.E. ancienne Inde
		Shih Shing [Livres des Odes]	1000-500 av N.E. ancienne Chine
		Cantique des cantiques [Bible]	950 av N.E. ancienne Israël
		Brihad-Aranyaka et Chandogya Upanishads	800-700 av N.E.
Création selon Hésiode	750 av N.E. ancienne Grèce	Hésiode: Travaux et Jours, Théogonie	800 av N.E. ancienne Grèce
		Livre d' Esaïe [Bible]	740 av N.E. ancienne Israël
		Livres de Deutéro-nome, Josué, et Samuel [Bible]	700 av N.E. ancienne Israël
		Ramayana	700 av N.E. ancienne Inde
Timaeus de Platon	360 av N.E. ancienne Grèce	Tao Te Ching	650 av N.E. ancienne Chine
		Mahabharata	540 av N.E. ancienne Inde
		Livre de Zacharie [Bible]	530 av N.E. ancienne Israël
		Canon confucienne	409 av N.E. ancienne Chine
		Livres des Pro-verbes et de Job [Bible]	400 av N.E. ancienne Israël

		Critias de Platon: contient l' histoire d' Atlantis	360 av N.E. ancienne Grèce
		Ecrits de Chuang-Tzu	340 av N.E. ancienne Chine
		Livre de Jonas [Bible]	300 av N.E. ancienne Chine
		Septante, première traduction grècque de l' Ancien Testament	285 av N.E. ancienne Grèce
		Abhidharma, part du Tripitaka	250 av N.E. ancienne Inde
		Dhammapada canonizé by Asoka	240 av N.E. ancienne Inde
		Début du Mishnah	200-120 av N.E. ancienne Israël
		Livre de Daniel [Bible]	164 av N.E. ancienne Israël
		Apocryphes: Tobit, Esdras, Hénoc, autres	160 av N.E.
		Yoga Sutras de Patanjali	150 av N.E. ancienne Inde
		Manuscripts de la Mer Morte	150 av N.E.
Ecologue "Messianique" de Virgil	40 av N.E.		
		Kojiki, Nihongi	1 N.E.ancien Japon
		Colossiens, Philémon, Ephésiens, Philippiens	50-63 N.E.Empire romain
		Evangile de Marc	70 N.E. Empire romain
		Evangile de	80 N.E. Empire

		Matthieu et de Luc	romain
		Evangile de Jean	90 N.E. Empire romain
		Révélation de St Jean	81-96 N.E. Empire romain
		Manuscripts de Nag Hammadi	100 N.E. Empire romain
Métamorphoses [Manifestation d' Isis] par Apuleius	2nd siècle N.E.		
Buddacarita par Asvaghosa	2nd siècle N.E.		
Ennéades de Plotinus	205-270 N.E.		
Sur les Mystères (d' Iamblicus)	250-325 N.E.	Bible chrétienne	325 N.E. Empire romain
		Confessions de St Augustin	401 N.E. Empire romain
		Vulgate [Bible en latin] par St Jérome	404 N.E. Empire romain
		Qur' an	610 N.E.Arabie
		Premier Hadith	630 N.E. Arabie
		Nécronomicon d' Abdul Alhazred	950 C.E.
		Première traduction en latin du Corpus Hermeticum	1463 N.E.
		95 thèses de Luther	1517 N.E.
		Nostradamus	1503-1566 N.E.
		NT traduit en allemand par Luther	1522 N.E.
		NT traduit en anglais par W. Tyndale	1525 N.E.
		Bible entière en allemand par Luther	1534 N.E.

		Bible en anglais par Miles Coverdale	1535 N.E.
Popol Vuh	Enregistré au 16ème siècle N.E. Maya		
		Fama Fraternitatis rosicrucien	1614 N.E.
		Livres sacrés de l' Est par Max Müller	1879-1910 N.E.
		Atlantis, le Monde Antédiluvien par Donnelly	1882 N.E.
		La Doctrine Secrète par Helena Blavatsky	1888 N.E.
		Aradia, Evangile des Sorcières par C. Leland	1899 N.E.

Références

Adams, David L., and Ken Schurb. *The Anonymous God: The Church Confronts Civil Religion and American Society.* St. Louis, MO: Concordia Pub. House, 2005.

Allen, James P., and Peter Der Manuelian. *The Ancient Egyptian Pyramid Texts.* Atlanta: Society of Biblical Literature, 2005.

Aristotle, *The Nichomachean Ethics.*

Armstrong, Karen. *A History of God: The 4000-Year Quest of Judaism, Christianity, and Islam.* New York: A.A. Knopf, 1993.

Ascalone, Enrico. *Mesopotamia.* Milano: Electa, 2005.

Barrett, Justin L. *Why Would Anyone Believe in God?* Cognitive science of religion series. Walnut Creek, CA: AltaMira Press, 2004.

Bartlett, Robert C. "Aristotle's Introduction to the Problem of Happiness: On Book I of the Nicomachean Ethics." *American Journal of Political Science* 52, no. 3(2008): 677-687.

Blavatsky, Helena Petrovna. *Isis Unveiled: a Master-Key to the Mysteries of Ancient and Modern Science and Theology,* 1972.

Blavatsky, Helena Petrovna. *The Secret Doctrine: the Synthesis of Science, Religion, and Philosophy. Second Edition,* 1888.

Brinton, Crane, John B. Christopher, and Robert Lee Wolff.

A History of Civilization. Englewood, Cliffs, N.J.: Prentice-Hall, 1976.

Bromley, David G. *Teaching New Religious Movements.* Oxford: Oxford University Press, 2007.

Brown, Dan. *The Lost Symbol: A Novel.* New York: Doubleday, 2009.

Browne, Sylvia, and Lindsay Harrison. *Phenomenon: Everything You Need to Know About the Paranormal.* New York: Dutton, 2005.

Browne, Sylvia. *Exploring the Levels of Creation.* Carlsbad, Calif: Hay House, 2006.

Browne, Sylvia. *If You Could See What I See: The Tenets of Novus Spiritus.* Carlsbad, Calif: Hay House, 2006.

Campbell, Jeremy. *The Many Faces of God: Science's 400-Year Questn for Images of the Divine.* New York: W.W. Norton & Co, 2006.

Choquette, Sonia. *Ask Your Guides: Connecting to Your Divine Support System.* Carlsbad, Calif: Hay House, 2006.

Chryssides, George D., and Margaret Wilkins. *A Reader in New Religious Movements.* London: Continuum, 2006.

Clark, Lynn Schofield. *From Angels to Aliens: Teenagers, the Media, and the Supernatural.* Oxford: Oxford University Press, 2003.

Cotterell, Arthur. *The Penguin Encyclopedia of Ancient Civilizations.* London: Penguin, 1988.

Culianu, Ioan P. *The Tree of Gnosis: Gnostic Mythology from Early Christianity to Modern Nihilism.* [San Francisco]: HarperSanFrancisco, 1992.

Daniélou, Alain. *The Myths and Gods of India: The Classic Work on Hindu Polytheism from the Princeton Bollingen Series.* Rochester, Vt: Inner Traditions International, 1991.

Danti, Michael D., and Richard L. Zettler. *Sumer and Its City-*

States. Calliope. Peterborough, N.H.: Cobblestone Pub, 2003.

Davidson, Gustav. *A Dictionary of Angels.* New York: The Free Press, 1967

Dhammarama, Ahangama. *Gods and Their Origin in Sri Lanka: The Buddhist and the Concept of Divinity.* Sri Lanka: Ahangama Dhammarama Nayaka Thera], 2005.

Descartes, René, Elizabeth Sanderson Haldane, G. R. T. Ross. *Discourse on Method and Meditations.* Dover philosophical classics. Mineola, N.Y.: Dover Publications, 2003.

Drury Nevill. *The New Age: Searching for the Spiritual Self.* New York: Thames & Hudson, Inc, 2004.

Dunderberg, Ismo. *Beyond Gnosticism: Myth, Lifestyle, and Society in the School of Valentinus.* New York: Columbia University Press, 2008.

Ehret, Christopher. *The Civilizations of Africa: A History to 1800.* Charlottesville: University Press of Virginia, 2002.

Fisher, Leonard Everett. *The Gods and Goddesses of Ancient Egypt.* New York: Holiday House, 1997.

Freud, Sigmund, and Katherine Jones. *Moses and Monotheism.* New York: Knopf, 1939.

Grolier Educational (Firm). *Ancient Civilizations.* Danbury, Conn: Grolier Educational, 2001.

Hall, Manly P. *The Secret Teachings of All Ages: An Encyclopedic Outline of Masonic, Hermetic, Qabbalistic, and Rosicrucian Symbolical Philosophy : Being an Interpretation of the Secret Teachings Concealed Within the Rituals, Allegories, and Mysteries of the Ages.* New York: Jeremy P. Tarcher/Penguin, 2003.

Hinnells, John R. *Persian Mythology.* London: Hamlyn, 1973.

Irwin, Harvey J. *An Introduction to Parapsychology.* Jefferson, N.C. [u.a.]: McFarland, 1999.

Japanese Gods and Myths. Ancient cultures. Hoo, nr. Rochester, Kent: Grange Books, 1998.

Jemiriya, Timothy F. *The Yoruba God and Gods.* Ado-Ekiti [Nigeria]: Petoa Educational Publishers, 1998.

Jonas, Hans. *The Gnostic Religion: The Message of the Alien God & the Beginnings of Christianity.* Boston: Beacon Press, 2001.

Jordan, Michael. *Dictionary of Gods and Goddesses.* Facts on File library of religion and mythology. New York: Facts on File, 2004.

Jung, C. G. *Psychology and Religion.* The Terry lectures. New Haven: Yale University Press, 1938.

Jung, C. G. *The Archetypes and the Collective Unconscious.* Bol lingen series, 20. [Princeton, N.J.]: Princeton University Press, 1968.

Karma-gliri-pa, Padma Sambhava, Gyurme Dorje, Graham Coleman, Thupten Jinpa, and Bstan-'dzin-rgya-mtsho. *The Tibetan Book of the Dead [English Title]: The Great Liberation by Hearing in the Intermediate States [Tibetan Title].* New York: Penguin, 2007.

Kelly, Karen. *The Secret of the Secret: Unlocking the Mysteries of the Runaway Bestseller.* New York: Thomas Dunne Books/St. Martin's Press, 2007.

Kirsch, Jonathan. *God against the Gods: The History of the War between Monotheism and Polytheism.* New York: Viking Compass, 2004.

Kung, Hans. *Does God Exist?: An Answer for Today.* Garden City, N.Y.: Doubleday, 1980.

La Due, Francia A., and William H. Dower. *Teachings of the Temple.* Halcyon, Calif: The Temple of the People, 1925.

Lainé, Daniel, Tobie Nathan, Anne Stamm, and Pierre

Saulnier. *African Gods: Contemporary Rituals and Beliefs*. Paris: Flammarion, 2007. Lurker, Manfred. *The Gods and Symbols of Ancient Egypt: An*

Illustrated Dictionary. New York, NY: Thames and Hudson, 1980.

Martin, Michael, and Ricki Monnier. *The Improbability of God*. Amherst, N.Y.: Prometheus Books, 2006.

Matczak, Sebastian A. *God in Contemporary Thought: A Philosophical Perspective : a Collective Study*. Philosophical questions series, 10. New York: Learned Publications, 1977.

Matthews, Caitlin and John Matthews. *Walkers between the Worlds: The Western Mysteries from Shaman to Magus*. Rochester, Vt: Inner Traditions International, 2003.

McIntosh, Jane, and Clint Twist. *Civilizations: Ten Thousand Years of Ancient History*. New York: DK Pub, 2001.

Moon, Sun Myung. *Exposition of the Divine Principle*. New York: The Holy Spirit Association for the Unification of World Christianity, 1996.

Moss, Carol. *Science in Ancient Mesopotamia*. Science of the past. New York: F. Watts, 1998.

Ouspensky, P. D. *In Search of the Miraculous: Fragments of an Unknown Teaching*. New York: Harcourt, Brance & World, 1949.

Pascal Blaise, and Roger Ariew, *Pensées*. Indianapolis, IN: Hackett Pub. Co, 2005.

Pick, Fred L., G. Norman Knight, and Frederick Smyth. *The Pocket History of Freemasonry*. London: Hutchinson, 1992.

Plato, and John Warrington. *The Trial and Death of Socrates: Euthyphro, Apology, Crito, Phaedo*. London: Dent, 1963.

Plato and William S. Cobb. *The Symposium ; Plato's Erotic Dialogues ; and the Phaedrus*. New York: State University of New York Press, 1993.

Rajinder Kaur. *God in Sikhism*. Amritsar: Sikh Itihas Research Board, Shiromani Gurdwara Parbandhak Committee, 1999.

Salaman, Clement, and Hermès. *The Way of Hermès: Transla tions of The Corpus Hermeticum and the Definitions of Hermès Trismegistus to Asclepius.* Rochester, VT: Inner Tra- ditions, 2000.

Saliba, John A. *Understanding New Religious Movements.* Grand Rapids, Mich: W.B. Eerdmans, 1996.

Sanders, Tao Tao Liu. *Dragons, Gods & Spirits from Chinese Mythology.* World mythologies series. New York: Schocken Books, 1983.

Sikh Missionary Center. *Pearls of Sikhism: [Peace, Justice & Equality].* Phoenix, Ariz: Sikh Missionary Center, 2008.

Slosman, Albert. *La vie extraordinaire de Pythagore.* Les Portes de l' étrange. Paris: R. Laffont, 1979.

Smart, Ninian, and Richard D. Hecht. *Sacred Texts of the World: A Universal Anthology.* A Herder & Herder book. New York: Crossroad, 2003.

Stevens, Keith G. *Chinese Mythological Gods.* Images of Asia. Oxford: Oxford University Press, 2001.

Steiner, Rudolf. *Knowledge of the Higher Worlds and Its Attain ment.* New York: Anthroposophic Press, 1947.

Stephenson J. "Ancient, modern, and accurate: a reflection on theological method." *Lutheran Theological Journal* (2009):125-131.

Swedenborg, Emanuel. *Heaven and Hell, Also the World of Spirits or Intermediate State from Things Heard and Seen by Emanuel Swedenborg.* Boston: Swedenborg Printing Bureau, 1907.

Temple of the People. *Teachings of the Temple.* Halcyon, Calif: The Temple of the People, 1948.

Urantia Foundation. *The Urantia Book.* Chicago: Urantia Foundation, 1955.

van't Spijker, I., & Coulter, D. "Per visibilia ad invisibilia.

Theological method in Richard of St Victor (d. 1173)." *The Journal of Ecclesiastical History* (2008):122-123.

Wallis, Glenn. "The Buddha Counsels a Theist: A Reading of the Tevijjasutta (Dighanikaya 13)." *Religion.* 38, no. 1 (2008): 54.

Watt-Evans, Lawrence. *The Summer Palace.* New York: Tor, 2008.

Watt-Evans, Lawrence. *Touched by the Gods.* New York: TOR, 1997.

Wells, Susan E., and Harriet H. Carter. *Guided Tour to the Afterlife: The Remarkable First-Hand Account of One Woman's Death and Her Adventures in a New Life After Death.* San Diego, Calif: Hillbrook, 2000.

White, Daniel Ernest. *"... so help me, God": the US presidents in perspective.* New York, NY: Nova Science Publ, 1996.

Wilkinson, Philip, and Neil Philip. *Mythology.* Eyewitness companions. London: DK Pub, 2007.

Wilkinson, Richard H. *The Complete Gods and Goddesses of Ancient Egypt.* New York: Thames & Hudson, 2003.

Yip K. S. "Traditional Chinese Religious Beliefs and Superstitions in Delusions and Hallucinations of Chinese Schizophrenic Patients." *The International Journal of Social Psychiatry.* 49, no. 2 (2003): 97-111.

Zindell, David. *Lord of Lies.* New York: Tor, 2008.

Index